Auf den Fersen von De Wet

Lionel James

Klassische Drucke

Diese Ausgabe erschien im Jahr 2023

ISBN: 9789359251318

Herausgegeben von
Writat
E-Mail: info@writat.com

Inhalt

VORWORT.

Diese kurze Geschichte ist eine Erweiterung eines Tagebuchs, das der Autor während des späten Krieges geführt hat. Diese Erweiterung wurde mit freundlicher Genehmigung des Herausgebers als eine Reihe von Artikeln im „Blackwood's Magazine" veröffentlicht. Der Autor ist sich der Mängel seines Werkes bewusst, das er dem Publikum in aller Bescheidenheit präsentiert, nachdem er diejenigen Künstler auf seiner Bühne um Verzeihung gebeten hat, die den leichten Schleier der Anonymität durchschauen können, in den es zu hüllen versucht wurde ihnen. Wenn jemand die wenigen Kritiken, die sich in den Text eingeschlichen haben, für ungerecht hält, wird er dann bedenken, dass der Regimentsoffizier im Stillen viel für die Sünden anderer gelitten hat. Nach Überzeugung des Autors gab es selten Fälle, in denen das Schiff nicht richtig segelte: Anfangs wollte es vielleicht unbedingt die Reinigung unterhalb der Wasserlinie, aber es hat nie versäumt, sein Ruder zu bedienen. Es war häufiger der Mann am Steuer als die Segelqualität des Schiffes, das die Schuld trug, und das Wunder ist, dass es robust genug gebaut war, um den Belastungen standzuhalten, die durch gleichgültige Seemannschaft entstehen.

ICH.
DIE GEBURT DER BRIGADE.

„De Aar", und der Africander-Wächter sprang aus seinem Bremswagen.

De Aar! Nach achtundvierzig Stunden Halbhunger in einem Bremswagen klang der Name der Kreuzung trotz der bösartigen Töne, die ihn zum Ausdruck brachten, süßer als das Glockengeläut. Es bedeutete eine Befreiung von der Gefangenschaft auf ein paar Quadratmetern Brett; Erleichterung von einer halb fauligen Atmosphäre – Öl, ungewaschene Männer und abgestandener Tabakrauch; Erleichterung von den zärtlichen Aufmerksamkeiten eines mürrischen afrikanischen Wachmanns, der sich über die Überfüllung seines Lieferwagens ärgerte; Linderung von Hungerattacken; Befreiung von den unbeschreiblichen Strafen des Durstes.

Doch im besten Fall ist De Aar ein elender Ort. Nicht gemacht – nur an den Hang geworfen und durch Nachlässigkeit und Gleichgültigkeit in die nächste Mulde rutschen lassen. Zu weit von den verkürzten Kopjes entfernt, um irgendeinen Nutzen daraus zu ziehen. Nah genug, um die Strahlung einer Vorschlaghammersonne von ihren abgeschrägten Gipfeln zu spüren – nah genug, um im Sommer der Kanal jedes sengenden Windstoßes zu sein, der von ihnen abgelenkt wird; im Winter jede eisige Zugluft. Pesthafter Ort, Ziel von Wirbelstürmen und Staubteufeln, knöcheltief in der Wüstenverwehung – Prototyp eines Berbers im Sandsturm – bei Nacht genauso trostlos wie am Tag. Aber wie in der Natur, so ist es auch in der Handarbeit der Menschen möglich, selbst in den abstoßendsten Formen einen rettenden Aspekt zu finden. De Aar hat einen – nur einen. Sein rettendes Feature besteht darin, dass ein schlampiger Judenjunge hinter der Bar eines von Fliegen übersäten Buffets den Gastgeber übernimmt. Hier kann man Speisen und Getränke zu Preisen erwerben, die, wenn es sich nicht um eine Aktion handelt, unerschwinglich wären.

Aber nachts ist es nicht leicht, diesen Ort zu finden. Der Bahnhof ist voll mit Zügen, und wenn Sie mit einem Versorgungszug ankommen, werden Sie an einem abgelegenen Abstellgleis abgefertigt. Ein Dutzend Barrikaden auf Rädern – offene Lastwagen, ächzende, mit Kriegsmaterial beladene Drehgestelle – trennen Sie vom Bahnsteig. Man wagt es nicht, über die Kupplungen zwischen den Waggons zu klettern, denn die Lokomotiven sind befestigt, und die Züge ruckeln scheinbar ohne Ziel oder Vorwarnung hin und her. Oben über einem offenen LKW! Du rollst auf schlafende Männer und schlägst mit dem Schienbein gegen ein Gewehr. Flüche folgen dir, während du herauskletterst und auf den Mittelweg fällst. Eine klare Linie. Nein, – ein gepanzerter Zug, ein Ungeheuer aus Stahlplatten und Eisenblech.

Du lässt es passieren und rennst zur nächsten Barrikade. Dem Himmel sei Dank! Das ist ein Personenzug. Da es wie in einem Grand Hotel beleuchtet ist, können Sie sich über die Trittbretter und durch einen Salon besteigen – „Halt! Wer geht da hin?" und du schreckst vor der Spitze eines nackten Bajonetts zurück. „Ich kann nicht anders, Orfizier hin oder her, das ist Lord Kitcheners Special, und Sie dürfen hier nicht passieren!" Es nützt nichts. Ein weiterer großer Umweg; Weitere Schwierigkeiten, weitere Auswege aus fahrenden Zügen, und schließlich finden Sie den Bahnsteig.

De Aar-Plattform bei Nacht. Wenn das Management von Drury Lane jemals ein Stück mit dem Titel „Chaos" aufführen wollte, könnte die Kulisse für ihre beste Szene nicht besser sein als ein Abend auf dem Bahnsteig De Aar. Jeden Tag wirft dieser Clapham Junction der Armee von Lord Kitchener Dutzende Männer ab, die gezwungen sind, den Bahnhof auf unbestimmte Zeit als Zuhause zu nutzen – Tonnen und Tonnen von Armeemüll und tausend unscheinbare Details. Die lebenden Lügen rund um den Bahnhof in herrlicher Verwirrung – weiße Männer, Kaffern, Soldaten, Gefangene, Zivilisten. Auf der einen Bank schläft ein Brigadegeneral, der auf die Nachtpost wartet, auf der nächsten ein schimpfender Tommy, der seine Einheit absichtlich verloren hat. Selbst Kitcheners Ankunft kann De Aar nicht reinigen. Es trägt nur zur Verwirrung bei, indem es das Chaos auf einen engeren und weniger öffentlichen Bereich verdichtet.

Aber unsere ersten Bedürfnisse sind tierischer Natur. Wir stolpern über liegende Gestalten, schießen gegen Stapel unterschiedlicher Ausrüstung und bereiten das Buffet vor. Eine Flut von Licht, das Summen von Stimmen und das Summen unzähliger verstörter Fliegen, und wir leben wieder. Schmutzige Tücher, sennesfarbene Flecken vom verschütteten Essen und Trinken von Monaten, eine Atmosphäre, die wie in einem „Fisch-Imbiss"-Laden stinkt, ein Dutzend bis zwanzig zerzauste und schmutzige Männer aller Ränge, die nach Essen schreien, zwei schlampige Mischlingsfrauen. Das ist alles, und doch ist dies das Leben für den Mann abseits der „Wanderung". Sogar ein Steingutteller hat etwas Faszinierendes, obwohl seine Oberfläche die Spuren des fettigen Tuchs und der schmutzigen Finger der Diener aufweist.

Ein Generalleutnant und sein Stab haben einen Tisch für sich allein; Wir finden eine Ecke am Hauptbrett, wo die Gemeinen sitzen. Nach dem Essen Neuigkeiten. De Wet ist mit 3000 Mann in die Kolonie eingedrungen. Er kämpfte heute mit Plumer in Philipstown. Dann beginnen wir zu verstehen, warum wir nach De Aar gerufen wurden. Der kleine berittene Schützenmajor, der die Nachricht überbrachte, war gerade mit seiner Batterie von irgendwo auf der Linie Middelburg-Komati eingetroffen. Fünf Tage im Zug und seine Pferde bekamen nur viermal Wasser. Das war in dieser Zeit des Krieges nichts, als dem durchschnittlichen Reiter keine Schuld gegeben wurde, wenn er in einem Monat drei Pferde tötete. Der Major wusste weder sein Ziel noch welche Kolonne er sich anschließen sollte. Herrliche Ungewissheit! Er wusste nur, dass seine Batterie in einem Zug vor dem Buffet verstaut war und dass sie in etwa einer halben Stunde starten würde. Es könnte für Mafeking bestimmt sein, oder es könnte für Beaufort West bestimmt sein; aber er war bereit, 2 zu 1 zu versprechen, dass seine Batterie innerhalb von sechs Wochen auf hoher See nach Indien sein würde. Klug waren die Männer, die diese Wette eingingen, denn der kleine Major und seine Batterie befinden sich bis heute in Südafrika.

Nachdem das Essen vorbei war, musste man sich noch einmal dem Labyrinth der Plattform De Aar stellen. Es mag seltsam klingen, aber wenn man im Dienst ist, ist es einfacher, die Beamten um Mitternacht zu finden, wenn man erst einmal die richtige Plattform gefunden hat, als am Tag. Unter dem Kriegsrecht haben nur wenige Reisende Licht; Weniger dürfen oder haben den Wunsch, sie auf dem Bahnsteig zu verbrennen. Folglich bedeutet ein Licht nach Mitternacht im Allgemeinen, dass ein Beamter versucht, die im Laufe des Tages angesammelte Arbeit nachzuholen.

„Bahnoffizier? Ja, Sir, direkt hier rein, Sir."

Ein sehr blasser Jüngling, in der saubersten Kleidung, mit den weißesten Kragen und mit den rosaroten Unverschämtheiten um Mütze und Hals. Er blickte nie von dem Papier auf, auf dem er schrieb, als er das folgende Gespräch eröffnete:

Blasse Jugend. "Was kann ich für Dich tun?"

Antragsteller. „Ich bin auf telegrafische Weisung hier."

PY (nimmt das angebotene Telegramm entgegen) „Ich habe noch nie von Ihnen gehört."

A. „Sie müssen Aufzeichnungen über diesen Draht haben!"

PY „Ich habe es nie geschickt. Es muss vom Eisenbahnstabsoffizier geschickt worden sein. Er schläft jetzt. Kommen Sie morgen früh wieder und sehen Sie ihn!"

A. (wütend) „Du d——d junges Jungtier! – behandelst du so deine Senioren? Wozu gehörst du?"

PY (springt nervös auf) „Oh, ich bitte um Verzeihung, Sir; ich dachte, Sie wären einer dieser hilflosen Yeomanry-Offiziere. Sie sind die Plage unseres Lebens. Ich werde gehen und die RSO wecken." [Verschwindet . *Rückkehr in fünf Minuten.*]

PY „Das RSO sagt, dass Sie sich im Büro der Kommunikationslinie melden müssen. Sie haben möglicherweise Befehle über Sie. Sie finden den

Brigademajor in einem Salonwagen auf dem dritten Abstellgleis außerhalb der Rosmead-Linie." [*Grüßt.*]

Wir gehen wieder hinaus in die Nacht und fragen uns, ob das Verderben De Aar in Bezug auf elendes Unbehagen und De Aars Beamtentum in Bezug auf Konsequenz gleichbedeutend sein kann. Das dritte Abstellgleis, tatsächlich! Es dauerte eine Stunde, bis der Saloon in diesem Labyrinth aus Gusseisen gefunden wurde.

Der Brigademajor war da, ein elender, abgenutzter Mann, der im exzentrischen Licht eines Talgbades durch die Telegramme des Tages stapfte. Armer Kerl! Er verdient sein Almosen so gründlich wie jeder von uns. Wieder waren wir leer. „Noch nie von dir gehört." Alles, was wir aus ihm herausbekommen konnten, war: „Du solltest dich besser im Bahnhof niederlassen und die Ereignisse abwarten." Armer Teufel! Er war so erschöpft von Arbeit und Sorgen, dass er aussah, als würde ihm ein einfacher kleiner Staubteufel aus De Aar das Rückgrat brechen, wenn er ihn berührte. So wurden wir wieder auf dem alten Eisenhaufen herumgetrieben, um die Armee der Landstreicher zu vergrößern, die von ihrem Verstand auf den Kommunikationswegen leben.

Es war ungefähr zwei Uhr morgens, als wir unsere Diener fanden. Der Soldatendiener ist ein Juwel – aber ein Juwel mit einigen Schönheitsfehlern. Wenn Sie ihm sagen, dass er etwas „nach Zahlen" tun soll, wird er es hervorragend machen; Aber er sieht es nicht als seine Pflicht an, für sich selbst zu denken, deshalb müssen Sie immer sowohl für sich selbst als auch für Ihren Diener denken, und deshalb fanden wir unsere bei dieser Gelegenheit auf unseren Bettrollen am anderen Ende des Zimmers sitzend Plattform. Es war ihnen nie in den Sinn gekommen, dass wir an einem Ort wie De Aar schlafen wollten. Angewidert probierten wir das Hotel aus. Hier ließen sie Hunde auf uns los und schickten die Wache hinaus. Noch angewiderter kehrten wir zu unseren Betten zurück und stürmten mit dem Müll und dem Müll auf dem Bahnsteig hinein.

Sonnenaufgang in Südafrika. Die Sonne weiß, wie man in der Steppe aufgeht. Beim ersten Anblick ist es so gut wie ein Tonikum. Allein die Tatsache, am Leben zu sein, erfüllt einen mit Freude. Aber dieses Gefühl lässt nach einer Woche Trekking nach, besonders wenn die Jahreszeit kälter wird oder ein Nachtmarsch fehlgeschlagen ist. Dann möchten Sie nie wieder die Sonne aufgehen sehen. Es gab eine Zeit, in der ein Mann, der damit prahlte, den Sonnenaufgang nie gesehen zu haben, als fauler Faulpelz, als träger

Nichtsnutz gebrandmarkt wurde, der bereitwillig die Hälfte der Freuden des Lebens verpasste. Nach zwanzig Monaten ununterbrochener Wanderung in Südafrika ist man sich nicht sicher, ob die eigene Meinung zu diesem Thema mit der Mehrheit übereinstimmt. Denn nach einem Bäcker-Dutzend Sonnenaufgängen hat man im Allgemeinen den Zustand erreicht, in dem man das größte Naturvergnügen eher im Schlafsack als außerhalb findet. Aber trotz der allgemeinen Abneigung, die De Aar entgegengebracht wird, liefern die benachbarten Hügel im immer schneller werdenden Licht der Morgendämmerung Studien in wechselnden Farben, die so üppig, abwechslungsreich und fantastisch sind, dass es ein Wunder ist, dass dies nicht alle Künstler der Welt getan haben vor Ort versammelt. Aber die Vertrautheit mit all dieser Schönheit reduziert sie auf eine Alltäglichkeit. Es wird einfach Teil der Monotonie Ihres täglichen Lebens, besonders wenn Sie, wie wir es an diesem Morgen hatten, warten müssen, bis Sie an der Reihe sind, bevor Sie sich waschen können, während das Abwasser von einer Lokomotiven-Speisepumpe tropft. Hier kämpften Sie um einen Platz, angerempelt von Männern, die zu Hause vom Bürgersteig gestiegen wären und gegrüßt hätten. Aber nach ein paar Kriegsmonaten kann man an einer Waschpumpe kaum noch Offiziere von Männern unterscheiden, es sei denn, die ersteren tragen ihre Tuniken. Vom Waschzuber bis zum *Chota Haziri* . Das Buffet ist noch nicht geöffnet, aber eine heruntergekommene Kaffernfrau auf dem Bahnsteig verteilt für jeweils sechs Pence eine Masse von sirupartiger Konsistenz, die man Kaffee nennt. Was würden Sie denken, wenn Sie einen Blick auf uns erhaschen könnten? Was würde die kluge kleine Magd, die morgens den Tee bringt, sagen, wenn sie uns jetzt sehen könnte? Wenn wir zur Haustür kämen, würde sie uns auf jeden Fall die Tür vor der Nase zuschlagen und uns mit der Polizei drohen!

Aber wir müssen auf der Hut sein. Es ist ein außergewöhnlicher Tag bei De Aar. Alle sind geschäftig unterwegs. Die Popinjays des Personals eilen auf dem Bahnsteig auf und ab. Stämmige ältere Milizoberste, die unter normalen Umständen zu dieser Stunde niemals aufstehen und sich anziehen würden, belästigen den RSO, dessen Tunika mehr Stärke hat, als jemals zuvor in einer Tunika gesehen wurde. Was soll das alles heißen? Dann erinnern wir uns an das nackte Bajonett der vergangenen Nacht. Lord Kitchener ist in De Aar. Oh, Hades!

Wir spüren seine Anwesenheit, aber es dauert nicht lange, bis wir ihn sehen. Wie sehr er seinen Schneider beunruhigen musste. Oben groß und gut proportioniert, fällt er von der Taille abwärts ab. Es ist diese geringere Unkrautigkeit, die offensichtlich den Mann beunruhigt, der seine Kleidung anfertigt. Aber es ist sein Gesicht, das wir betrachten. Dieses kalte blaue Auge, das der Basilisk der britischen Armee ist. Der feste Kiefer und der grausame Mund, von denen wir 1898 lesen. Aber vermutlich ist dies nur der stereotype „Militärheld“, den die Zeitungen stets für den Auftritt erfolgreicher Generäle „inszenieren“. Hier war nichts davon zu sehen. Ein rundes, rotes und etwas geschwollenes Gesicht. Quadratischer Kopf mit nachlässig aufgesetzter Stabkappe. Ein dicker Schnurrbart bedeckte einen etwas beweglichen Mund, der im Moment zum Lächeln neigte. Augen einfach sowieso; schwere, aber nicht überwältigende Augenbrauen. Tatsächlich ein ganz gewöhnliches Gesicht eines Mannes, der gerade seine besten Jahre hinter sich hat. Ohne die Vergoldung auf seinem Hut wäre Ihnen kaum eine Zahl aufgefallen – tatsächlich war es eine enttäuschende Entdeckung. Er schritt auf und ab, die Hände in die Hüften gestemmt und die Ellbogen nach hinten gerichtet, und redete gutmütig mit einem Oberst, der offensichtlich gerade auf dem Weg zum „Wanderweg“ war, und mit seinem übergroßen Gang und seinen schwerfälligen Schritten sah der große Kitchener nicht hin halb so imposant wie sein Reisegefährte.

Der Chef erklärte dem Oberst etwas. Sie gingen ein paar Minuten lang gemeinsam auf und ab, blieben dann direkt vor uns stehen und das Gespräch verlief wie folgt:

Chef. „In Ordnung, ich werde bald einen Stab für Sie finden. Mal sehen, Sie haben einen Brigademajor?“

Oberst. „Ja; aber er ist in der Hanover Road!“

Chef. „Das ist in Ordnung; Sie werden ihn rechtzeitig abholen. Sie wollen einen Chef für Ihren Stab. Hier, Sie (*und er winkte einen Oberst in offensichtlich frisch aus England stammender Kleidung, der daneben stand*); was sind Sie? Was machen Sie hier? Sie werden Stabschef der Neuen Kavallerie-Brigade sein!“

Neuer Oberst. „Aber, Sir –“

Chef. „Das ist in Ordnung. (*Kehrt zu seiner ursprünglichen Einstellung zurück.*) Jetzt brauchen Sie Transport- und Versorgungsoffiziere. Sehen Sie das Depot da drüben? (*nickt mit dem Kopf in Richtung des De-Aar-Versorgungsdepots.*) Gehen Sie und holen Sie sie dort ab – geben Sie mich als Ihre Autorität an . Da sind Sie ausgerüstet; Sie können heute Abend einen Teil Ihrer Brigade zusammentrommeln und morgen bei Tagesanbruch abreisen. Warten Sie, Sie werden einen Geheimdienstoffizier brauchen. (Hier drehte er sich um und ließ seinen Blick über die verschiedene Ansammlung *schweifen alle Ränge versammelten sich auf dem Bahnsteig. Er wählte einen heruntergekommenen Offizier aus der Gruppe aus, der in der Nacht zuvor im Lieferwagen des bösartigen Africander-Wächters angekommen war.) Was machen Sie* hier?“

Offizier. „Ich versuche wieder beizutreten, Sir.“

Chef. „Woher kommst du?“

Offizier. „Deelfontein – Rekonvaleszent, Sir.“

Chef. „Das schaffen Sie. Sie sind Nachrichtenoffizier der Neuen Kavallerie-
Brigade. Hier ist Ihr Brigadier; Sie werden von ihm Befehle entgegennehmen.
(Er wendet sich *wieder dem Oberst zu und streckt seine Hand aus.*) Da sind Sie;
Sie sind ausgerüstet. Denken Sie daran Sie verlassen unbedingt morgen früh
die Richmond Road. Auf Wiedersehen!"

II.
DAS TREFFEN!

Der Fahrer beugte sich aus dem Führerstand seiner Lok und teilte dem Brigadier einen kleinen Gedanken mit.

„Sehen Sie, ich bin ein Zivilist; ich kenne meine Pflichten. Ich hatte meine acht Drehgestelle an, und ehrlich gesagt hatte ich nichts damit zu tun, Ihren scheußlichen Lastwagen zu übernehmen – und jetzt sage ich Ihnen, dass die Strecke nicht sicher ist, und hier bleibe ich für die Nacht. Bedenken Sie, dass Sie es jetzt mit dem zivilen Fahrer John Brown zu tun haben, und er kennt seine Pflichten.“

„Mein Herzlicher!“ antwortete der Brigadier, der zu lange ein Kolonialkorps befehligt hatte, als dass er sich durch „Rückgespräche“ eines Vertreters der unabhängigsten Klasse der Welt hätte aus der Ruhe bringen lassen können, „darum geht es nicht. Wenn wir alle unsere Pflicht strikt erfüllen würden.“ Auf den Punkt gebracht, wir sollten keinen Spediteur bekommen. Es geht nicht darum, diesen Zug zu retten, es geht darum, dass ein Gentleman sein Wort hält. Ich habe mein Wort gegeben, dass ich morgen bei Tagesanbruch die Richmond Road verlassen werde. Du würdest es nicht auf deinem Gewissen haben, dass du nicht nur einen Kumpel dazu gebracht hast, sein Wort zu brechen, sondern dass du auch dazu beigetragen hast, eine Lücke in der Schlange für De Wet zu hinterlassen. Die Pflicht wird in der imperialen Sache gehängt! Was hat Nelson getan? Was haben Sie in der Schlacht von Kopenhagen gemacht? Das ist nur eine Parallele: Ich weiß, dass Sie durch und durch loyal und sportlich sind; ich möchte, dass Sie der Nelson dieses „Schwarms“ sind. Ich weiß, ich kann Ihnen nichts befehlen – aber ich weiß, dass Sie ein Sportler sind, und als Sportler werden Sie mich nicht verraten. Sehen Sie, ich gehe nur für zehn Minuten ins Telegrafenamt. Denken Sie darüber nach, während ich bin da!"

Das Gesicht des Fahrers war eine Studie, und Feuerwehrmann Jack lächelte nur über sein schmutziges Gesicht. Es gibt nur einen Weg zum Herzen eines Kolonialherrn, und um dorthin zu gelangen, muss man mit Samt beschlagen sein. Anschließend begaben wir uns in die kleine Baracke, die Deelfontein als Büro des Bahnhofsvorstehers diente. Wir – das ist der Stab der Neuen Kavallerie-Brigade, den der Brigadier in De Aar hatte sammeln können.

„Wo ist eine Karte?“ fragte der Brigadier. Der Stabschef blickte den Geheimdienstoffizier an. Der Geheimdienstoffizier sah den Versorgungsoffizier an. Eine Karte! Niemand hatte jemals eine Karte gesehen. Doch zur Heimausrüstung des Stabschefs gehörte eine „Briten- und

Buren"-Karte, und nach langem Fummeln konnte sie aus seinem prall gefüllten Rucksack hervorgeholt werden.

„Nun, Sie sind ein guter Haufen von ‚Was-Vögeln‘, mit denen man eine Brigade leiten kann: aber das hier wird genügen. Nun, Herr Geheimdienst, notieren Sie sich diesen Draht: –

„ *Von der OC New Cavalry Brigade zur OC ersten Staffel der 20. Dragonergarde, die an der Richmond Road ankommt.*

„Nach Erhalt begeben Sie sich mit allen militärischen Vorsichtsmaßnahmen sofort nach Klip Kraal, 26 Meilen auf der Britstown Road. Ich werde Ihnen morgen früh folgen. Achten Sie auf die Helio-Kommunikation zu Ihrer Linken, da sich eine weitere Kolonne parallel zu Ihnen bewegt der Süden."

„So", sagte der Brigadier, „wir haben diese Schwierigkeit überwunden und Kitcheners Befehle um zwölf Stunden erwartet. Möge die Vorsehung diese rohen Dragoner beschützen, wenn der alte Hedgehog [1] in der Nähe ist. Drei Tage frei von einem Schiff und um Igel zu treffen." ist eine große Sache!"

Das schmutzige und lächelnde Gesicht von Feuerwehrmann Jack steckte im Türrahmen.

„Bitte, mein Herr, sagt der Fahrer, er sei fahrbereit und möchte so schnell wie möglich losfahren."

„Herzlicher Kerl!" sagte der Brigadier; und als wir dann wieder in unseren Saloon stiegen, fügte er hinzu: „Es gibt nur eine Möglichkeit, diese Kerle zu behandeln. Behandle sie wie Männer, und sie gehören zu den Allerbesten auf Erden; bekämpfe sie, und sie werden sich keinen Meter bewegen. Einige." Einer in De Aar hat einen zusätzlichen Lastwagen in den Zug dieses Mannes bestellt, und seitdem schmollt er. Jetzt, wo er seinen Mut hat und Nelson nachahmt, werden Sie sehen, dass er uns vorantreiben wird. Nichts als eine Dynamitpatrone wird ihn aufhalten . Meine Kollegen in Natal waren genauso."

Zwei Stunden später, kurz bevor es dunkel wurde, stießen wir auf die Richmond Road. Der Fahrer sprang vom Motor ab und schritt über den Bahnsteig. „General", sagte er mit der offenen Vertrautheit des Kolonialherrn, „ich möchte nur sagen, dass ich Ihnen die Hand geschüttelt habe. Ich wünschte, es gäbe mehr wie Sie; wir sollten alle bessere Männer sein. Auf Wiedersehen und Viel Glück für Sie, Sir!"

Es ist nicht die Absicht dieser Dokumente, eine historische Aufzeichnung der Operationen in Südafrika zusammenzustellen, auf die sie sich beziehen.

Aber damit die Rolle, die die Neue Kavallerie-Brigade in dem Feldzug spielte, der De Wets Invasion im Februar 1901 aufhielt, verständlich wird und damit die Leser die Wanderungen unserer eigenen Einheit besser verstehen können, könnte es hier angebracht sein, dies zu tun Geben Sie einen kurzen Überblick über den ursprünglichen Plan, der, so vernünftig er auch aussah, innerhalb von vierundzwanzig Stunden nach seiner Geburt in den üblichen Nebel des Krieges gehüllt wurde. Nachdem wir das Schema skizziert haben, können wir nur hoffen, dass diese Papiere gelegentliche und vorübergehende Lichtblicke in diesen Nebel liefern, da ihr Ziel nicht darin besteht, die Zeitgeschichte aufzubauen, sondern eine getreue Aufzeichnung des Lebens und Wirkens eines von ihnen zu liefern Figuren auf dem Schachbrett der Kampagne – eine Figur, die bei dieser De-Wet-Jagd vielleicht die relative Bedeutung einer „Burg" hatte.

Grobe Skizzenkarte, die De Wets Invasion zeigt
(*aus dem Notizbuch eines Stabsoffiziers*)

De Wets seit langem versprochene Invasion – deren Vorbote Kritzingers und Hertzogs Einmarsch in die Kapkolonie gewesen war – war nun eine vollendete Tatsache. Er war mit 2500 bis 3000 Mann und etwas Artillerie einmarschiert. Plumer hatte ihn in Philipstown ausfindig gemacht, ihn erfolgreich „verriegelt" und ihn trotz des schweren Wetters mit der Beharrlichkeit eines Spürhundes in Richtung der De Aar-Orange River Railway in die Arme zweier Kolonnen gedrückt in der Nähe von Hautkraal. Eine Woche zuvor, als bekannt wurde, dass De Wet der Truppe, die ihn zurückdrängen sollte, entkommen war, als er die Orange River Colony nach Süden zog, war die Eisenbahn bis zum Äußersten belastet worden, um die Truppen auf die Naauwpoort-De Aar zu konzentrieren -Beaufort West-Linie. Tag- und Nachttruppenzüge voller Khakis und voller Gewehre hatten an verschiedenen Punkten dieser Linie – Colesberg, Hanover Road, De Aar, Richmond Road, Victoria West und Beaufort – Kolonnen, Abteilungen und Einheiten aufgeboten. Lord Kitchener selbst war in einem Tempo, das dem Fahrer beinahe die Haare gebleicht hätte, in seinem gepanzerten Zug nach De Aar gefahren. Plumer hatte die Invasion nach Westen umgeleitet, Crabbe und Henniker und die Panzerzüge hatten sie über die Eisenbahnlinie geworfen. Kitchener war zufrieden. Wenn De Wet seinem Schakal Hertzog in die südwestlichen Gebiete folgte, sollten die Kolonnen auf der Linie von De Aar abwärts als parallele Kräfte nach Westen ziehen und den Eindringling der Reihe nach bekämpfen. Jeder würde ihn bis zur Erschöpfung laufen lassen, mit einer neuen Parallele, die den Lauf vor ihnen aufnahm, sobald sie fertig waren; während am Ende, als die letzte Parallele ausgetragen wurde, De Lisle als Zwischenstation in Carnarvon stand und bereit war, die reife Pflaume zu fangen, nachdem der Baum gut geschüttelt worden war. Bewundernswerter Plan – auf dem Papier. Ein bewundernswerter Plan, wenn De Wet nur das getan hätte, was er hätte tun sollen – wenn er sich nur nacheinander von jedem Breitengrad hätte treten lassen, von Pompons aufgewühlt, bis er bereit war, De Lisle präsentiert zu werden. Aber De Wet hat nicht das Richtige getan. Er war kein Junge, dem man trauen konnte, auf direktem und klarem Weg einen Sieg zu erringen, wo ihn Tempo allein getötet hätte. Er war ein alter grauer Fuchs, der sogar seinem eigenen Schatten gegenüber misstrauisch war, und er krümmte sich und drehte sich: In der Zwischenzeit rannte Plumer „eiskalt" auf seinen Fersen und die Mehrheit der parallelen Kolonnen, gespielt von seinem Schirm aus „Rot". Heringe", kontermarschierten bis zum Stillstand. Die alte, alte Geschichte, die hier keiner Erweiterung bedarf. Bewundernswerter Plan, wenn nur die britischen Kolonnen bei ihrem Rendezvous so vollständig gewesen wären, wie sie auf dem Papier erschienen. Wir waren die Neue Kavallerie-Brigade – die 21. King's Dragonergarde und die 20. Dragonergarde, gerade von zu Hause weg; das Mount Nelson Light Horse, neu in Kapstadt gezüchtet; eine Batterie RHA und ein Pompon. Aber wo waren wir? Wir sollten morgen bei

Tagesanbruch die Richmond Road verlassen. Zwei Schwadronen der 21. King's Dragoner und eine der Mount Nelson's waren bei Plumer – die Vorsehung weiß nur, wo – und lernten das Gesetz der Steppe kennen. Der Rest der Mount Nelson's und ein Geschwader der 21. King's Dragoner befanden sich an der Hanover Road. Ein Geschwader der 20. Dragonergarde befand sich in der Richmond Road; Zwei Staffeln befanden sich im Zug auf dem Weg von Kapstadt nach oben. Zumindest die Waffen waren angekommen. Dennoch ging es uns um den Wert einer „Burg" auf dem Schachbrett, die darauf ausgelegt war, De Wet zu mattieren.

„Jetzt müssen wir unsere Mäntel ausziehen."

Der Brigadier hatte recht. Es war keine leichte Sache, bei Sonnenuntergang an einem elenden Abstellgleis in der Karoo anzukommen, das aus Höflichkeit Bahnhof genannt wurde, dessen beiden Gleise mit den Lastwagen mit dem Kern einer Kavallerie-Brigade verstopft waren, und diesen Kern auf die Straße zu bringen bei Tagesanbruch. Die Nachschubkolonne war vollständig erschöpft, die Batterie zur Hälfte erschöpft – das waren alte Soldaten; aber die beiden Schwadronen der 20. Dragonergarde waren sich der Situation noch nicht bewusst geworden. Der Brigadier blickte auf dem Bahnsteig auf und ab, blickte einen Moment auf die langen Reihen beladener Lastwagen und machte dann die obige Bemerkung.

Und wir mussten unsere Mäntel ausziehen. Die 20. waren neu, aber sie waren bereit; Und es ist schwer zu sagen, was Sie am meisten behindert: ein überwilliger Anfänger oder ein unwilliger Experte. Wer zu Hause sitzt und über die Durchführung des Feldzugs schimpft, über den elenden Offizier, Regiments- oder Stabsoffizier schimpft, der weiß kaum, was von ihm erwartet wird. Sie haben Ihren Typ vor Ihrem geistigen Auge – eine Brille, makellose Kleidung und ein wedelndes Schwert; Sie bezahlen ihn und erwarten, dass er Erfolg hat. Ihr einziges Argument ist unbeantwortbar. Du beauftragst den größten Mann, den du auswählen kannst, damit, ihn zu führen und zu schätzen. Wenn er also keinen Erfolg hat, muss das an seinen eigenen Unzulänglichkeiten liegen. In Ihrer Ungeduld meinen Sie, dass es ihm nicht gelungen ist. Deshalb muss er unwissend, gleichgültig und inkompetent sein. Sie sind sich der Ungerechtigkeit Ihrer Meinung kaum bewusst. Während eines Krieges schwitzt man eine intelligente Klasse – dieselbe Klasse, aus der das Beste stammt, was Ihre Universitäten hervorbringen können – Sie schwitzen sie, wie sich keine andere gebildete

Klasse in der gesamten Zivilisation schwitzen lassen würde Welt, und doch, obwohl jeden Monat dutzende Männer für Sie an den Start gehen, wenden Sie sich gegen sie und beschimpfen sie. Können Sie sich nicht darüber im Klaren sein, dass es nicht immer das Medium ist, durch das der von Ihnen gewählte Große Kopf arbeitet, das fehlerhaft ist – dass die Hand des Piloten schuld sein kann und nicht das Rudergerät? Bringen Sie uns an diesem Abend in die Richmond Road. Neue Truppen, neues Personal, wenig oder gar keine Informationen und der Befehl, in 36 Stunden an einem 50 Meilen entfernten Punkt in Position zu sein. Wenn Ziegel hergestellt werden müssen, hat der Arbeiter dann nicht das Recht zu erwarten, dass er mit den Zutaten versorgt wird? Trägt er allein die Schuld, wenn sein eilig hergestellter Lehm, wenn er der Hitze einer tropischen Sonne ausgesetzt wird, aus Mangel an Stroh, mit dem sein Zuchtmeister ihn nicht versorgt hat, in Stücke zerfällt? Wir denken nicht. Aber an diesem Abend in der Richmond Road hatten wir keine Zeit, über unsere Schwierigkeiten nachzudenken. Wir mussten sie überwinden, und zusammen mit unserem Brigadier zogen wir unsere Mäntel aus und schnallten uns an die Arbeit.

Telegramme:—

1. *An den Geheimdienst, New Cavalry Brigade, Richmond Road, vom Geheimdienst, De Aar.*

„Sie müssen Ihre Geheimdienste vor Ort organisieren, es ist unmöglich, von hier aus so viele Kolonnen mit Männern zu versorgen. Ich werde später sehen, was getan werden kann. Genehmigen Sie die Ausgaben, die Sie für richtig halten."

2. *Nach Int. NZB von Int. De Aar.*

„De Wet Expert [2] berichtet, dass sich De Wet in Richtung Vosberg bewegt. Plumer immer noch in Kontakt. Hertzog, Brand, Pretorius, alle zwischen Prieska und Vosberg mit großen Mengen, die für De Wet wieder aufsteigen. Theron wurde von De Wet abgetrennt und bewegt sich schnell nach Süden Schließen Sie sich Brand an und beabsichtigen Sie, Britstown anzugreifen. Lokale Bauern in den Bezirken Hanover und Victoria West versammeln sich, um Eindringlingen zu helfen. Informieren Sie die New Cavalry Brigade. Diese Nachricht wird an die Geheimdienste Victoria West, Carnarvon, Fraserberg, „Chowder" [3] Kapstadt, Orange River, Beaufort wiederholt , und Chief Pretoria."

3. *Von Brigade-Major New Cavalry Brigade, Hanover Road, bis OCNCB Richmond Road.*

„Ich hoffe, dass ich morgen von hier wegziehen kann. Es stehen keine Züge zur Verfügung. Fahren Sie, wie von Ihnen angeordnet, auf der Straße nach Britstown. Die Sättel für Mount Nelson sind noch nicht eingetroffen.“

4. *Von Ass. Direktor Transport De Aar an OCNCB Richmond Road.*

„Es ist unmöglich, Sie mit mehr Maultiertransportern auszustatten, als Ihnen zugesandt wurde. Wir werden Ihre Defizite mit Ochsentransportern ausgleichen, die bei Ihrer Ankunft in Britstown auf Sie warten werden.“

5. *Von OC De Aar bis OCNCB Richmond Road* (60871).

„Gehen Sie mit äußerster Vorsicht vor, da das örtliche Rebellenkommando unter Van der Merwe sagte, dass es in Nieuwjaarsfontein zwischen Ihnen und Britstown gesammelt werden soll. Als zusätzliche Vorsichtsmaßnahme können Sie die Kompanie der berittenen Wessex-Infanterie, die in der Richmond Road stationiert ist, bis nach Britstown mitnehmen. "

6. (Sechs Stunden später) „ *Vide* my 60871. Wessex MI hat widerrufen.“

Dies stellt nur einen Teil der Mitteilungen dar, die im Telegraphenbüro in der Richmond Road auf uns warteten. Aber sie sind ein gutes Beispiel, um die Schwierigkeiten zu veranschaulichen, mit denen der Brigadier zu kämpfen hatte. Die Mitteilung über die Rebellenversammlung in Nieuwjaarsfontein veranlasste ihn zum Moralisieren. „Leider für mein Vorausgeschwader! Wenn ich glauben würde, dass es wahr ist, würde ich sofort mit dem, was wir haben, ausziehen und diese Rebellen schnappen. Aber so wie es ist, werde ich es dem Vorausgeschwader überlassen, und wir werden für die Beerdigung sorgen.“ -Party am Morgen! Sehen Sie, Herr Geheimdienst, Sie müssen heute Abend eine Geheimdienstabteilung bilden. Sie sollten sich besser sofort daran machen.“

Der Geheimdienstoffizier ging auf die Lichtung vor dem Bahnhof und begutachtete die Szene. Es war jetzt zu dunkel, um sein Gesicht zu sehen; Aber da war etwas in seiner Haltung, das das Gefühl völliger Hoffnungslosigkeit verriet, das ihn beherrschte. In genau dieser Einstellung erkennt der Schulmeister, dass Smith Major es versäumt hat, seine Horaz-Übersetzung vorzubereiten, bevor dieser Jugendliche auch nur ein einziges Wort gewagt hat. Dem Geheimdienstoffizier wurde befohlen, eine Geheimdienstabteilung für die Brigade einzurichten. Er wurde in der strengen Schule der Armeedisziplin ausgebildet und hatte keine andere Wahl, als zu gehorchen. Und mit diesem Ziel vor Augen verließ er das

Bahnhofsgelände. Dann dämmerte ihm die absolute Unmöglichkeit der Situation. Es war keine Menschenseele zu sehen, und selbst wenn es eine gegeben hätte, verstand er kein einziges Wort der holländischen oder kaffernischen Sprache, obwohl ihm die Befugnisse des Pressekommandos zufielen. Er stand am Rande der dürren Karoo. Zu beiden Seiten erstreckte sich eine Wüste einsamer Prärie – eine Einsamkeit hereinbrechender Nacht. Aus seinen tiefsten Schatten erhoben sich massenhaft pechschwarze Hügel; die zerklüfteten Umrisse ihrer Bergkämme tauchten in der letzten Anstrengung der untergehenden Dämmerung in Lila und Grau. Die große Himmelskuppel hatte bereits ein paar müde Sterne hervorgebracht, und ohne die immer kleiner werdende Spur des Tages, die noch immer im Westen lag, hatte sich der große, trostlose Schleier der Nacht über die Steppe gelegt – die weite, geheimnisvolle, unbeschreibliche Steppe!

Aber wie man einen Schatz findet, wenn die Flut ihren Tiefpunkt erreicht hat, so oft, wenn die Mauer der Unmöglichkeit wie eine unüberwindbare Betonmasse erscheint, stellt man fest, dass sie nichts weiter als Papier ist. Als der Geheimdienstoffizier, beeindruckt von der großen Einsamkeit der schlafenden Steppe, am Rande grübelte, rief eine Stimme aus der Dunkelheit:

„Was für ein Mist! Wessen Kolumne ist das?"

Einen Moment später galoppierte ein berittener Mann heran, und ein junger Afrikaner warf sich aus dem Sattel.

„Wessen Kolumne?" fragte der Neuankömmling.

„Die neue Kavallerie-Brigade!"

„Nicht Hennikers?"

"Nein, wer bist du?"

„Ich bin einer von Rimingtons Tigern. [4] Ich gehöre zu Hennikers Kolumne und wurde hierher geschickt, um einen Mann zusammenzutreiben, der in dieser Gegend lebt!"

„Hast du ihn?"

„Nein. Wer bist du? Hast du ein Streichholz?"

Der Geheimdienstoffizier griff in seine Tasche, und als er nach den Streichhölzern kramte, kam ihm eine Eingebung.

„Wie hast du mich gesehen? Ich habe dich nie gesehen und du warst an der Skyline."

„Eine Zigarre ist ein großer Leuchtturm, alter Junge!" Dann zündete der Tiger ein Licht und merkte zum ersten Mal, dass er mit einem Offizier sprach. „Oh, ich bitte um Verzeihung, ich dachte, Sie wären ein Zivilist."

In der kurzen Zeit des Kampfes hatte jeder den anderen überfallen – der eine war ein freundlich aussehender kaiserlicher Offizier, der andere ein hartgesottener Kolonialherr. Der Geheimdienstoffizier war der Erste, der sprach.

„Sprechen Sie Niederländisch und Kaffern?"

"Ich tue."

„Haben Sie es sehr eilig, zu Henniker zurückzukehren?"

„Ich erschöpfe mich nicht vor Angst."

„Nun, schauen Sie mal, wir werden Henniker wahrscheinlich im Laufe der nächsten Tage treffen. Kommen Sie mit uns, bis wir Ihre Kolonne treffen. Ich bin Geheimdienstoffizier dieser Brigade und möchte eine Art Geheimdienstbande zusammenstellen heute Abend. Wir fangen morgen früh um 4.30 Uhr an.

„In welcher Funktion willst du mich?"

„Als mein Hauptführer. Kennen Sie dieses Land?"

„Ich habe es schon oft durchgemacht, aber ich werde bald jemanden finden, der es tut. Hast du Jungs?" [5]

„Keine Menschenseele. Ich bin gerade erst in diesem Moment angekommen!"

„Nun, wir müssen Jungs haben. Wohin sollen wir gehen?"

„Nach Britstown."

„Dann brauchen wir einen weißen Führer und mindestens vier Jungen. Ja, ich komme, Sir. Wie groß ist die Stärke?"

„Es ist eine Brigade im Embryo; aber wenn wir sie zusammenbringen, wird es eine ziemlich stattliche Streitmacht sein – drei Regimenter und sechs Kanonen!"

„Irgendwelche Kolonialherren?"

„Ja, die Mount Nelson Light Horse."

„Ich habe noch nie von ihnen gehört, aber jetzt willst du diese Jungs großziehen. Was für ein Mann bist du?

"Wie meinen Sie?"

„Nun, würdest du da drüben auf eine Farm kommen und mich bei allem, was ich tue, unterstützen? Wir können dort alles bekommen, was wir wollen!"

„Ich werde Sie in allem unterstützen, was den Erfordernissen des Dienstes entspricht.“

"Was bedeutet--?"

„Dass ich keine Samthandschuhe trage –?“

„Dann kommen Sie doch, wir trommeln bald eine Bande zusammen!“

⁂

Nach einer Viertelmeile erreichten die beiden Männer die Einzäunung eines kleinen Karoo-Gehöfts, das in einer Mulde in der Steppe lag. Der Tiger führte sein Pony, und nachdem er es draußen am Geländer festgebunden hatte, gingen sie mutig zur Veranda hinauf. Sie wurden von einem aufgeregten Hund begrüßt und eine Minute später wurde die Tür von einem großen, leichenhaften Jugendlichen geöffnet.

"Was willst du?"

Der Tiger antwortete auf Niederländisch. Der Bauer hatte ihn offensichtlich schon einmal gesehen, als er wütend auf dem Pferd herumzuckte.

„Oh, du bist es, oder?“ kam die Antwort. „Du bist wieder zurückgekommen. Nun, es tut mir leid, dass wir kein Futter für dich haben!“

„Es ist kein Futter, das ich will. Wo ist dein Vater? Hier ist ein Offizier, der den ‚Boss‘ sehen muss.“

„Ich sage Ihnen, der ‚Chef‘ ist nicht hier. Aber wird der Beamte nicht hereinkommen? Guten Abend, Herr, kommen Sie her. Ich bringe Licht!“

Die beiden Männer wurden in ein Wohnzimmer geführt und der Jugendliche verschwand. Einen Moment später kam ein schlankes Mädchen von etwa siebzehn Jahren mit einer Lampe in den Raum, stellte sie auf den Tisch und verschwand. Aber das Licht schien gerade lange genug auf sie, um zu zeigen, dass sie sehr hübsch war. Der echte niederländische Typ. Flachsblondes Haar, gerade Stirn und Nase, schöner Teint und verblasste blaue Augen. Offensichtlich gehörte die Farm vermögenden Leuten. Das Zimmer war nach holländischer Art gut eingerichtet. Schwerfällig dekoriert mit der gleichen Proportionslosigkeit, die man in einer englischen Mittelklasse-Herberge findet. Harmonium und Klavier in gegenüberliegenden Ecken – grobe Chromos und verzerrte Drucke an den Wänden; künstliche Blumen, farblos und glasgeschützt, auf den Regalen; unhandliche Alben auf dem Tisch; grobe Häkeldrapierungen auf den Stühlen; die königliche Familie in verblüffenden Pigmenten als Kaminsims. Im Moment hätte man meinen können, es sei Mrs. Scroggins bester Salon am Woburn Square.

Nach langem Flüstern im Flur marschierte die Mutter der Familie, unterstützt von zwei erwachsenen Töchtern und drei Kindern, mit weit geöffneten Augen in den Raum.

„Guten Abend", und überall gab es einen schlaffen Händedruck.

Die Haltung und der Gesichtsausdruck der guten Dame waren kämpferisch. Sie war beleibt, schlampig und vierzig. Und der erste Eindruck war, dass sie einst das war, was ihre hübsche Tochter jetzt mit siebzehn war. Von der Schönheit eines würdigen Alters ist in der Niederländerin nach ihrer Blütezeit nichts mehr zu sehen.

"Wo ist dein Mann?" [6] fragte der Tiger.

„Er ist nach Richmond gegangen, um die *Scaapen zu verkaufen* ." [7]

„Und deine Söhne?"

„Ich habe keine Söhne."

Der Tiger schlug das Fotoalbum auf dem Tisch auf und legte seinen Finger auf ein aktuelles Foto von zwei haarlosen Jugendlichen mit Bandoliers. Die Ähnlichkeit mit der guten Dame vor uns war unverkennbar.

"Wer sind diese?"

„Die Kinder meiner Schwester", kam die glatte Antwort.

„Gut", sagte der Tiger, als er das Foto herauszog. „Das werde ich behalten. Wer ist der junge Mann, der die Tür geöffnet hat?"

„Bywoner." [8]

„Gut, dann kann er mitkommen. Wie viele Jungen hast du auf dieser Farm?"

„Sie sind alle mit meinem Mann gegangen."

„In Ordnung, ich gehe mal vorbei – bringen Sie eine Kerze mit. In Ordnung, machen Sie keinen Aufstand, meine gute Dame. Nehmen Sie die Lampe nicht mit; der Beamte wird hier bleiben, während ich ausgehe."

Die stämmige *Frau* zog ein Stück Papier hervor und legte es mit der Selbstsicherheit eines Pokerspielers, der einen Royal Flush zeigt, auf den Tisch. Der Tiger hob es auf und las:

„Hiermit wird bescheinigt, dass man Hans Pretorius voll und ganz vertrauen kann, dass er den Militärbehörden jegliche Hilfe leistet. Er hat die erforderlichen Zusicherungen gegeben."

Resident Magistrate .“

Der Tiger hielt den Zettel und das Foto einen Moment lang nebeneinander und zündete dann ersteren langsam in der Flamme der Lampe an. Die Frauen und Kinder standen feierlich da und sahen dem Feuer zu. Nur das hübsche Mädchen zeigte Emotionen. Das verblasste Blau ihrer Augen schien dunkler zu werden. Sie sagte etwas. Es klang wie „Hands Opper“. [9] Wie die Holländer den englischen Afrikaner hassen!

Der Tiger lachte nur, als er sagte: „Warten Sie hier, Sir, während ich durch das Gelände gehe. Kommen Sie mit, Frau Pretorius.“

Der Geheimdienstoffizier war noch keine fünf Minuten allein, als sich die Tür öffnete und die hübsche Tochter mit einem Glas Milch auf einem Tablett erschien. Der Ausdruck der Empörung war verschwunden – ein Lächeln lauerte auf den hübschen Gesichtszügen. Jetzt war der Geheimdienstoffizier müde und durstig – ein Glas Milch war äußerst erfrischend. Außerdem war er ein Engländer – ein hübsches Gesicht war für ihn nicht ohne Reiz.

Die Tochter. „Bitte, Sir, der Kharki [10] nimmt Stephanus mit. Das werden Sie nicht zulassen. Es wird niemand mehr da sein, der sich um die Farm kümmert und uns vor den Jungs beschützt.“

Geheimdienstoffizier. „Wer ist Stephanus?“

D. „Er bleibt nicht hier; er ist“ (*dann füllen sich die blauen Augen mit Tränen*) – „er ist – mein Schatz!“

IO (*milder*) „Aber wir werden ihm nichts tun; in ein paar Tagen bekommst du ihn zurück.“

D. „Wer kann das sagen? Sie werden ihn zum Kämpfen zwingen, und dann werde ich ihn nie wieder sehen. Oh, bitte, Sir, nehmen Sie ihn nicht mit“ (*und eine Hand – eine helle Hand mit Grübchen – ruhte auf dem Geheimdienst Offiziersärmel*).

IO (*bewegt sich unbehaglich*) „Ich fürchte, ich muss; aber es wird ihm kein Schaden zugefügt, das verspreche ich!“

D. „Aber er kennt den Weg nicht, und du wirst ihn erschießen, wenn er dir einen falschen Weg zeigt.“

IO „Er wird alles wissen, was wir wollen, dass er es weiß.“

D. „Wohin soll er dich bringen? Ich weiß, dass er den Weg nicht kennt.“

IO „Warum, er muss nur nach Britstown gehen!“

D. (*die Tränen trocknen*) „Und du versprichst mir, dass du ihm nichts tun wirst?“

IO „Natürlich nicht.“

D. „Oh, danke.“ Sie war weg und der Geheimdienstoffizier war seinen eigenen Gedanken überlassen. Es war unversehens herausgerutscht. Er war ertappt worden: Das wurde ihm klar, als das Wort seine Lippen verlassen hatte. Er hatte noch viel zu lernen.

Auf der Veranda war ein Lärm zu hören. Der Tiger war mit Stephanus, vier Ponys und drei einheimischen Jungen angekommen.

„Das wird für den Anfang genügen, Sir; wir werden den Marsch verstärken!“

Doch als der Geheimdienstoffizier seine Abteilung der Viertelgarde der 20. Dragonergarde zur sicheren Aufbewahrung bis zum nächsten Tag übergab, sattelte Miss Pretorius gerade ein Pony im Kraal. Sie musste ihren Vater vor Tagesanbruch finden. Ihr Vater war mit seinen beiden Söhnen in Nieuwjaarsfontein!

Richmond Road ist keine Gemeinde. Es ist nur ein Bahnhof, verfügt aber über einen *Winkel* [11] , der an die Eisenbahngebäude angrenzt. Hier hatte das OC der Neuen Kavallerie-Brigade sein Nachtquartier bezogen, und hier hatte der jüdische Eigentümer für Verpflegung und Unterkunft für das Personal gesorgt. Teils Scheune, teils Laden, teils Wohnhaus — dieses heruntergekommene Gasthaus ist typisch für seine Art. Man trifft sie überall in der südafrikanischen Steppe. Du segnest sie, wenn sie dich vor Wind und Regen schützen; Verfluche sie, wenn du in einem sechsstöckigen Herrenhaus untergebracht bist, an dessen Tür sich die gleiche Legende befindet — Hotel — und dich daran erinnerst, was dich einst durch die Aussicht auf ein Soldatenleben reduziert hat.

Der Brigadier saß gerade bei der einzigen Mahlzeit, die die schlampige Frau des Juden zubereiten konnte — eine dampfende Masse mageren, gekochten Hammelfleischs —, als der Geheimdienstoffizier von seinem Abenteuer zurückkehrte.

„Kommen Sie und setzen Sie sich, Herr Geheimdienst. Haben Sie schon eine Räuberbande gegründet?“

„Ja, Sir; ich habe eine Truppe von Rimingtons Führern und ein paar Jungen zusammengestellt.“

„Sie scheinen ein klügerer Kerl zu sein, als ich dachte. Nun, hier sind Sie; hier ist ein weiteres Telegramm für Sie. Wir sollten morgen ganz oben auf der Sau sein.“

„Die Versammlung der Rebellen in Nieuwjaarsfontein wurde aus zwei Quellen bestätigt. Wiederholt usw."

Der Geheimdienstoffizier behielt seinen eigenen Rat. Er war sich sicher, dass es beim Eintreffen der Truppe keine Versammlung in Nieuwjaarsfontein geben würde. Aber er hatte sich seine Erfahrung erkauft und war entschlossen, in Zukunft davon zu profitieren.

„Ich denke, dass wir bei diesem Ausflug eine Chance auf eine Show haben", sagte der Brigadier, nachdem jemand eine Flasche Portwein hervorgeholt hatte. „Das ist ungefähr der beste Plan, den K. [12] je aufgegeben hat. Aber ich fürchte, dass Plumer ihn vereiteln wird. Er ist ein schrecklicher Schrecken, wenn er auf eine Spur gerät. Das ist seine große Schuld: Du wirst es nie tun." Fange diese Kerle, indem du dich an einer Spur festhältst, nachdem du drei Tage darauf gewesen bist. Es ist mir egal, wie glühend heiß sie auch sein mag. Du rennst eiskalt, nur um dann festzustellen, dass deine Beute dich überlebt hat. Nun , Nachdem De Wet die Eisenbahn bei Hautkraal überquert hatte, war Plumers offensichtlicher Zug nach Strydenburg. Sie hätten ihm dort Sachen von Hopetown ausschieben können. K. möchte, dass De Wet nach Südwesten in die J-Schleife geht, die unsere fünf Kolonnen bilden. Wenn Plumer, Crabbe und Co. nun an ihm festhalten, wird er so sicher wie das Schicksal zum Orange River zurückkehren. Aber wenn Plumer ihn in Ruhe lässt und wir nicht von zu vielen Generalmännern belästigt werden, werden wir' Ich werde ihn haben. Sobald De Wet südlich bis nach Britstown gelangt, ist er ein toter Vogel. Aber wir werden von zu vielen Generälen belästigt werden. Sehen Sie, wie viele haben wir? – Fünf. Das ist genug an Köchen, um jedes Gericht zu verderben . Aber ich persönlich glaube nicht, dass De Wet der gute kleine Flieger sein wird und in unser hübsches Wohnzimmer kommt. Sie fragen mich nicht nach meiner Meinung; aber wenn ich diese Show geleitet hätte, hätte ich Plumer auf der Eisenbahn angehalten, den J so gelassen, wie er ist, und einen höllischen „Stoß" von Männern nördlich des Oranjeflusses eingesammelt. Ich hätte eine Linie von Mark's Drift nach Springfontein halten sollen. Als ich das bekommen hätte, hätte ich unseren Spürhund Plumer wieder freigelassen. Dann hätten wir alle guten Kerle mit De Wet spielen können, bis er die Kolonie satt hatte. Wir könnten ihn dann zum Orange River eskortieren, und die „Streitkräfte" auf der anderen Seite hätten die Scherben aufgesammelt. Aber hier sind wir; Möge die Vorsehung ihn zu uns führen! Ich bin fürs Bett. Gute Nacht!"

FUSSNOTEN:

[1] Kommandant Richter Hertzog.

[2] Ein spezieller Geheimdienstoffizier wurde beauftragt, De Wets Bewegungen zu überwachen.

[3] „Chowder" war die telegrafische Adresse des Generalkommandanten der Kommunikationslinie in der Kapkolonie.

[4] Rimingtons Führer tragen ein Stück Leopardenfell in ihren Hüten und sind als Rimingtons Tiger bekannt.

[5] Einheimische Jungen.

[6] Ehemann.

[7] Schafe.

[8] Landarbeiter.

[9] Verräter. Wörtlich: „Hände nach oben" – *dh* „hingegebener Mann".

[10] Die Buren bezeichnen alle britischen Soldaten als Charkis.

[11] Speichern.

[12] Lord Kitchener wird allgemein als „K" bezeichnet. in Südafrika.

III.
Direkt nach Britstown.

„Nicht schlecht für einen grünen Schwarm."

Der Brigadier setzte sich auf den Rand einer großen Felsplatte, um das Gepäck über dem Nek zu beobachten. Es war ein typischer südafrikanischer Nek. Ein schrecklicher Pfad, der sich über den Sattel einer niedrigen Bergkette aus umgestürztem Eisenstein schlängelt. Nur einer dieser Gebirgszüge, die sich mit schierer Unverschämtheit aus der Ebene der Ebene drängen. Lose Zuckerhutauswüchse, die das Präriemeer mit tausend flachen Inseln übersäten und die Monotonie der Landschaft verweben, die diesem großen Kontinent eigen ist. Der holprige Postkarrenweg führte hinunter in ein riesiges Amphitheater, so riesig, dass Westeuropa keine Parallele dazu bieten kann. Doch ihre Gegenstücke werden jeden Tag von den zahllosen britischen Kolonnen getroffen und durchquert, die jetzt langsam den klaffenden Riss in Afrikas Gewand des Friedens stopfen. Wer hätte, wenn er es nicht gewusst hätte, gesagt, dass das wunderschöne Panorama, das die Morgensonne jetzt vor uns enthüllte, ein Kriegsschauplatz sei? Vor unseren Füßen erstreckten sich kilometerweit die hügelige Karoo und die blaugraue Prärie. Es stimmt, es war mit verkümmerten Kopjes durchbrochen und gerippt. Doch noch immer dominierte die ewige Ebene, bis sie in einem Herbstdunst unterging, dem keine Sonne Herr werden konnte. Immens – ein Land ohne Horizont, ein Land, das in jeder seiner Eigenschaften ein Gefühl von Unabhängigkeit und Freiheit vermittelt. Eine Sensation – ein Rausch, den man spüren, nicht beschreiben kann. Warum sollten Männer in einem Land wie diesem kämpfen? Sicherlich gibt es Platz für alle! Die Tiere auf dem Feld selbst, die den Egoismus, den eine begrenzte Weidefläche und ein begrenzter Raum hervorrufen, nicht kennen, sind fügsam und frei von Lastern. Aber beim Menschen ist es anders.

Der Bewohner der offenen Ebene lernt Freiheit. Die Lehre aus beengten Städten ist Geiz – dass der Stärkste überleben kann. Wer soll beides vereinen? Dort, als wir mit gegürteten Lenden für den Krieg dastanden, breitete sich vor uns die große, friedliche Prärie aus. Als die Morgensonne stärker wurde, wurde das ewige Grau der Karoo mit leuchtenden Farbtönen überzogen. Der mittlere Teil der Ebene war mit einem Streifen gewundenen Silbers übersät. Ein Fluss, der seinen unregelmäßigen Lauf zwischen den Kopje-Inseln nachzeichnet. An seinen Ufern blieb das Auge in regelmäßigen Abständen auf den dunkleren grünen Flecken hängen. Die heimische Plantage einer Farm, deren weiß getünchte Wände noch jetzt durch die stärker werdenden Sonnenstrahlen glitzerten. Hier war ein Stück gelber Furche – der Finger der

Zivilisation auf einer unberührten Wüste. Hier schimmernde weiße Flecken, wo die Oberfläche eines Damms das strömende Licht des Tages reflektierte. Hier und da löste eine Schafherde die Eintönigkeit des ewigen Graus auf. Auf der anderen Seite unserer Front galoppierten ein paar Zuchtstuten in der Ekstase des Tages und der Freiheit, und ein Schwarm eigenartiger Pirouetten drehender Strauße erweckte das wunderbare Bild zum Leben. Und plötzlich öffnete sich ein kleiner Fächer aus braunen Punkten auf dem Grau darunter – öffnete sich und ging paarweise auseinander. Punkte, die so klein und unbedeutend waren, dass sie wie Ameisen auf einer Kutschfahrt aussahen. Immer weiter breiteten sie sich aus, bis sie verloren zu sein schienen und mit den Zuchtstuten und Straußen verschmolzen waren. Jetzt hörten sie mit ihren wilden Bewegungen auf und gruppierten sich in leichter Verwunderung über die seltsame Invasion. Und immer noch gehen die Punkte auseinander. Es ist die Vorhut unserer Kolonne – Vorboten selbstsüchtiger Menschen, die schrecklichen Krieg in dieses friedliche Tal bringen. Während sich die Punkte mit den Ameisenhaufen auf der Ebene vermischen oder in den Falten der grauen Prärie verschwinden, steigt aus der Mitte des Fächers eine Staubsäule auf. Eine größere Masse Brauner – die Batterie und ihre Eskorte – eine große Kharki-Raupe, die über das Grau kriecht – es ist Zeit aufzubrechen, der letzte Maultierwagen hat den Nek erreicht, und die letzten Nachhutsoldaten führen sie an Pferde die Postkarrenstraße hinauf.

„Nicht schlecht für einen grünen Schwarm!" sagte der Brigadier, als er sich darauf vorbereitete, den Hang hinunter zu folgen. „Hallo! Was ist das?"

Aus der nebligen Ferne war ein Funke zu sehen. Ein bisschen Glitzer. Es kam, zitterte eine Sekunde und verschwand. Wieder kam er, ein vielzackiger Stern, der blinzelte und zitterte.

„Jemand ruft an. Hier, Signalgeber! – wo ist der Brigade-Signalgeber?"

Ein großer Dragoner stürzt aus seinem Sattel und beginnt, sein Stativ zu ordnen. In wenigen Sekunden hat sein Spiegel die Sonne als Antwort auf den funkelnden Stern vor ihm eingefangen.

"Wer ist es?"

Eine Stille, die nur durch rhythmische Klicks unterbrochen wird, während der Signalgeber die ferne Unterhaltung und sein monotones Lesen des Codes mitbekommt. Ein beharrlicher Assistent nimmt es ab. „‚T'-Gruppe, ‚W'-Gruppe, ‚I'-Gruppe, ‚Enna', ‚E'-Gruppe – Major Twine, Sir."

„Oh, das Vorausgeschwader. Nun, das ist zufriedenstellend; wir werden sie doch nicht begraben müssen. Was haben sie zu sagen?" und der Brigadier setzte sich wieder auf seinen Felsen, während der Signalwärter die Nachricht buchstabierte.

„Ich ziehe jetzt nach Nieuwjaarsfontein. Auf beiden Flanken sind Gruppen berittener Buren. Wurden nicht belästigt." Hier ist der Signalgeber kaputt gegangen.

„Etwas ist schief gelaufen, Sir. Sie sind ausgegangen!"

Für einen Moment funkelte das Licht erneut in rasender Eile. „Bremsstation – Schießerei!" dann war alles dunkel.

„Ich glaube, Sir", wagte es der Signalwärter, „dass sie die Station aufgelöst haben, weil jemand auf sie geschossen hat."

„Sehr wahrscheinlich. Hier, Herr Geheimdienst, steigen Sie einfach auf Ihr Pferd und galoppieren Sie zur Haupttruppe. Sagen Sie Oberst Washington, dass ich einen Offizier zur Vorhut schicken möchte, die jetzt fünfundzwanzig Meilen vor uns liegt: würde Er sei so freundlich, mir eines zurückzuschicken. Verschwende keine Zeit!"

Den steilen Hang hinunter, durch die rumpelnden Maultier-Trolleys hindurch, mit ihren Teams, die im Zickzack einer heftigen Schneewehe unterwegs sind, und ihren Gruppen plappernder Fahrer, deren schwarze, polierte Gesichter vor negroider Gutmütigkeit strahlen. „ *Aihu, Aihu. Bom-Bom. Scellum* [13] Oom Paul. *Scellum* -Präsident Steyn." Dann ein Knall der großen 12-Fuß-Peitsche, der wie ein gut getimter Volleyschuss klang. Am Fuße der Steigung ein kleiner Sprout. Dort am Ufer steht Willem der Zulu. Ein heruntergekommener Trainerbiber auf dem Kopf. Ein Quadratfuß bronzierter Brust, der zwischen den weißen Einsätzen einer offenen Infanterietunika zu sehen ist. Seine Unterschenkel waren in einen Dragoner-Overall gehüllt, mit leuchtend grünen Flecken auf den Knien. Gab es jemals ein solches Bild wilder Gutmütigkeit und Kindlichkeit, als der Riese Willem den großen Bambusstiel seiner Peitsche über seinem Kopf schwang und sein Team, das sich im Drift abmühte, tadelte oder ermahnte? „Komm rauf, Buller", zu einem Lieblingsarsch. „Krüger, du *Scellum* ", zu einer feuerfesten Leine, während der große Riemen wie eine Pistole knallte, als das Leder zwischen den Ohren des Täters zischte, ohne ein Haar auf seiner Haut zu berühren.

Platschen Sie durch die Drift. „Verdammt, Sir, können Sie ein Pferd nicht in Ruhe tränken lassen?" Und wenn Sie die federnde Karoo unter den Schritten Ihres Tieres spüren, hören Sie die Klage eines Offiziers, den Sie in der Strömung vorangetrieben haben.

Der erste Galopp am Morgen! Obwohl wir, die wir seit Monaten hier draußen sind, die bloße Erwähnung der Steppe hassen mögen, werden wir, wenn wir überleben, um nach Hause zurückzukehren, es noch lange bereuen, dass wir es jemals verlassen haben. Wir können seine grenzenlosen Weiten verfluchen – diesen endlosen Anstieg verfluchen, der so oft zwischen unseren müden Körpern und dem abendlichen Biwak lag; Aber die Flüche werden über der Reling eines Ozeandampfers und mit den verblassenden Lichtern von Kapstadt sterben, während die Erinnerung an die berauschende Luft, die Freiheit, das mitreißende Abenteuer, das in jedem Bad und jeder Donga dieses windgepeitschten, sonnengepeitschten Meeres lauert, lauert , die vom Krieg zerrüttete Steppe, wird für immer bei uns leben. Wer kann diese Herbstmorgen vergessen, wenn das Pferd, angetrieben von der gleichen Heiterkeit wie sein Reiter, über den schwammigen Boden rast? scheut spielerisch einen halb versteckten Ameisenhaufen; weicht mit katzenartiger Beweglichkeit der gefährlichen Bärenerde aus; wenn alles stark und jung und voller Leben erscheint; Wenn der Krieg vergessen ist, bis der Raketenvogel schräg über Ihren Weg fällt und sein klagender Ton Sie an das Heulen der Mauser-Kugel erinnert! Ja, es ist gut, Soldat zu sein. Die Chancen stehen gut; aber alles in allem lohnt es sich.

„Wo zum Teufel galoppierst du denn hin? Weißt du nicht, dass man sich berittenen Truppen nicht in diesem Tempo nähern sollte?"

Sie sind geneigt, dem Kavallerieoberst, der frisch aus Curragh kommt, zu sagen, dass wir das alles vor achtzehn Monaten hinter uns gelassen haben. Doch Disziplin regiert über Erfahrung, und automatisch reicht die respektvolle Hand bis zum Helmschirm.

„Herzlichen Glückwunsch an den General, Sir. Er möchte sofort einen Offizier mit einer Nachricht an Major Twine weiterschicken. Könnten Sie mir freundlicherweise einen Ihrer Offiziere nennen. Er soll sofort mit mir zum General zurückkommen."

„Oh, Sie sind vom General, nicht wahr? Hier, Sturt", wandte er sich an seinen Adjutanten, „schicken Sie Mr. Meadows mit diesem Offizier zum General zurück. Und Sie, Sir, kommen Sie in Zukunft nicht so im Galopp herauf? in mein Regiment.

"Sehr gut, Herr."

<hr>

„Nun, Herr Geheimdienst, ich möchte Sie nicht mehr hier haben. Sie müssen etwas über diese Straße herausfinden. Ich erwarte, dass Sie bis heute Abend alles über diese Farmen wissen. Also kommen Sie mit Ihren Räubern klar. Das können Sie Nennen Sie sich eine Eier-Milch-Patrouille, wenn Sie möchten. Ich hätte gerne ein paar Eier zum Frühstück. Sofern wir nicht bei Burgers eintreffen, halte ich nach elf Uhr an der ersten geeigneten Wasserstelle an – von elf bis zwei Uhr. Gehen Sie und finden Sie das Wasser, und ziehen Sie es an Lass dich nicht erschießen.

Noch einmal zurück nach vorne. Indem man einen Kreis wirft, weicht man der Hauptmasse aus und im zehnminütigen Galopp erreicht man die Vorhut. Für das Gehirn der Vorhut wäre die Aussage vielleicht wahrheitsgetreuer gewesen, denn der Subaltern, der die Führungstruppe befehligt, reitet allein die Postkarrenstraße entlang. Seine Männer sind nur Punkte, die an beiden Flanken aufgereiht sind wie Bojen im Hoogly. Der Subalterne selbst ist voller Bedeutung, Beschwerden und Kartenstudium.

Subaltern. „Warum hast du mir keinen Führer gegeben?"

Geheimdienstoffizier. „Es gibt nur eine Straße, und die ist so klar wie ein Hechtstab."

Sub. „Es ist das Prinzip, dem ich nachgehe."

IO „Na, mach weiter so. Dir geht es gut."

Sub. „Das ist nicht der Punkt. Ich sollte einen Führer und einen Dolmetscher haben. Das ist nicht die einzige Straße im ganzen Bally-Land, nehme ich an?"

IO „Nun, hier sind wir. Wir sind zu fünft. Du musst uns nur befehlen. Dafür sind wir hier."

Mit offensichtlicher Missbilligung musterte der Unteroffizier den Geheimdienstoffizier und seine Anhänger – den Tiger und drei unscheinbare schwarze Jungen.

Sub. "Warst du schon einmal hier?"

IO „Niemals."

Sub. „Haben eure Jungs?"

IO „Das kann ich nicht sagen. Sie sprechen keine bekannte Sprache!"

Sub. „Großer Himmel! Ich nenne es Mord, uns so rauszuschicken."

Ein Dragoner-Sergeant galoppierte von der rechten Flanke herbei.

Sergeant (in großer Aufregung). „Bitte, Sir, berittene Männer haben gerade unsere Front überquert."

Sub. „Wohin? – wie viele waren da?"

Sergeant. „Etwa fünftausend, Sir!"

Sub. „Der Geist des großen Cäsar! Fünftausend! – haben Sie sie gezählt, Sergeant?"

Sergeant. „Nein, Sir; niemand hat sie gesehen, Sir, es waren nur ihre Spuren. Es gibt so viele, dass sie überall verstreut sind, also denke ich, dass es ungefähr vier- oder fünftausend sein müssen!"

IO „Ich werde meine Männer schicken, um sie sich anzusehen!"

Sub. „Ja, das tue ich. Ich werde auch gehen; aber ich werde zuerst eine Nachricht an die Kolumne zurückschicken."

IO „Das würde ich noch nicht tun. Es kann sein, dass es nur eine Herde Springböcke ist!"

Der Subalterne verbarg bei diesem Gedanken seinen verächtlichen Blick nicht. Aber John der Kaffer verkündete mit Hilfe der Tiger, dass die fraglichen Spuren am Vortag von Major Twines Geschwader – vielleicht acht Mann Mann stark – gemacht worden seien. Soviel zum Indizienbeweis. Aber das ist nichts. Es ist nicht fair, neue Truppen an ihrem ersten Tag in der Steppe zu beurteilen. Wenn dieser Sergeant heute noch am Leben ist, könnten Sie bei der Bank so viel Kredit einsetzen, wie Sie besitzen, dass er Ihnen nicht nur die korrekte Zahl bis auf fünf von der Gruppe, die die Spur gemacht hat, nennen würde, sondern auch eine angemessene Beschreibung davon geben würde Art der Gruppe und das Tempo, mit dem sie gereist waren. Das ist Erfahrung.

Um elf Uhr schien es, außer dass der Hügelkamm zurückgelassen worden war, keinen Eindruck von der großen Einöde der Karoo vor uns hinterlassen zu haben. Aber die Straße führte hinunter in ein hübsches kleines Tal, das von den Ufern eines kleinen Flusses gebildet wurde. In den frühen Tagen waren einige wandernde Voortrekker zufällig auf den faszinierenden Ort gestoßen und hatten den kristallklaren Bach und die fruchtbaren Weiden markiert. Hier hatte er sein Team überflügelt, nachdem er in tagelangem Trekking gut zurechtgekommen war, und sein Biwak hatte sich zu einem dauerhaften Aufenthaltsort entwickelt. Hier hatte er gelebt und gestorben, und zweifellos besaß sein Urenkel jetzt das hübsche kleine Gehöft, auf dem die Kolonne ihre Mittagspause einlegen sollte. Alle niederländischen Gehöfte sind gleich, aber es gibt keine gleichen, was ein Paradox ist, dem jeder zustimmen wird, der schon einmal durch die Steppe gewandert ist. Es gibt die gleichen Kraals und Viehställe. Die heimische Plantage ist von Steinmauern umgeben. Die gleichen Nebengebäude und Futterspeicher. Der artesische Brunnen mit seiner flatternden Windmühle. Der Damm mit schmutzigem Wasser, die kleine, heruntergekommene Behausung mit niedrigem Dach, weiß getüncht, halbschwingenden Türen, niedriger Treppe und Gitterfront. Lediglich in ihrer topografischen Umgebung unterscheiden sie sich. Der eine wird kahl und entblößt auf einer trostlosen Ebene stehen, der andere wird sich schüchtern hinter einem Hain spitzer Eukalyptusbäume in einer Schlucht oder Schlucht verstecken. Allein der Zufall und die Natur entscheiden darüber, ob sie in Struktur und Lage dem Auge gefallen. Der Mensch ist gleichgültig. Ein Haus soll ihn vor den Elementen schützen, nicht die Landschaft verbessern oder den Passanten beeindrucken.

Obwohl der Geheimdienstoffizier wenig über die Wissenschaft seines neuen Amtes wusste, verfügte er doch über gesunden Menschenverstand, der die wertvollste Eigenschaft eines Soldaten ist, und er wusste, dass er nach achtzehn Monaten Krieg besser wusste, als aufs Geratewohl in ein Bauernhaus zu reiten Das Bauernhaus befand sich in der Kapkolonie. Er lieh sich zwei Männer von der Vorhut aus und erkundete mit Hilfe des Tigers und seiner Jungs die Umgebung, bevor er zum General zurückschickte, um ihm mitzuteilen, dass er einen idealen Ort für den Mittagsstopp gefunden hatte. Dann, als die Vorhut die nächsten Anhöhen besetzte, übergab er sein Pferd einem der Jungen und ging bis zur Treppe des Bauernhauses. Der Bauer und seine *Frau* standen auf der Veranda, um ihn zu begrüßen, und wie es ihre Gewohnheit war, drängte sich ihre Familie, bestehend aus Mädchen jeden Alters, durch die offene Tür hinter ihren Eltern, um einen Blick auf die Charkis zu werfen. Gerade als der unvermeidliche Händedruck stattgefunden hatte, galoppierte der Tiger hoch.

„Hier sind wir, Sir. Das sind die Leute, mit denen wir es zu tun haben", und er zeigte zwei farbenfroh gerahmte Bilder – Präsident Kruger und Präsident Steyn. „Unser würdiger Gastgeber hat sich heute Morgen verrechnet, denn ich habe ein Kaffernmädchen gefunden, das diese im Gebüsch versteckt hat."

"Wie meinst du das?"

„Sehen Sie, Sir, gestern Morgen war ein Kommando hier. Dann hatte unser treuer Freund diese beiden Bilder in seinem Wohnzimmer aufgehängt. Gestern Abend ist das Geschwader der 20. Dragoner durchgekommen. Der Onkel hier hat sie kommen sehen, also hat er sich versteckt Oom Paul und Steyn und stellten die Königin und den Prinzen von Wales an die Wand. Nachdem das Geschwader weg war, erwartete er, dass sein Kommando wieder zurückkam, also gehen die Präsidenten hoch. Wir kamen zuerst, also musste es eine weitere Verwandlungsszene geben, was ich teilweise gestört habe. Ich wette meinen letzten Dollar, dass Ihre Königlichen Hoheiten jetzt den Salon schmücken. (Mit sinkender Stimme.) „Es ist ein Schönwetterhahn, Sir; wir sind keine hundert Meilen von einem ziemlich starken Kommando entfernt. Es muss unter einem einflussreichen Anführer stehen, sonst sollten wir diese kleine Burleske nicht haben."

Der Bauer lächelte gütig und empfahl den Truppen seine Gastfreundschaft. Auch der Tiger hatte sich nicht geirrt. Tatsächlich hingen an den Wänden des Wohnzimmers farbige Porträts der verstorbenen Königin und des verstorbenen Königs Edward, während, als der Geheimdienstoffizier das Zimmer betrat, eine stämmige Tochter sich ans Klavier setzte und die ersten Takte des Liedes spielte Nationalhymne. Schlechte Ausrede, denn das Mädchen hatte die Gunst des Freistaats übersehen, die ihr an der Brust lag!

„Eier – Butter? Ja, sie hatten beides; sie wären nur zu froh – würde der General nicht Essen mitnehmen?"

Klick-Uhr! Klick-Uhr! [14]

Die Haupttruppe war gerade angekommen, die Kanoniere tränkten ihre Pferde, die Dragoner zogen ihre Gebisse heraus. Die Kanoniere wussten, was es bedeutete, und der kleine Major, der aus irgendeinem Grund seine Gamasche geöffnet hatte, schrie, ohne seine Haltung zu ändern, den einzig notwendigen Befehl: „Einhaken!" Den Dragonern bedeuteten die gedämpften Berichte nichts. Soweit sie wussten oder sich im Moment darum kümmerten, könnte dieser hohle, hallende Rhythmus von einer Hausfrau stammen, die Teppiche schlug. Aber der General, der Geheimdienstoffizier und der Tiger wussten es.

Klick-Uhr, Klick-Uhr!

Hier kam die Nachricht. Ein schwerer Dragoner, der aus jeder Pore schwitzte und dessen Gesicht die Befriedigung eines Mannes verriet, der zuerst erschossen wurde, galoppierte herein. Er reichte dem General einen Zettel des Subalternen, der die Vorhut befehligte:

„11.55 Uhr. Feind feuert auf meine linke Flankenpatrouille – etwa fünfzig berittene Männer rücken auf mich zu. Ich befinde mich auf einer Anhöhe 500 Yards südwestlich des Bauernhauses."

„Das ist ein guter Junge", sagte der Brigadier nachdenklich, während er sich auf dem Absatz umdrehte und die Topographie unserer Position auf einen Blick erfasste. „Ein sehr klarer Bericht. Hier! Sagen Sie dem Offizier, der den Bommel befehligt, er solle seine Waffe auf diese Anhöhe bringen. Und Sie" (dreht sich zu einem anderen seiner Mitarbeiter um) „sagen Sie Colonel Washington, er solle ein Geschwader mit dem Bommel schicken." -pom! Warten Sie, beeilen Sie sich nicht, hören Sie mir bitte zu. Sagen Sie ihm, dass das Geschwader ausfahren soll, nehmen Sie den Anstieg im Galopp – steigen Sie ab, kurz bevor es den Gipfel erreicht. Jetzt können Sie gehen."

Dann wandte er sich an den Stabschef: „Haben Sie ein Streichholz? Danke. Sagen Sie nun Freddy [15], er soll zwei seiner Waffen auf die Anhöhe südlich des Damms schicken. Schicken Sie eine Truppe mit ihm. Ich werde hier sein." der Rest wartet auf die weitere Entwicklung!"

„Befehl erteilt, Sir!" und der Geheimdienstoffizier berührte seine Mütze.

„Gut. Jetzt gehst du mit dem Bommel. Ich werde hier sein; lass mich wissen, was es Neues gibt. Komm miteinander aus. Streite nicht!"

Der Pom-Pom trottet bereits aus der Umzäunung des Bauernhauses und die Dragoner-Staffel breitet sich auf der Ebene dahinter aus. Die Gesichter der

Kanoniere sind so ausdruckslos, als würden sie gerade bei einer Besichtigung vorbeigaloppieren. Sie machen so etwas schon seit Monaten; es ist für sie nichts Neues. Aber bei den Dragonern ist es anders. Dies ist ihr erstes Engagement; Sie können es in den Gesichtern der Männer sehen, die Ihnen am nächsten stehen. Die Aufregung, die die Wangen der Männer weiß werden lässt und jede Handlung eckig und unbeholfen macht.

„Zweite Staffel 20. Dragonergarde – Galopp!"

„Pom-Pom – Galopp!" kommt das Echo.

Die Buren müssen nah dran sein, denn die Vorhut zieht sich zurück. Sie kommen mit allem, was sie wert sind, zurück. Es wird ein Wettlauf zwischen uns und dem Feind um den Besitz des Bergrückens sein; Bitte die Vorsehung, dass wir zuerst da sein mögen, denn in Wahrheit wird der Verlierer den Einsatz bezahlen. Den Beamten ist dies klar, und sie machen sich an die Arbeit und geben das Tempo vor. Die wilde Linie, die hinter ihnen rast, passt sich ihrer Führung an; In seiner Aufregung und Unerfahrenheit verschließt es sich instinktiv nach innen. Nur noch 200 Meter. Die Skyline ist klar und definiert. Es sind noch keine Köpfe aufgetaucht. Hundert Meter! Jetzt sind wir unter der Anhöhe, die Pferde spüren den Hügel – ein paar Sekunden und wir werden wissen, wer das Rennen gewonnen hat. „Stetig, Männer, ruhig!" Nach oben geht der Arm des Staffelführers. „Halt! Absteigen!" Eine chaotische Sekunde, in der die hektische Linie die Zügel zügelt. „‚Nummer Drei'." Wo sind die ‚Nummer Drei'?" – „Weg zum Bommel." Das anstrengende Team stürzt durch die Ziellinie. Die abgesessenen Soldaten folgen ihren Offizieren den Hang hinauf. Ein Moment der Spannung – und ein langer Atemzug. Wir sind die Ersten. Hundert Meter entfernt steigen die Buren ab. „Aktionsfront, der Bommel." „Runter, Männer, runter!" – ertönen die heiseren Befehle, und eine Welle aus Feuer knistert über den Gipfel der Anhöhe. „Lassen Sie sie den ganzen Gürtel haben." *Pom-Pom-Pom-Pom-Pom-Pom!* Die kleine Waffe taumelt und zittert, während sie ihren Strom boshafter Bomben ausstößt. Für einen Moment erwidern die Buren das Feuer. Dann eilen sie zu ihren Pferden, und in so vielen Sekunden, die man braucht, um sich eine Zigarette anzuzünden, galoppieren sie *ventre à terre* in einem immer größer werdenden Fächer über die Ebene. Der gnadenlose Anführer verfolgt sie. Die Dragoner springen auf, um die Feuergeschwindigkeit zu erhöhen, während der Bommel den trockenen Staub der Steppe in kleine Wirbelstürme zwischen den fliegenden Reitern aufwirbelt. Fünfhundert Meter entfernt steht ein Kopje. In drei Minuten haben die letzten Buren es zwischen sich und das britische Feuer gebracht – bis auf die drei oder vier, die regungslos auf der Ebene liegen.

„Jetzt haben wir es!" und der Pom-Pom-Kapitän wendet sich an den Staffelkommandanten. „Ich rate Ihnen, Ihre Männer dazu zu bringen, sich wieder hinzulegen. Ich werde meine Waffe den Hang hinunter handhaben."

„ *Klick-Uhr, Klick-Uhr, Klick-Uhr!* " sagen die Mauser. Die Buren sind auf der Spitze des Kopje. Jetzt sind sie an der Reihe. NEIN; Hinter dem Bauernhof ertönt ein Brüllen, dann noch eines und noch eines. Dann öffnen sich am Rand des Kopje drei kleine weiße Wolkenbälle.

„Guter kleiner Freddy!" führt ein Selbstgespräch mit dem Pompom-Kapitän, während er seine Brille in das Etui steckt. „Er hat sie beobachtet. Ich muss meine Schönheit bis zum Ende dieses Anstiegs bringen, um sie beim Verlassen aufzufangen." – „Pom-Pom, mach dich locker!"

Boom Boom Boom. Drei weitere kleine weiße Wölkchen über dem Kopje. Einmal *auf die Uhr klicken , und der Pinsel war vorbei.* Was war es wert? Vier verstümmelte Rebellen auf der Steppe und ein tapferer Dragoner mit bleichem Gesicht und blinden Augen, die dem wunderschönen Blau des Himmels zugewandt waren!

Der Brigadier galoppierte auf die Anhöhe zu. Ein Teil der berittenen Artillerie raste hinter ihm her. „Sehen Sie", sagte er zum Geschwaderführer, „Sie müssen Ihre Männer zu diesem Kopje bringen: Sie sind es nicht wert, verfolgt zu werden – es sind nicht mehr als zwanzig. Wenn ich Sie wäre, würde ich mich aufmachen, teilen und galoppieren." um beide Flanken des Kopje herum; dahinter ist offenes Grasland, und wir werden von diesem Bergrücken aus auf Sie aufpassen. Sie werden von ihnen nicht mehr sehen als ihre Schwänze. Verfolgen Sie sie nicht weiter als 3000 Yards. Mein Befehl ist, zu gehen Britstown, ich soll meine Pferde nicht über die Lausbuben-Scharfschützen ermüden!"

„Wir müssen heute Abend weiter vorrücken und Kontakt zu unserem losen Geschwader aufnehmen", sagte der Brigadier, während er und sein Stab aus Dosenwürsten und Eiern, die von den verängstigten Frauen des Bauernhauses zubereitet wurden, hastig ein Mittagessen zubereiteten. „Ich frage mich, was mit dem armen kleinen subalternen Jungen passiert ist, den ich heute Morgen losgeschickt habe. Ah! Hier ist Mr. Intelligence direkt vom blutbefleckten Feld; jetzt werden wir den Schaden erfahren!"

Brigadegeneral. „Irgendwelche Buren verwundet?"

Geheimdienstoffizier. „Ja, Sir; zwei und zwei getötet."

B. „Sind die Verwundeten gesprächig?"

IO „Der eine ist zu weit gegangen, Sir; der andere ist ziemlich kommunikativ."

B. „Nun, was hat er zu sagen?"

IO „Er lügt über sich selbst. Schwört, dass er ein Free Stater ist; aber in Wirklichkeit heißt er Pretorius, und er ist ein Sohn des Bauern, von dessen Frau wir gestern Abend unsere Führer bekommen haben. Durch den bloßen Zufall, den wir ergriffen haben." ein Foto der beiden Söhne des Bauern aus einem Album, das wir auf der Farm gefunden haben. Und hier ist einer von ihnen, der heute verwundet wurde. Aus seinem Bericht geht hervor, dass ein Mann namens Lotter mit einem Kommando hier ist, und dass er und seine Freunde hier sind hat gerade etwas Schlimmes hervorgebracht. Lotters Kommando hat sich erst vor etwa einer Stunde den Rebellen angeschlossen, die aus Nieuwjaarsfontein zurückgekehrt sind. Die Rebellen wussten, dass unser Vorgeschwader letzte Nacht auf dieser Farm war, und als sie uns hier sahen, verwechselten sie uns mit Major Twine, und im Wissen, dass seine Stärke im guten Herzen angegriffen wurde.

B. „Ich dachte, es wäre so etwas. Nun, wir müssen uns wegen Twine nicht die Seele aus dem Leib essen. Diese Schweine werden heute nichts mehr vertragen, besonders jetzt, wo sie Grund zu der Annahme haben, dass wir in der Nähe sind." Aber wir werden keine Zeit verschwenden, wir machen in einer halben Stunde weiter. Benachrichtigen Sie uns und kommen Sie dann vorbei, um etwas zu essen!"

Als die Schatten auf der Ebene der verkümmerten Karoo immer länger wurden, hatten wir weitere zehn Meilen hinter uns auf der Straße nach Britstown gelegen. Niemals sahen wir an diesem Tag ein weiteres Zeichen unseres Feindes. Aber das ist typisch für diesen freien Kampf auf freiem Feld. Dein Feind kommt über dich wie ein Staubteufel – er erscheint, schlägt zu, gewinnt oder verliert und verschwindet dann genauso plötzlich wieder, wie er gekommen ist. Du kämpfst deinen kleinen Kampf, begräbst deine Toten, schüttelst dich und vergisst alles über den Vorfall. Man kann davon ausgehen, dass dies der Fall ist, denn das Leben, das alle berittenen Männer hier geführt haben, ist seit einem Jahr so.

Kurz bevor die Sonne unterging, erreichten wir, eingehüllt in einen Vorhang aus aufsteigendem Nebel, einen großen Bergrücken mit Hochebene. Ein besonders wildes und verlassenes Stück Land.

„Wir müssen beim ersten Wasser anhalten", sagte der Brigadier. „Was für ein unheiliger Ort zum Campen! Nun, wenn es keine Buren gibt, macht das nichts. Es ist ein Glück, dass wir heute gegen diese Kerle angetreten sind. Sie werden einen nächtlichen Angriff mit dem Echo von kaum ertragen." ein Pompom-Refrain klingelt immer noch in ihren Ohren. Ist das eine Flagge?"

Die Vorhut begann sich wie verkrüppelte Baumstämme auf der Skyline an unserer Front abzuzeichnen. Ja; es war eine Flagge. Es gab wieder Arbeit für den schwerfälligen Dragoner-Signalgeber. Langsam formulierte er die Nachricht: „Es wurden keine Feinde gesehen. Ridge ist frei. Die rechte Flankenpatrouille hatte Kontakt mit der hinteren Truppe des Geschwaders von Major Twine, die jetzt auf Nieuwjaarsfontein vorrückt. Leutnant Meadows, der sich wieder angeschlossen hat, berichtet, dass das Geschwader von Major Twine mehrere Leichen von Feinden gesehen hat ; sein Geschwader wurde beschossen, aber nicht ernsthaft angegriffen. Das Land ist auf der anderen Seite des Bergrückens sehr offen. Guter Campingplatz und Wasser am Fuß des Bergrückens.

"Gutes Geschäft!" sagte der Brigadier und wandte sich an seinen Stabschef. „Wirst du galoppieren und ein Lager abstecken? Es ist eine große Erleichterung zu sehen, dass dieses Vorgeschwader nicht vernichtet wurde."

Einen trostloseren Campingplatz hätte man nicht finden können. Die schöne Steppe schien verschwunden zu sein. Statt ein paar Bauernhöfen war nur eine menschliche Behausung in Sichtweite – ein elendes Gebäude aus Lehm und ungebrannten Ziegeln, das einem Burenhirten der niedrigsten Sorte gehörte. Der Damm war eine natürliche Senke, die scheinbar durch den Krater eines längst erloschenen Vulkans entstanden war. Das umgebende Land war sehr rau, und um die Situation noch deprimierender zu machen, hatten sich bei Sonnenuntergang im Westen große Wolkenbänke gebildet. Der Brigadier könnte sich in einer solchen Festung durchaus Sorgen um seine kleine Streitmacht machen, und es ist leicht, das Gefühl zu verstehen, das ihn dazu veranlasste, persönlich die Nachtposten aufzustellen. Aber die rohen Truppen, die rohen Transportmittel, alle werden sich mit der Zeit beruhigen, und eine Stunde nach Sonnenuntergang aßen die Männer ihr Essen.

Bevor die Haupttruppe ins Lager einzog, hatte der Tiger eine Entdeckung gemacht. Er hatte in der Schäferhütte einen verwundeten Buren gefunden. Ein tapferer junger Holländer, dessen rechte Hand von einer Bommelschale schrecklich zerschmettert wurde. Der Junge hatte große Schmerzen und war, wie der Bure so oft bewiesen hat, unter seiner Verletzung sehr kommunikativ. Er war ein Free Stater aus Philippolis und gehörte zum Kommando von Richter Hertzog. Er war einer von fünfzehn Spähern, die Hertzog unter einem Kommandanten namens Lotter ausgesandt hatte, um die Richmond-Rebellen einzusammeln und nach Graaf Reinet zu bringen, wo De Wets Invasoren den Befehl hatten, sich zu konzentrieren, bevor sie das verzweifeltere Unterfangen der Invasion wagten. Er bestätigte die

Version des anderen verwundeten Mannes über den Angriff, den sie am Morgen auf uns verübt hatten, und gab außerdem freiwillig die Information bekannt, dass Brand, Hertzog und Pretorius noch heute Abend Britstown – unser Ziel – angreifen würden. Diese Information interessierte den Brigadier so sehr, dass er einer Offizierspatrouille der 20. Dragonergarde befahl, das Lager um 3 Uhr morgens zu verlassen und ohne Halt bis nach Britstown zu reiten, um dort um neun oder zehn Uhr morgens anzukommen. Es war wichtig zu wissen, ob Britstown angegriffen worden war, da die Garnison dort bis zur Konzentration am nächsten Tag schwach war. Es war auch wichtig, dass der Generaloffizier, der die kombinierte Bewegung befehligte, über die Ablenkung von Hertzogs Kommando Bescheid wusste, auf die wir gestoßen waren . Leutnant Meadows, der dem Feind am Morgen so erfolgreich aus dem Weg gegangen war, wurde erneut mit der Mission betraut und ihm wurde Stephanus als sein Führer zur Seite gestellt.

Die aufziehenden Wolken erwiesen sich nicht nur als saisonale Warnung. Eine große eisige Böe fegte das Tal hinauf und trieb einen breiten Gürtel aus beißendem Staub vor sich her, und das Biwak wurde von einem südafrikanischen Staubsturm durch und durch heimgesucht. Fünf Minuten heftiger Sturm mit Blitzen, die die Nacht für einen Moment vertrieben, dann eine Pause – der Vorbote des kommenden Regens. Ein paar große eiskalte Tropfen prasselten wie Hagel auf den Planenschutz, der als Hauptquartier für ein Messezelt diente. Dann folgten fünf Minuten einer Sintflut, wie man sie sich in England nicht vorstellen kann. Eine Sintflut, gegen die die stärkste Ölhaut wie Löschpapier ist. Ein Regen, der auch unter Ihnen Fontänen aus der Erde zu entlocken scheint. In zehn Minuten ist alles vorbei. Die Sterne blinken wieder bescheiden über Ihnen, und alles , was Sie von dem Sturm wissen, ist, dass Sie die riesige, abnehmende Wolke sehen, die im Westen durch die verblassenden Blitze sichtbar wird, und dass Sie weder in Ihrer Ausrüstung noch in Ihrer Ausrüstung etwas Trockenes haben auf deine Person.

„Heute Nacht habe ich keine große Angst vor schlafenden Wachen", sagte der Stabschef, als wir unter dem Wagensegel um ein Feuer kauerten.

„Nein; und es ist auch gut so: In diesen schlaflosen Nächten zeigt sich ‚Bruder' [16] gern", antwortete der Brigadier. „Ich mag all diese Free Stater hier nicht. Vielleicht können sie die neue Generation von Rebellen dazu aufstacheln, etwas Verzweifeltes zu tun. Rohe Guerillas, mit einem Sauerteig aus hartgesottenen Fällen, sind immer eine Gefahrenquelle. Aber ich Ich glaube, dass wir in dem Gefecht heute Morgen unsere eigene Rettung herbeigeführt haben. Sie würden kaum glauben, dass wir eine so kleine Streitmacht mit so vielen Geschützen haben würden. Nein, unser Glück war heute, als sie uns anstelle von Twines Geschwader entdeckten. Wir Ich werde etwas aus dem 20. machen. Sie sind das richtige Zeug: Dieses Geschwader hat sich heute in großartigem Stil für diesen Aufstieg entschieden. Die Buren können es nicht ertragen, zu galoppieren. Ich mag ein Spinner sein – in Pretoria glauben sie, dass ich einer bin –, aber ich Ich bin überzeugt, dass ich die richtige Formation der berittenen Infanterie für die Art von Kämpfen entdeckt habe, die wir jetzt hier draußen erleben. Wenn Sie Ihren Feind in einer Position finden, über die Sie galoppieren können, ohne Ihr Pferd zum Stehen zu bringen, greifen Sie ihn an erweiterter Befehl. Sie werden aus einem Unternehmen dieser Art mehr Ergebnisse erzielen als aus einem einwöchigen Artillerie- und abgesessenen Angriff. Ich höre, dass D. behauptet, der Urheber dieser Formation gewesen zu sein. Ich habe es mit meinen Kameraden in Natal geübt, bevor D. geboren wurde, oder besser gesagt, als er noch ein Kleinkind war und sich mit dem Krieg auskennte. Ich bin ebenso davon überzeugt, dass ich Recht habe, wie davon, dass das Gewehr der Arm des Kavalleristen ist. Heutzutage sind beim Besteigen von Männern keine Schocktaktiken erforderlich: Der Einsatz eines Pferdes dient dazu, in kürzester Zeit in die beste Schussposition zu gelangen. Die Schlachten der Zukunft werden mit Gewehren und Maschinengewehren entschieden, nicht mit Lanze und Säbel. Es gibt Ketzerei für dich; aber es ist meine ehrliche Überzeugung!"

FUSSNOTEN:

[13] Schurke.

[14] Der Doppelschuss eines Kleinkalibergewehrs.

[15] Der Major kommandiert die Batterie RHA

[16] *Das heißt* , Bruder Boer.

IV.
DER ERSTE CHECK.

Die erste Lektion, die dem Engländer in Südafrika klar wird, ist, dass er das Land nicht nach europäischen Maßstäben beurteilen darf, denn solange er das weiterhin tut, wird er sich auf See wiederfinden. Überraschung zu zeigen bedeutet, Unwissenheit zu bekunden – und die britischen und niederländischen Südafrikaner hegen, wie alle überaus unwissenden Rassen, die tiefste Verachtung für diejenigen, bei denen sie selbst Unwissenheit erkennen können. Wenn Ihnen also die freundliche Anhöhe eines Hügels einen zehn Meilen weiten Ausblick auf ein winziges Städtchen bietet – ein Ausblick, der keine Ahnung von der Bedeutung des Zentrums vermittelt, dem Sie sich nähern –, ist es gut, zu schweigen. Denn der Kolonialherr ist sicherlich einfallsreicher als der phlegmatische Engländer – und die traurige Ansammlung von Blechhütten und schäbigen Villen, die einem aus so großer Entfernung kaum mehr Bedeutung zusprechen scheinen als ein Bauernhof mit vereinzelten Nebengebäuden – stellt für ihn eine Stadt dar, und er wird es übel nehmen, wenn sie weniger wertschätzend bewertet werden. Das mag unvernünftig erscheinen: Das ist es, aber es ist nichtsdestotrotz wahr; und zu einem großen Teil war die unterschiedliche Ausrichtung zwischen dem englischen und dem kolonialen Geist für die Abscheulichkeit verantwortlich, die zu Beginn des Krieges unsere Bemühungen im Kampf mit unseren Kolonialbrüdern *kennzeichnete*. Wir haben alle Mängel des britischen Offiziers gehört, denn der Kolonialbeamte denkt schnell und leichtfertig und verschwendet keine Zeit damit, seinen Gedanken Ausdruck zu verleihen; Wir haben nicht so viel von den Mängeln des Kolonialbeamten gehört, weil der britische Offizier, obwohl er seine Meinung weniger schnell, aber ernster als die Mehrheit der Kolonialherren bündelt, sich mit seiner Kritik zurückhält. Aber sie sind ein leicht zu handhabendes Volk, wenn man sein Schweigen bewahren kann, ohne ihre Eitelkeit zu verletzen. Sie bewundern am Engländer Eigenschaften, die sie selbst noch nicht vollständig entwickelt haben; aber es schmerzt sie bis ins Mark, wenn ihnen der Beweis ihrer Überlegenheit aufgedrängt wird. Als der Offizier, der die Vorhut befehligte, die große gerade Straße hinunterblickte, die nach Britstown führte – eine Straße, die der römischen Straße bei Baynards alle Ehre gemacht hätte – und sich unfreundlich über die Gemeinde äußerte, war der Tiger verletzt und dachte nach Unangenehme Dinge über die Subalternen der britischen Kavallerie im Allgemeinen und den Offizier, der die Vorhut befehligt, im Besonderen. Aber Britstown war für den Tiger schon immer eine Stadt gewesen, seit er denken konnte. Bis er auf dem Anwesen der Menschen ankam und Kimberley und Kapstadt besuchte, war Britstown die Stadt seiner

Fantasie und Beaufort West seine Metropole gewesen. Für den Offizier, der die Vorhut befehligte, hätten Britstown und Beaufort West zusammengenommen kaum die würdevolle Einstufung eines Dorfes verdient. Der mentale Fokus der beiden Männer war unterschiedlich und der Tiger hatte das Gefühl, dass der Subalterne die stärkere Linse besaß. Doch Mann für Mann, zu Pferd oder zu Fuß, bekleidet oder nackt, für das äußere Auge war er kein besserer Mann. Hier liegt das Gefühl.

Der Brigadier stoppte die Vorhut beim Aufstieg. Er wollte etwas über Britstown wissen. Das hässliche Gerücht von Brands Absicht, es zu stürmen und zu plündern, kursierte immer noch in unserer Umlaufbahn. Von Leutnant Meadows und seiner Patrouille gab es noch keine Nachricht. Dreihundert Meter weiter rechts lag ein kleiner Bauernhof. Ein einsamer Emporkömmling auf der kahlen Steppe. Ein architektonischer Albtraum aus rotem Backstein. Schon näherte sich eine Patrouille der Vorhut der Dragoner, angelockt von der Anziehungskraft, der jeder britische Soldat widerstehen kann. Eine Anziehungskraft, die von unterhalb des Gürtels ausgeht und die keine militärische Vorsichtsmaßnahme, keine Erfahrung oder Sorge um die persönliche Sicherheit aus dem Kantinensoldaten ausrotten kann. Wenn unsere Späher so scheu auf dem Bauernhof gewesen wären, wie so viele von ihnen sich als waffenscheu erwiesen haben, hätte das einen spürbaren Unterschied in den Opferlisten des Feldzugs gemacht. Der Brigadier blickte auf die Farm. Man kann nicht sagen, dass er es im künstlerischen Sinne des Wortes fair fand. Aber es gab eine Pfanne, [17] die Wasser für die Pferde bedeutete, und zweifellos gab es einen Hühnerstall und eine Buttererei.

„Herr Geheimdienst, wir werden auf dieser Farm frühstücken. Lassen Sie die Vorhut noch eine halbe Meile weiterziehen, dann kann Freddy seine Pferde bequem tränken. Wer befehligt hier die Vorhut? Haben Sie es Ihnen gesagt?" Männer, die sich auf dieser Farm versammeln?"

"Nein Sir."

„Dann solltest du besser auf sie aufpassen."

Der Jüngling galoppierte davon, und es war an der Zeit, denn die rechte Flanke hatte offenbar Erfolg in der Haltung der ersten Patrouille erraten, die am Hof Halt gemacht hatte, und das unförmige rote Gebäude übte seine magnetische Wirkung auf das Ganze aus Vorhut. Als der Offizier der Vorhut eintraf, hatte Dragoner Nr. 1 seinen Kopf bereits in einem Eimer Milch vergraben, während Dragoner Nr. 2 wahllos so viele Eier und Butterstücke in ein Quadrat aus rotem Taschentuch stopfte wie besagtes Quadrat enthalten würde.

Der Brigadier ging zum Gehöft und warf seinem Pfleger die Zügel hin. Die Familie paradierte auf der Treppe, wie es alle niederländischen Familien bei ähnlichen Anlässen tun. Und wie es im Land üblich ist, schüttelte der Brigadier ihnen allen mit großer Würde die Hand. Aber er hatte keine Augen für Oom Jan mit dem massiven Kopf und dem buschigen Bart, keine Augen für die stämmige Frau, seine Frau , noch für seine sechs kräftigen und pummeligen Töchter, denn er war damit beschäftigt, das zehnte Gebot zu brechen. Vor dem Haus, auf der Lichtung aus gestampftem Lehm, stand eine wirklich prächtige Kutsche – ein vierrädriger Familien-Federkarren, reich gepolstert, mit galvanisierten Teilen und Verzierungen aus geschliffenem Glas. Der Brigadier untersuchte es sorgfältig und schickte dann seinen Ordonnanzbeamten, um den kommandierenden Offizier zu holen. In diesem Fall war es der Versorgungsoffizier, ein schlagfertiger Junge, der im Moment glaubte, er sei ein Subaltern, in Wirklichkeit aber der jüngste Brevet-Major der britischen Armee war. [18]

Brigadegeneral. „*Sehen Sie, Mr. Supply. Ich möchte, dass Sie diesen Schein* wertschätzen .“ [19]

Versorgungsoffizier. „Sehr gut, Sir; es sieht nach einem guten Wagen aus.“

B. „Kennen Sie Ihren Shakespeare?“

ALSO: „Nein, Sir. Ich war ein Milizionär, aber ich lerne langsam, was südafrikanische Karren betrifft, und ich habe festgestellt, dass selbst bei fairem Gebrauch und guten Drifts manchmal Farbe abblättert.“

B. „Ganz richtig; Sie haben meinen Standpunkt dargelegt, trotz Ihrer Bescheidenheit in Bezug auf Ihre Erziehung. Wie hoch ist die Höchstgrenze, ab der Sie einen Federwagen anfordern dürfen?“

ALSO „Vierzig Pfund, Sir.“

B. „Was ist Ihrer Meinung nach der Wert dieses hier?“

ALSO „Neununddreißig Pfund zehn Schilling, Sir!“

B. „Ich denke, dass Sie bis auf ein paar Pence Recht haben. Stellen Sie eine Quittung dafür aus und kommen Sie dann zum Frühstück. Hier, Herr Geheimdienst, sagen Sie meinem Diener, er soll die Ponys in diesen Karren legen. Das nenne ich jetzt a Geeignetes Transportmittel für einen Generaloffizier. Seitdem ich eine Kolonne befehligt habe, hatte ich nie einen anständigen Wagen. Tatsächlich habe ich mich fast geschämt, mich als OC einer Brigade anzumelden, wenn mein einziger Besitz ein kaputtes Kap war Karren mit nur einer Feder. Selbstachtung ist die halbe Miete für den Erfolg des Lebens. Mit einem solchen Karren werde ich jeden Kolonnenkommandanten, mit dem man mir sagen soll, dass ich zusammenarbeiten soll, leichten Herzens beleidigen können. Schauen Sie hier, Herr Geheimdienst, ich werde in Zukunft ein echter Brigadier sein. Sie besorgen mir einfach die Insignien in Britstown – eine rosa Flagge und eine rote Laterne. Ich verstehe nicht warum – aber was wollen Sie –?"

Auf der Veranda der Farm war ein Chorgeheul der Familie zu hören, und der alte Onkel Jan schlich sich an den Brigadierhut in der Hand heran.

Oom Jan. „Aber der Kommandant nimmt meinen Karren nicht?"

Brigadegeneral. „Meine Güte! Nein, kein Kommandant wird Ihren Wagen nehmen."

OJ „Aber sehen Sie, sie setzen die Pferde ein!"

B. „Sie erhalten eine Quittung."

OJ „Für wie viel?"

B. „Vierzig Pfund."

OJ „Nein, nein. Erst letztes Jahr habe ich 120 Pfund dafür gegeben."

B. „Ich würde gerne 120 £ geben; aber das ist mir nicht gestattet. Außerdem erhalten Sie den vollen Gegenwert und ich überlasse Ihnen meinen alten Einkaufswagen."

Wie lange die Auseinandersetzung noch gedauert hätte, hätte von der Dauer der guten Laune des Generals abhängen können, wenn nicht ein anderes, bedeutsameres Thema Oom Jans Fall beeinträchtigt hätte. Ein Dragoner war aus der Nachhut herbeigaloppiert, mit den zwei kleinen Quadratzentimeter Papier aus einem Notizbuch herausgerissen, die im Krieg so viel bedeuten.

„Eine Gruppe von etwa sechs berittenen Männern hängt hinter mir. Wenn sie näher kommen, werde ich auf sie schießen. Sie scheinen sehr hartnäckig zu sein und haben kein Problem damit, sich zu entblößen."

Als der Brigadier dem Stabschef die Nachricht überreichte, brach im Hinterland die drohende Schießerei aus. Im selben Moment wurde das Frühstück für fertig erklärt. Der Brigadier hörte zu. Zwei weitere Schüsse wurden abgefeuert, und dann herrschte Stille.

„Das", sagte der Brigadier, „ist ein sehr einseitiger Kampf. Er kann warten, bis wir unser Essen bekommen haben. Ich werde nicht zulassen, dass sechs Männer mit meiner Verdauung ‚Old Harry' spielen."

Als das Essen voranschritt, kam ein weiterer Flottenpfleger herein.

„Bedauerlich muss ich sagen, dass es sich bei der Truppe, die sich hinter mir gemeldet hatte, um Lieutenant Meadows handelte, der heute Morgen in Britstown hätte sein sollen Pferde."

Brigadegeneral. „Ich dachte, es wäre ein einseitiger Kampf. Ich weiß nicht, wer der größere Dummkopf ist, der Offizier, der die Nachhut befehligt, oder der Jugendliche, der sich im Dunkeln verirrt hat. Haben Sie ihm einen Führer gegeben, Herr Geheimdienst? ?"

Geheimdienstoffizier. „Ja, Sir; ich habe ihm den zahmen Bürger Stephanus gegeben, den wir in der Richmond Road festgenommen haben."

B. „Diese zerzausten Männer taugen nichts. Ich wette, er hat sie im Dunkeln gelassen. Hallo! Hier ist der Junge. Sein Seelenfrieden, schätze ich, wäre bei einer öffentlichen Auktion nicht viel wert."

Ein elegant aussehender, wenn auch von der Reise befleckter kleiner Dragoner-Subaltern galoppierte herbei, stieg ab und salutierte. Der Brigadier hatte recht; er sah nicht besonders glücklich aus. Es herrschte einen Moment Stille, während der Brigadier einen Löffel Marmelade nahm, dann wandte er sich an den Jungen.

„Nun, mein Taschen-Ulysses, wie groß ist dein Abenteuer?"

Wiesen. „Habe mich verlaufen, Sir!"

Brigadegeneral. „Und Ihr Führer?"

M. „Musste ihn zurücklassen, Sir!"

B. „Das heißt, er hat dich verlassen!"

M. „Er hat es versucht, Sir; aber er kam nicht weit!"

B. „Was ist passiert?"

M. „Zuerst hat er uns falsch verstanden – er hat uns auf der Straße zurückgeführt, über die wir gekommen waren. Dann, als ich mit ihm sprach, versuchte er wegzurennen, und ich musste ihn erschießen!"

B. (*plötzlich interessiert*) „Zum Teufel, das hast du getan! Hast du etwas gegessen? Setz dich und iss etwas. Hast du ihn getötet?"

M. „Nein, Sir; ich habe ihn mit dem anderen verwundeten Buren in der Lehmhütte in der Nähe des letzten Lagers zurückgelassen. Aber er ist sehr krank. Wir haben für ihn getan, was wir konnten."

B. „Offensichtlich! Sind Sie sicher, dass er Sie falsch geführt hat?"

M. „Ja, Sir. Er brachte uns auf der Straße zurück, auf der wir von der Richmond Road gekommen waren. Wir stießen auf eine der Wasserflaschen meiner eigenen Männer, die er früher am Tag fallen gelassen hatte. Sobald der Führer es sah Was es war, er hat versucht, einen Bolzen zu machen.

B. „Indizienbeweis, denke ich; Urteil und Urteil in einem. Nun, Sie haben zumindest die Genugtuung zu wissen, dass Sie Ihren Mann zu Fall gebracht haben. Aber schlagen Sie beim nächsten Mal nicht so hart auf eine feuerfeste Führung ein. Ich habe eine Idee." dass Sie, wenn Sie weniger gerade geschossen hätten, Ihre Befehle sogar mit einer feuerfesten Führung hätten ausführen können. Wo sind die Telegramme? Übergeben Sie sie Ihrem Oberst und sagen Sie ihm, er solle sofort einen anderen Offizier mit ihnen weiterschicken. Nein, geben Sie Sie mir. Hier, Mr. Intelligence, los geht's. Kommen Sie einfach so schnell wie möglich nach Britstown. Da wir keinen Rauch über der Landschaft gesehen haben, gehe ich davon aus, dass Brand und Co. ihre guten Dienste verschoben haben . Aber wenn irgendetwas nicht stimmt, achten Sie darauf, dass Sie es schaffen, einen aus Ihrer Gruppe mit den Informationen zu mir zurückzubekommen."

Der Geheimdienstoffizier und der Tiger hatten die Kolonne noch keine Meile hinter sich gelassen, als sie auf einen Kapkarren trafen, der die staubige Straße von Britstown entlang kam. Es wurde von einem etwa achtzehn Jahre alten Jüngling gelenkt, der sein Paar Maultiere mit größter Gleichgültigkeit gegenüber dem Signal des Tigers anhielt.

Tiger. "Guten Morgen. Wie heißt du?"

Treiber. „Guten Morgen. Naude."

T. „Wo kommst du her?"

D. „Britstown!"

T. (*der nun nahe am Karren stand und damit beschäftigt war, ihn zu untersuchen*) „Was haben Sie in Britstown gemacht und wie lange sind Sie schon dort?"

D. „Ich bin seit etwa zehn Tagen dort: Meine Frau ist dort eingesperrt!"

T. „Du hast sie also heute auf eine Autofahrt mitgenommen?"

D. „Nein. Wie könnte ich?"

T. „Dann haben Sie eine andere Dame gefahren?"

D. „Nein."

T. „Wofür hast du denn diese beiden Kissen auf dem Sitz? Was nützt das Liegen? Wohin gehst du jetzt?"

D. „Zurück zu mir nach Hause!"

T. „Wo ist das?"

D. „Drieputs, zwei Stunden [20] später."

T. (*entschieden*) „Jetzt schauen Sie mal, es hat keinen Zweck mehr zu lügen. Ich werde Ihnen sagen, was Sie getan haben und wer Sie sind. Sie sind der Sohn des alten Pretorius aus der Richmond Road. Gestern waren Sie im Kommando mit Lotter; dein Bruder wurde von uns erschossen und entführt. Ich weiß nicht, wo du letzte Nacht geschlafen hast; aber eines weiß ich, dass du gestern einen verwundeten Mann nach Britstown gefahren hast, und wahrscheinlich auch eine Dame. Die Dame kam aus Nieuwjaarsfontein . Denn Sie sehen, die Kissen, die Sie auf Ihrem Vordersitz haben, stammen aus der Nieuwjaarsfontein- *Sitkomer* . [21] Ich habe ein ähnliches, das ich selbst von der Farm mitgenommen habe. Also lügen Sie nicht mehr. Sagen Sie mir, wer dabei ist Britstown?"

D. (*der seine spießige Gleichgültigkeit verloren hatte und begann, sich unbehaglich zu bewegen*): „Britstown ist voller Charkis; sie kommen jetzt schnell herein."

Geheimdienstoffizier. „Ist die Straße zum *Wohnheim frei* ?" [22]

D. (*mit höflichem Sarkasmus*) „Sie können diese Straße in vollkommener Sicherheit entlangfahren."

T. (*fröhlich*) „Das ist mehr, als Sie können, mein Freund. (*wendet sich an den Geheimdienstoffizier.*) Dieser Mann hat offensichtlich, Sir, Informationen zu Brands Leuten und einem verwundeten Mann nach Britstown gebracht; siehe das Blut auf der Rückseite Ich sollte ihn gefangen halten, Sir – ihn mit einem Mann zur Kolonne zurückschicken. Außerdem, wenn ich bei Ihnen bleiben soll, Sir, würden mir sein Karren und seine Maultiere gefallen. Sie sind gute Maultiere, sehen Sie. Sie Ich bin in die Stadt und zurück gegangen und habe mich kaum gewagt!"

Es bestand kein Zweifel an der Besetzung von Britstown, als der Geheimdienstoffizier und seine Eskorte das Vlei überquerten, das den wichtigsten Randstreifen dieser typischen kleinen südafrikanischen Gemeinde darstellt. Die De-Aar-Straße war ein Block beweglicher Transportmittel, und auf der normalerweise ruhigen Hauptstraße des Dorfes wimmelte es von Truppen. Tatsächlich fand eine Konzentration statt, und die Niederländer hatten mit ihrem Gleichnis nicht unrecht, als sie eine britische Konzentration mit einem Heuschreckenflug verglichen.

Nur sehr wenige von Ihnen werden jemals von Britstown gehört haben. Doch wie so viele andere unbekannte südafrikanische Townships hat dieser Krieg auch ihr eine Geschichte beschert. Auch die historischen Aufzeichnungen, die dafür aufgebaut wurden, sind nicht von außerordentlichem Wert. Es wird viele in den Reihen eines bestimmten bevorzugten Korps geben, die die Erinnerung an dieses kleine Asyl am Wegrand kaum noch in Ehren halten werden. Wir erinnern uns, als die Zeitungen voll von den Heldentaten und der Tapferkeit dieses zurückkehrenden Korps waren – damals fand Britstown keine Erwähnung. Doch seine Assoziationen, auch wenn sie nicht angenehm sein mögen, sind eng mit seiner kurzlebigen Geschichte verwoben. Die Geschichte wird heute von fröhlichen Kolonialherren in den Hotelbars der kleinen Gemeinde erzählt. Erzählt wurde, wie eine Handvoll Rebellenbauern – vielleicht waren darunter auch unsere Freunde, die Brüder Pretorius und Stephanus – im offenen Kampf zwei Kompanien der englischen *Elite* auf jeder Meile der zweiundzwanzig Kilometer zwischen Houwater und Britstown trieben. Der Kolonialherr stößt mit seinem Glas an – oberflächlich in Geschmack und Wertschätzung – und rühmt sich der Geschichte, die im aufständischen Klein-Britstown bis heute großgeschrieben wird und für alle Zeiten bestehen bleibt.

Auf der Straße steht ein Milizposten. Niemand – zumindest nicht auf der Hauptstraße – darf ohne Genehmigung in die Stadt hineinfahren. Der stämmige Bauerntölpel eines Wachtpostens betrachtet alle Neuankömmlinge mit Argwohn. Aber die Sackgasse wird durch die Ankunft eines adretten, pausbäckigen, körperlich sauberen und in Kleidung und Ausrüstung gepflegten Jugendlichen gerettet.

„Ich bin der Stabsoffizier des Stadtkommandanten. Was kann ich für Sie tun?"

Geheimdienstoffizier. „Was ich will, ist das Telegraphenamt."

Stabsoffizier. „Sicherlich, Sir; aber wozu gehören Sie? Sind Sie in der Hauptkolonne?"

IO „Meine Güte, nein. Ich komme gerade von der Neuen Kavallerie-Brigade zurück!"

ALSO „Ja, wir erwarten Sie. Sie sollen auf der Südseite der Stadt campen. Direkt unter der Brüstung dieser Verteidigungsanlagen. Das sind unsere südlichen Verteidigungsanlagen. Was denken Sie? Brand hatte gestern Abend die Unverschämtheit, sie einzuschicken Fordern Sie unsere sofortige Kapitulation. Dass wir, Britstown, uns ergeben sollten ——!"

IO (brutal) „Und hast du? Schauen Sie her, Sie müssen warten, bis der General für Ihre Campingvorbereitungen hereinkommt. Ich will nur das Telegraphenbüro."

SO „Natürlich haben wir nicht kapituliert. Wir haben diesen Ort uneinnehmbar gemacht. Hier sind drei Kompanien meines Regiments, ganz zu schweigen von der örtlichen Stadtwache."

IO „Oh, hängen Sie die Stadtwache auf! Sie traben und finden den Chef unseres Stabes. Ich muss über andere Dinge nachdenken. Übrigens, ist der Rest der Neuen Kavallerie-Brigade hier angekommen? Die Mount Nelson Light Horse." – sie marschieren von der Hanover Road?"

ALSO „Nein; aber es gibt einen Ochsentransporter für dich in der Versorgungskolonne. Wie weit ist dein General zurück?"

IO „Etwa drei Meilen. Danke." (*Der Geheimdienstoffizier und der Tiger galoppieren weiter.*)

Tiger. „Bitte, Sir, hat er gesagt, dass die De-Aar-Kolonne da war?"

IO „Ja. Warum?"

T. „Nur der Großteil der Führer von Rimington – das heißt von Damant – ist dabei, und ich möchte sie gerne besuchen, sobald ich Ihnen das Telegraphenbüro gezeigt habe. Ich werde auch versuchen herauszufinden, was der junge Pretorius ist." was ich letzte Nacht hier gemacht habe.

Fünf Minuten später war eine Clear-the-Line-Nachricht an „Chief Pretoria" unterwegs, um ihm mitzuteilen, dass die vor zwei Tagen angeordnete Konzentration stattgefunden hatte. Wenn wir das Schicksal einer kleinen Einheit bei der großen Aktion verfolgen, wird es für uns so aussehen, als ob in unserem 48-stündigen Einsatz mit der Neuen Kavallerie-Brigade alles so verlaufen ist, wie es sich der Vordenker hätte wünschen können. Aber es war nicht so. Fast bevor das letzte Pferd an der Richmond Road abgeladen worden war, hatten sich die gesamte Natur und die Notwendigkeit der Bewegung geändert. Kurz gesagt, alles hatte sich so entwickelt, wie der Brigadier es erwartet hatte. Plumer hatte sich mit der Hartnäckigkeit, für die er berühmt ist, an der Nachhut von De Wets Kolonne festgehalten und sich hier einen Wagen und dort einen Wagen geschnappt, bis er selbst nicht mehr weiterkommen konnte. De Wet hatte ihn überlebt und darüber hinaus erkannt, dass es sinnlos sein würde, sein ursprüngliches Programm durchzuführen. Also verdoppelte er und verdoppelte sich noch einmal, was zur Folge hatte, dass das geschickt ausgedachte Schema der Staffelung der Vortriebskolonnen aus den Fugen geriet und ein Dutzend Einheiten nutzlos über die Steppe verteilt waren, hundert Meilen von der Stelle entfernt, an der der Eindringling zu Atem kam , in höhnischer Entfernung von der Kolonne, die bei seiner Verfolgung eiskalt geworden war. Innerhalb von 48 Stunden nach dem Start musste der gesamte Plan rekonstruiert werden. Diese Rekonstruktion wurde der New Cavalry Brigade durch einhundertvier Telegramme erklärt, die in Britstown auf ihre Ankunft warteten. Da die Mehrheit widersprüchliche Anweisungen übermittelte, ähnelte das Zusammensetzen der wahren Bedeutung einem jener After-Dinner-Spiele im Salon, mit denen gähnende Gäste bei winterlichen Hauspartys verführt werden. Der erste Deckel, der geöffnet wurde, entzog dem Brigadier seinen Stabschef. Diesem Offizier wurde befohlen, unverzüglich das Kommando über eine mobile Kolonne zu übernehmen, die in Volksrust aufgestellt werden sollte, am anderen Ende der Welt – also der Welt, um die es uns derzeit geht.

„Öffnen Sie nicht mehr, bis wir gefüttert haben", sagte der Brigadier. „Ein Mann mit leerem Magen hat keinen Verstand. Wir werden im örtlichen Carlton einen fetten High Tea trinken und uns dann eine Strategie ausdenken."

Ein Feldherr ist ein großartiger Mann. Aber ein General in einer Stadt, in der sich ein halbes Dutzend Kolonialkorps konzentriert hat, zählt nichts. Auf der Straße gehen Männer unerkannt an ihm vorbei, und in Hotels bedrängen ihn private Draufgänger mit Smasher-Hüten im wahrsten Sinne des Wortes.

„Dieser Tisch ist für den Kommandanten reserviert", sagte die üppige Gastgeberin des Britstown Carlton.

„Wer ist der Kommandant?" fragte der Brigadier.

„Major Jones", kam die Antwort.

„Nun, ich bin – –! Das ist besser als Hahnenkämpfe. Das ist das Ergebnis des Kriegsrechts und der Kontrolle der Alkohollizenz! – ein wohlgenährter Major behält sich Sitze vor, während ein hungriger General steht!" und der General und der Stab der Neuen Kavallerie-Brigade besetzten den reservierten Tisch und wurden gemeinsam mit dreißig zerzausten Soldaten Gäste des Hotels, die das Hotel betreten hatten und sich vor dem benommenen Milizposten an der Tür als Offiziere ausstellten. Das Essen war vielleicht nicht das Beste, aber es war reichlich vorhanden; und nach einer Viertelstunde war der Brigadier bereit, seine Anweisungen zu studieren.

B. „Nun, Herr Geheimdienst, da sie es für angebracht halten, meinen Stabschef zu entlassen, müssen Sie die ganze Arbeit erledigen. Sie und ich müssen diese Brigade leiten, bis der Brigademajor auftaucht." Er muss ein bisschen ein „Langsamer" sein, denke ich, sonst wäre er jetzt mit dem Rest meiner Hopliten hier gewesen. Weißt du etwas über Personalarbeit?"

Geheimdienstoffizier. "Nichts, Herr!"

B. „Umso besser; dann wirst du einen Verstand haben, der reif für den Unterricht ist. Jetzt werde ich dir eine Lektion erteilen. Du hast zwei Taschen in deiner Tunika. Die rechte Tasche wird der Behälter für „Geschäftstelegramme" sein, die linke für 'Blödsinn.' Nun zu den Telegrammen!"

Es würde den Rahmen dieser Skizze sprengen, den Inhalt der einhundertvier Telegramme wiederzugeben, die sich in achtundvierzig Stunden angesammelt hatten. Es genügt die Feststellung, dass siebenundneunzig in die „Bunkum"-Tasche verbannt wurden und sieben zurückbehalten wurden, weil sie intelligente Befehle übermittelten, die es wert waren, in Betracht gezogen zu werden. Es erübrigt sich zu erwähnen, dass die gesamten von den örtlichen Geheimdiensten und vom De-Wet-Experten gesendeten Nachrichten oft ohne Durchsicht als „Blödsinn" abgetan wurden. Wie der Brigadier treffend bemerkte: „Ich nehme an, dass die armen Kerle ihre Existenz als Mitglieder des großen Gehirnsystems der Armee rechtfertigen müssen. Das einzige Mittel, mit dem sie an Bedeutung gelangen, ist die Verschwendung öffentlicher Gelder, und sie tun nur weh." diejenigen, die ihre Informationen ernst nehmen. Sie schaden Ihnen nicht, wenn Sie ihre Existenz konsequent ignorieren und sich keine Sorgen machen, ihre Nachrichten zu lesen.

Die Summe der Anweisungsmitteilungen, die der Brigadier so urig als „Geschäftsmaterial" abgelegt hatte, war die Information des Chefs von Pretoria, dass der Operationsplan geändert worden sei. Dass unser General mit den Kolonnen in seiner Nachbarschaft zusammenarbeiten sollte – ein Wort von sehr dehnbarer Bedeutung und verantwortlich für viele samtene Meutereien während des gegenwärtigen Feldzugs –, die sich über das Gerüst der Neuen Kavallerie-Brigade hinaus konzentriert hatten an diesem Tag in Britstown. Eine verschlüsselte Nachricht gab einen Vorgeschmack auf den Plan, der wie ein Phönix aus der Asche der ursprünglichen Pläne auferstanden war. Anstatt nach Süden gelockt zu werden, sollte De Wet nach Norden in die Schleife des Orange River zwischen Prieska und Hopetown getrieben werden, wo Charles Knox' Kolonne und eine Kolonne Kimberley-Verwegener für ihn bereitstehen würden. Die Britstown-Kolonnen und der Brigadier der Neuen Kavallerie-Brigade, die kooperierten, würden nach Norden vorstoßen, sich auf eine Linie mit dem keuchenden Plumer drehen, jetzt nördlich von Strydenburg, und dann „Vorwärts weg!" sagen. Nun, genauso wie der ursprüngliche Plan, als er auf dem Papier stand, eine sehr vernünftige und vernünftige Strategie darstellte, so ist es auch mit der neuen Inkubation. Aber es gab drei Hauptfaktoren, über die die Goldkappe in Pretoria keine Kontrolle hatte und die dies auslösten, da sie neunundneunzig von hundert Plänen auslösten, die während des Guerillakriegs unternommen wurden. Der erste dieser drei Punkte bestand darin, dass die Strategie eine Anpassung an die Bewegungen des Feindes war. Dies gab ihm natürlich Zeit zum Nachdenken und zur Entwicklung seines Gegenzuges, wobei alle Vorteile auf dem Spiel standen. Nr. 2 liegt in der Schüchternheit einiger Kolonnenkommandeure. Männer, die sprichwörtlich jede Gelegenheit nutzen, das Hauptthema zu opfern, um eine Nebenpolitik zu verfolgen. Männer, die De Wet liebt und mit denen er spielt, lockt und blufft, bis er sein

Ziel erreicht. Männer, deren Herz sie nicht mitnimmt, wie Plumer, „slap-bang" auf dem Kurs, der zu schwerwiegenden Schlussfolgerungen führen muss, wenn der Feind kämpfen will; die es aber vorziehen, die *Moral* und Effizienz ihrer Kolonnen bei der Verfolgung eines Phantomfeindes zu vergeuden . Diese Männer wählen ein Land, in dem ein so scharfsinniger Feind wie die Buren niemals operieren würde, und achten darauf, die Sicherheit, die es bietet, nicht aufzugeben, obwohl ihre Telegramme an das Hauptquartier die Statistiken aufbauen, die unsere Berechnungen während des gesamten Krieges in die Irre geführt haben. Der dritte Grund ist ebenso bedauerlich. Es ist der passive Widerstand zwischen Kolonnenkommandeuren, die zur Zusammenarbeit aufgerufen sind. Anstatt alle Differenzen in einem gemeinsamen Ziel zu versenken, arbeiten diese Führungskräfte eher so, als wären sie in einem geschäftlichen Wettbewerb beschäftigt. Und warum ist das so? Fragen Sie nach dem Mann in Pretoria, der die Hand auf der Pinne hat. Ist nicht die Zentralisierung die Ursache von allem? Bedeutet die Zentralisierung der leitenden Autorität nicht, dass jeder Erfolg an persönlichen Ergebnissen gemessen wird, dass der „Mutige" bevorzugt wird, der von sich behaupten kann, dass ihm am Gürtel die meisten Skalps baumeln? Das ist die Natur des Krieges, für den die britische Nation jeden Monat viele Millionen zahlt!

„Bitte, Sir, kann ich Sie kurz sprechen?" Der Tiger stand in der Tür des Hotelspeisesaals.

"Irgendetwas Ernstes?" fragte der Geheimdienstoffizier.

„Ich habe eine Entdeckung gemacht."

„Können Sie mich entbehren, Sir?" (*zum Brigadier.*)

„Für eine halbe Stunde. Ich gehe zum Büro des Kommandanten, um den General zu sehen. Wir treffen uns in einer halben Stunde dort."

„Was ist los, Tiger?"

„Ich zeige Ihnen jetzt etwas, das Ihnen die Augen öffnet. Etwas, das Ihnen zeigt, wie dieses Spiel funktioniert. Von hier aus sind es nur etwa zwei Gehminuten."

Als der Geheimdienstoffizier und der Tiger die Hauptstraße entlang gingen, hätte es keiner großen Anstrengung der Fantasie bedurft, sich einzubilden, die Stadt sei kürzlich durch einen Angriff erobert worden, und die siegreichen Truppen hätten die Erlaubnis als Folge von Straßenkämpfen erteilt. Selbst in den wenigen Stunden der Besatzung hatte es Ausschweifungen gegeben. Trunkenheit ist das schlimmste Merkmal eines irregulären Soldatendienstes mit fünf Schilling am Tag. Wenn der Kolonialherr Geld hat, wird er trinken. Während der durchschnittliche weiße Mann einen Freund und Bekannten mit einem Händedruck begrüßt, ruft ihn der südafrikanische Kolonialherr in die nächste Bar, und sie trinken ihre Begrüßung. Als sich ein halbes Dutzend Kolonialkorps „abseits der Wanderung" in einer Ortschaft am Straßenrand treffen, verwandeln sie die Gegend in ein Inferno. Hier drängten sie sich in betrunkener Heiterkeit in die Häuser hinein und wieder hinaus. Die Stadtbewohner, die über ihre günstige Ankunft erfreut waren, als Brand vor ihren Toren stand, überschütten sie mit dem falschen Geist, der in Südafrika als Whisky gilt. Wenn der Geist da ist, kann keine noch so große militärische Vorsichtsmaßnahme den Kolonialsoldaten daran hindern, ihn zu sichern. Es ist nicht möglich, ganze Regimenter – Offiziere und Mannschaften – zu verhaften. Und wenn ein Kolonialregiment „groß" wird, würde es in den meisten Fällen jeden außer einem Experten verwirren, Offiziere vom Mann zu unterscheiden. Und während junge Männer mit Smasher-Hüten auf der Straße aufeinander losgehen, schauen die nüchternen britischen Truppen gelassen zu und staunen. Es stimmt, einige fallen mit den Randalierern zusammen. Aber es sind wenige. Disziplin und Mangel an Mitteln geben ihnen zumindest auf der Oberfläche der Tugend Auftrieb. Aber man muss es den Knüllern in der Stadt zugute halten: Der Mann, der nachmittags am meisten trinkt, wird Ihnen morgens am direktesten folgen!

Der Geheimdienstoffizier und der Tiger waren in einem kleinen Häuschen am Rande der Stadt angekommen. Eine primitive, aber hübsche Behausung – eine Spielzeugvilla aus Blech.

„Geh rein", sagte der Tiger.

Der Geheimdienstoffizier klopfte und trat ein. Das hübsche holländische Mädchen mit den großen blauen Augen, das in der Richmond Road so sehr auf seine Gefühle eingegangen war, begrüßte ihn mit einem Lächeln.

„Fräulein Pretorius!"

FUSSNOTEN:

[17] Wasserdamm oder Teich.

[18] Wenn Männer mit einer Kolonne unterwegs waren, dauerten es oft Wochen, bis sie wussten, was die Gazette ihnen gegeben hatte.

[19] Umgangssprache Hindustani – Ochsenkutsche.

[20] Boer-Methode zur Bestimmung von Entfernungen.

[21] Wohnzimmer.

[22] Dorf.

V.
EINE NEUE BESETZUNG.

Im Moment konnte der Geheimdienstoffizier sein Erstaunen kaum verbergen. Hier, vor ihm, stand das Mädchen, das ihm seine erste Lektion in Personalrechtsprechung beigebracht hatte. Die Erinnerung an die Vorfälle im Bauernhaus, ihre Gereiztheit gegenüber dem Tiger, ihre Tränen um ihren Geliebten waren durch die Wechselfälle der letzten achtundvierzig Stunden fast ausgelöscht worden. Wenn er jemals an das Mädchen gedacht hatte, dann in der gleichen Stimmung, wie sich ein Seemann an ein vorbeifahrendes Schiff erinnert, dessen wohlgeformte Linien in der Nacht kaum zu erkennen waren. Seine Überraschung war so groß, dass er sich nur darüber wundern konnte, dass er, von der Reise befleckt und zerzaust, mit Mühe in Britstown angekommen war, sie dieses Ziel jedoch bereits erreicht hatte und, der sorgfältigen Sauberkeit ihrer Kleidung nach zu urteilen, es mit Mühe erreicht hatte vollkommene Leichtigkeit. Ihr Lächeln und ihre Haltung, als sie ihrem Besucher die Hand reichte, drückten Zufriedenheit über das Treffen aus – eine Zufriedenheit, die durch die Entschlossenheit gemildert wurde, eine Front zu zeigen, die ein volles Maß an Widerstand zum Ausdruck bringen sollte. Der Tiger nutzte die Überraschung seines Offiziers und zog sich diskret zurück.

Geheimdienstoffizier. „Miss Pretorius, – wie sind Sie hierher gekommen?"

Fräulein Pretorius. „Ganz einfach. Teils zu Pferd, teils im Kapkarren."

IO (*erholt sich etwas*) „Natürlich; ich habe nicht damit gerechnet, dass du gegangen bist. Aber mit welchem Ziel?"

Miss P. (*die Winkel ihres hübschen Mundes verziehen sich trotzig*): „Ich hätte leicht zu Fuß gehen und vor einer britischen Kolonne ankommen können. Was meinen Zweck angeht, hierher zu kommen, hat Ihr afrikanischer Spion Sie doch sicher darüber informiert?"

IO „Wenn du den Tiger meinst, hat er mir nichts erzählt!"

Miss P. „Und darf ich auch etwas fragen: Welche Autorität haben Sie, mir eine solche Frage zu stellen? In der Institution, die stolz darauf war, mir – einem afrikanischen Mädchen – die Manieren und Bräuche der Engländer beizubringen, legten sie großen Wert auf die Unverschämtheit, persönliche Fragen zu stellen.

IO „Ich muss mich entschuldigen, Miss Pretorius. Aber die Umstände sind alles andere als normal. Wir können uns der Tatsache nicht entziehen, dass wir durch einen unglücklichen Kriegszustand gegen unsere bessere Natur beeinflusst werden."

Miss P. (gereizt) „Oh, der Krieg! Genau wie Sie Engländer – Sie Vorbilder männlicher Tugend – machen Sie den Krieg zu einem Deckmantel für all Ihre Sünden. Es ist so ein aufrichtiger Krieg, deshalb können Sie ihn fördern." Kein Unrecht – kann nicht einmal unhöflich sein. Das ist es, was Sie in den Republiken so beliebt gemacht hat; aber wie verhält sich Ihre Einstellung bei mir? Ich bin ein loyaler britischer Untertan und lebe in Frieden mit allen Menschen in einer britischen Kolonie. Was Müssen Sie mich also über mein Kommen und Gehen katechisieren? Ich lebe nicht einmal im legitimen Bereich Ihres sogenannten gerechten Krieges. Ich bin nur seinen Härten ausgesetzt – das heißt, soweit wie die Unverschämtheit von Diejenigen, die unsere Verteidiger sein sollten, betrifft uns Frauen – denn ihr Engländer könnt uns, eure afrikanischen Untertanen, trotz eurer gepriesenen Macht und militärischen Größe nicht vor ein paar einfachen Bauern verteidigen. Wo ist eure Männlichkeit, wo die höfische Haltung des Engländers? , von dem ich so viel gehört – und so wenig gesehen habe?"

IO „Wirklich, Miss Pretorius, wenn ich das so sagen darf, denke ich, dass Sie den Fall übertreiben. Leider befinden wir uns im Krieg. Sie fordern Rücksichtnahme auf der Ebene der Loyalität. Sind Sie erstaunt, dass ich mich in Ihrer Haltung uns gegenüber geirrt habe? Ihr Zwei Brüder waren erst gestern in den Waffen gegen uns. Einer ist verwundet, der andere ein Gefangener in unseren Händen. Ist es überraschend, dass ich Sie als ihren Komplizen in der Rebellion betrachtete?"

Miss P. „Ich wundere mich über nichts, was ein Engländer tun kann. Aber warum sollte ich kompromittiert werden, weil meine Brüder zu den Waffen gegen Sie gegriffen haben? Bin ich nicht in dem Alter, eine eigene Meinung zu formulieren? Oder denken Sie darüber nach?" Dass wir armen Afrikaner-Mädchen keine Intelligenz haben, dass unsere Meinungen notwendigerweise mit denen unserer Männer verbunden sein müssen, dass wir keinen Verstand haben, der über die Pflichten der schuftenden Hausfrau hinausgeht? Nein, Sir; ich bin ein Afrikaner-Loyalist – mehr „Ich bin bei weitem loyaler als der abtrünnige Weiße, der Sie hierher gebracht hat. Und wenn Sie den Grund meiner Anwesenheit in Britstown erfahren möchten, bin ich nicht abgeneigt, es Ihnen zu sagen, vorausgesetzt, Sie beanspruchen nicht, dass die Information ein Recht ist."

IO (mit einem Hauch von Reue in der Stimme, der für einen Moment ein Lächeln um die Mundwinkel des Mädchens flackern ließ) „Natürlich, Miss Pretorius, ich habe kein Recht. Sie werden weiterhin darauf bestehen, mich misszuverstehen."

Fräulein P. „Es ist ein einfaches Problem. Ich bin treu, wie ich schon sagte; aber ich bin zunächst Tochter und Schwester, später Patriotin. In einem

Anfall bedeutungsloser Tapferkeit, gemildert vielleicht durch einen Zwang von jenseits der Grenze, meine Alte Vater und Brüder hatten sich einem Rebellenkommando angeschlossen. Mit einer Naivität, die ich von Ihnen kaum erwartet hatte und für die ich Sie mochte, erzählten Sie mir das Ziel Ihrer Kolumne – Informationen, die mir und vielleicht auch Ihnen alles bedeuteten Du sahst aus, als hättest du dir am liebsten die Zunge herausgebissen, nachdem du dich von ihr getrennt hattest. Ich, in der ehrlichen Absicht, meinen Vater und meine Brüder vor dir zu retten, ritt in dieser Nacht zu ihnen hinaus. Von Lotter's wusste ich dann nichts mehr Hertzogs Männer. Wenn die Kämpfe nicht gewesen wären, wäre ich jetzt wieder in der Richmond Road. So wie es aussieht, ist mein armer verwundeter Vater im Nebenzimmer ein ausreichender Grund für meine Anwesenheit hier."

IO (*der, ganz im englischen Stil, auf einmal voller Mitgefühl war*) „Oh, es war damals dein Vater, den du mit dem Kapkarren mitgebracht hast. Ich hoffe, dass er nicht schwer verwundet ist. Darf ich ihn sehen?"

Miss P. „Es hätte keinen Sinn, ihn zu sehen, da er derzeit schläft. Nein, er ist nicht schwer verwundet. Er hat einen Schuss durch die Schulter – zum Glück hat er seine Lunge verfehlt."

IO (*mit ungekünstelter Besorgnis*) „Es tut mir in der Tat leid für Sie, Miss Pretorius; die letzten achtundvierzig Stunden waren voller Ärger für Sie. Aber ich bezweifle, dass Sie das Schlimmste wissen!"

Miss P. (*plötzlich erbleichend und für einen Moment ihre Selbstbeherrschung verlierend*) „Das Schlimmste! – Sie haben doch unsere Farm nicht niedergebrannt? Sie brennen keine Farmen in der Kolonie nieder!"

IO „Nein, nicht deine Farm; aber ich fürchte, dein Schatz wurde schwer getroffen!"

Miss P. (*mit offensichtlicher Erleichterung und Überraschung*) „Mein Schatz!"

IO „Ja, der Führer, den wir von Ihrer Farm mitgenommen haben. Er versuchte zu fliehen und wurde unglücklicherweise erschossen."

Miss P. (*lachend*) „Oh, Stephanus! Er ist kein Schatz von mir. Wie könnte er das sein? Er ist nur ein Nebengegner!"

IO „Aber du hast mir gesagt, dass er das war, als ich zum ersten Mal vorgeschlagen habe, ihn mitzunehmen!"

Miss P. „Habe ich? Das war also nicht die Wahrheit; es war nur eine Ergänzung zu der Rolle, die ich damals spielte."

IO „Woher weiß ich, dass du nicht immer noch eine Rolle spielst?"

Miss P. „Wenn ja, dann ist es sehr traurig. Nein, Sie können mir jetzt vertrauen. Ich habe meine Rolle gespielt, und wenn irgendetwas, was ich für Sie tun könnte, diesen schrecklichen Krieg stoppen würde, würde ich Ihnen gerne helfen." !"

IO „Sie können mir helfen, wenn Sie wollen; aber nach dem, was Sie über meine mangelnden Manieren gesagt haben, habe ich Angst, Ihnen eine Frage zu stellen."

Fräulein P. „Das habe ich Ihnen verziehen; und da Sie jetzt nicht das Recht beanspruchen, mich zu befragen, habe ich nichts dagegen, Ihnen zu antworten, wenn ich kann!"

IO „Wie kam es, dass Lotter über unsere Anwesenheit in der Richmond Road informiert wurde, wenn Ihr Ziel darin bestand, Ihren Vater zu retten?"

Miss P. „Ich hatte erwartet, dass Sie das fragen würden. Ich habe es ihm nicht persönlich gesagt und hätte es auch unter keinen Umständen getan. Aber die Tatsache, dass ich in den frühen Morgenstunden in großer Eile ankam, hatte eine besondere Bedeutung." Das Kommando, und es war nicht nötig, dass ich den Mund aufmachte. Ich gehe davon aus, dass heute Abend in verschiedenen Teilen der Kolonie einhundert afrikanische Mädchen im Sattel sitzen werden. Wenn die Dringlichkeit groß ist, ist ein Mädchen zuverlässiger als ein Kaffer. Es ist eines unserer Kommunikationsmittel. Ist das nicht ein Eingeständnis, das eines treuen Afrikaners würdig ist?"

IO (*streckt seine Hand aus*) „Auf Wiedersehen, Miss Pretorius."

Es wäre schwierig gewesen, die Gefühle des Geheimdienstoffiziers zu analysieren, als er die Hauptstraße von Britstown entlang zurückging, um seinen Termin mit seinem Brigadier einzuhalten. Er konnte zwei Dinge nicht verstehen: die Anomalie seiner zweiten Begegnung mit dem Pretorius-Mädchen und die Haltung des letzteren gegenüber dem Tiger. Er konnte sich des Verdachts nicht erwehren, dass nicht alles so war, wie es schien. Es gibt keinen Lebensbereich, der so schnell Misstrauen gegenüber seinen Mitmenschen hervorruft wie den des militärischen Geheimdienstes. Und obwohl der Geheimdienstoffizier nur zwei Tage lang ein Atom in diesem großen Gefüge britischer Inkompetenz in Südafrika gebildet hatte, war ihm in dieser Zeit doch so viel aufgefallen, dass er sich Sorgen über die Aufrichtigkeit der Beweggründe derjenigen machte, die umherzogen ihn. Es heißt, die einzige Person, der ein Rennpferdetrainer vertrauen würde, sei seine Frau, und solange er ihr vertraut, bleibe er ein erfolgloser Mann. Wir können nicht sagen, welchen Wahrheitsgehalt dieses alte Rasensprichwort haben könnte; Aber wir wissen, dass die erfolgreich ausgeführte Verwaltungsarbeit in der Geheimdienstabteilung einer Armee im Feld dazu führt, dass ein Mann die Integrität seiner Kameraden am wenigsten schätzt. Die erste Lektion ist von umgekehrter Natur und zwingt einen Mann, egal wie sehr ihm das Verfahren missfällt, die Menschen, die sich um ihn herum bewegen, für Schurken zu halten, bis er Gelegenheit hatte, ihre Ehrlichkeit zu prüfen. Der Geheimdienstoffizier war noch jung im Wissen über die Menschen, gegen die er achtzehn Monate lang gekämpft hatte, und war äußerst verwirrt über die seltsame Anomalie, die das afrikanische Mädchen aufwies, das er gerade verlassen hatte. Er konnte sich des Gefühls nicht erwehren, dass diese Tochter einer Nation, die er selbst nicht zu verachten, so doch zumindest herabgewürdigt hatte, ihn in zwei kurzen Interviews ergründet hatte, während er kaum über die Oberfläche ihrer weiblichen Anziehungskraft und ihres lebhaften Witzes hinausgedrungen war . Er war verwirrt über das Ergebnis seines Interviews, vielleicht sogar ein wenig beunruhigt über die Art und Weise, wie er behandelt worden war – schockiert über die falsche Einschätzung, die er sich nach achtzehn Monaten in ihrer Mitte über niederländische Frauen gebildet hatte. Aber diese Zurückweisung hatte ihren Zweck erfüllt: Sie hatte in ihm den Samen jener Wertschätzung unseres Feindes gesät, die allgemein vorhanden sein muss, wenn wir letztendlich in Frieden und Eintracht, vereint als Mituntertanen, mit dem Volk Südafrikas leben wollen .

Es war bereits dunkel, und der Geheimdienstoffizier hatte einige Schwierigkeiten, das Haus zu finden, in dem der General sein Hauptquartier aufgeschlagen hatte. Die Hauptstraße war immer noch voller Nachtschwärmer und sprühte nur so vor kolonialer *Bonhomie* , aber es mangelte seltsamerweise an topografischen Informationen. Tatsächlich schien es zweifelhaft, ob das Haus des Generals jemals gefunden werden würde, und der müde Geheimdienstoffizier verlor schnell die Beherrschung, als ihm erneut der Zufall zu Hilfe kam. Ein Reiter galoppierte die Straße entlang. Ein kleiner Mann in Zivilkleidung – ganz mit Schlapphut und Gamasche. Er schien in verzweifelter Eile zu sein, als er sein müdes und schlammbespritztes Tier erbarmungslos mit seinem *Sjambok auspeitschte* . Es war ein geschlagenes Pferd; Und gerade als es auf gleicher Höhe mit dem Geheimdienstoffizier war, stolperte es, erholte sich halb und fiel dann schwer zu Boden. Der Geheimdienstoffizier zog den kleinen Zivilisten auf die Beine und ermahnte ihn sanft, auf geprügelten Pferden zu reiten. Der Zivilist schüttelte sich und wandte sich fluchend seinem am Boden liegenden Pferd zu. Aber das arme Tier hatte nicht die Absicht, wieder aufzustehen. Es hatte sich zum Sterben hingelegt.

„Daran lässt sich nichts ändern; die Neuigkeiten, die ich überbringe, werden sowieso ein oder zwei Pferde wert sein. Ich muss es mit Sattel und allem zurücklassen, bis ich den General gesehen habe."

„Wissen Sie, wo Sie ihn finden können?" riskierte den Geheimdienstoffizier. „Ich suche jetzt sein Haus."

Zivilist. „Nun, das sollte ich tun. Ich habe in dieser Stadt seit fünf Jahren kein Geschäft mehr geführt, um mich nicht auszukennen. Aber wer bist du vielleicht?"

Geheimdienstoffizier. „Ich bin Stabsoffizier einer der Kolonnen, die heute eintrafen. Ich habe in den letzten zehn Minuten versucht, das Hauptquartier zu finden."

Zivil. „Kommen Sie mit. Ich muss sofort dort sein. Ich bin gerade aus Houwater zurückgekommen. Ich wurde vom Kommandanten ausgesandt, um Brand zu folgen, und ich habe ihn und Hertzog ausfindig gemacht. Ich sage Ihnen, ich bin schnell angekommen - noch nie in meinem Leben ging es schneller. Devilish wäre fast abgeschnitten worden. Mein Wort, ich habe heute ein bezauberndes Leben geführt. Nun, hier sind wir. Ich werde direkt hineingehen. Der neue General kennt mich nicht, aber er bald Der Kommandant kennt mich: Er weiß, dass es etwas gibt, das es wert ist, gehört zu werden, wenn ich mit Neuigkeiten komme.

Der kleine Zivilist hüpfte die Stufen hinauf und stürzte in die erleuchtete Halle der Villa des Hauptquartiers, bevor ihn ein Sanitäter oder Wachposten aufhalten konnte. Ein großer Yeoman trat auf den Geheimdienstoffizier zu und grüßte mit mehr Würde als Eifer und sagte: „Bitte um Verzeihung, Sir; aber ich bin der Ordonnanz des Generals, und er sagte mir, ich solle Ihnen sagen, dass er nur ein paar Minuten hier sein würde. und wenn es Ihnen nichts ausmacht zu warten, würde er sich Ihnen sofort anschließen.

Auf einen General zu warten ist ein ernstes Unterfangen, und der Geheimdienstoffizier war müde. Außerdem wusste er nicht, wo sich das Lager befand und wann er voraussichtlich die Nachfolge des Stabsoffiziers der Kolonne antreten würde. Aber im aktiven Dienst klappte all das von selbst, also setzte er sich einfach auf die weiß getünchten Stufen der Veranda und zündete sich eine Zigarette an. Der große Yeoman-Pfleger auf der anderen Seite des Eingangs tat es ihm gleich. Der Geheimdienstoffizier rauchte eine Zeit lang schweigend und beschäftigte sich mit der Beschäftigung, die müde Männer im Dienst am meisten begrüßen – er dachte an bessere Zeiten –, bis der Albtraum der Kolonne, der Befehle für den morgigen Tag, der Vorräte und des Lagers über ihn hereinbrach Träumereien.

Geheimdienstoffizier. „Wissen Sie, wo das Lager ist?“

Ordentlich. „Ja, Sir; es ist etwa eine halbe Meile von hier entfernt.“

IO „Können Sie im Dunkeln den Weg dorthin finden?“

Best.-Nr. „Ja, Sir. Es geht geradeaus die Hauptstraße hinunter und dann die erste Straße links. Es wäre unmöglich, sie zu übersehen.“

IO „Wozu gehörst du?“

Best.-Nr. „Ich weiß nicht ganz, wozu ich jetzt gehöre. Ich bin ursprünglich bei der 218. Kompanie Imperial Yeomanry rausgekommen, aber sie sind nach Hause zurückgekehrt.“

IO „Was machst du dann hier draußen?“

Best.-Nr. „Nun, sehen Sie, Sir, ich bin vor etwa vier Monaten als Ordonnanz zum General gekommen, und es hat mir so gut gefallen, mit ihm zusammen zu sein, dass ich mich der Kompanie nicht wieder angeschlossen habe. Tatsächlich waren wir unten im Calvinia-Distrikt; Ich verstehe nicht ganz, wie ich zu ihnen hätte zurückkehren können, selbst wenn der General mich gehen gelassen hätte. Ich habe die Kompanie nicht mehr gesehen, seit ich vor sieben Monaten in Wittebergen verwundet wurde. Ich bin vom Deelfontein Hospital zum General gekommen! "

IO „Ich hoffe, dass Ihr Quartier in England für Sie offen gehalten wurde.“

Best.-Nr. „Ich vertraue aufrichtig darauf, Sir; aber ich habe eine Jagdsaison verpasst. Ich habe nicht vor, eine weitere zu verpassen, wenn ich es vermeiden kann.“

IO „Zum Teufel, das tust du nicht. Was machst du zu Hause?“

Best.-Nr. „Im Winter jage ich vier Tage die Woche, und im …“

IO „Ich meine, was ist dein Job?“

Best.-Nr. „Ich habe keinen großen Job, Sir; ich bin Juniorpartner in einem Ingenieurbüro, und da wir bei Verträgen einige sehr große Dinge erledigen, bleibt mir nicht viel anderes übrig, als mich zu amüsieren!“

IO „Was hat dich dann dazu bewogen, in den Reihen aufzutauchen?“

Best.-Nr. „Es passt zu mir, Sir. Ich mag keine Verantwortung. Wenn außerdem jeder, der es sich leisten konnte, eine Provision in unserer Kompanie erhalten hätte, wären wir alle Offiziere gewesen und hätten niemanden, der es befehlen könnte!“

IO „Ich nenne es das Sportlichste von dir.“

Best.-Nr. „Nein, nicht gerade sportlich. Es war keine Idee von Sport, die mich hierher gebracht hat. Es war ein Pflichtgefühl. Waren Sie während der Schwarzen Woche – der Colenso-Magersfontein-Zeit – hier draußen, Sir? Das waren Sie. Dann haben Sie es getan Ich wusste nicht, was wir in England in dieser Zeit durchgemacht haben, und man kann es nie begreifen. Eines Morgens ging ich zu meinen Ställen, und mein Stallknecht kam auf mich zu und fragte, ob er sofort gehen dürfe. Als Antwort auf meinen Blick Überrascht sagte er: „Es ist so, Sir: Ich habe das Gefühl, dass die Zeit gekommen ist, in der wir jeden Mann brauchen, der reiten und schießen kann, um das Land zu verteidigen. Ich kann beides tun, und das Land wird nicht besiegt werden, weil.“ Ich kann reiten und schießen, aber ich werde es nicht tun. Ich möchte der Yeomanry beitreten!‘ Ich ließ ihn gehen und dachte den ganzen Tag über seine Einschätzung der Situation nach. Wenn die Ehre des Landes in den Händen meines Bräutigams lag, wie viel mehr muss sie dann in meinen liegen – dem Arbeitgeber der Arbeit? Ich habe mich vor dem Abendessen entschieden, sagte ich Frau vor dem Schlafengehen, und hier bin ich, Sir.

Dies war auch kein außergewöhnlicher Fall. Während der zweiten Phase des Krieges muss es in Südafrika viele Hundert – man könnte fast sagen Tausende – Männer gegeben haben, die von demselben Geist und demselben Gefühl angetrieben waren wie dieser reiche Bauunternehmer und sein Bräutigam. Männer, die das Gefühl hatten, dass die Nation ihre Dienste dringend brauchte; Männer, die freiwillig die Risiken und Gefahren des Soldatenlebens auf sich nahmen, nicht aus der Hoffnung auf Bevorzugung, nicht aus Abenteuerlust oder Söldnerfortschritt, sondern aus echtem Patriotismus – einem Opfer, um dem Ruf der Nation in der Stunde ihrer Not zu entsprechen. Doch dieser Tag verging bald. Das Blatt wendete sich, und der Waffenkampf an unseren eigenen Grenzen und in unseren eigenen Abhängigkeitsgebieten hörte auf, und der Lärm des Krieges ertönte schwach aus dem Herzen des feindlichen Landes. Dann scheiterte der wahre Patriotismus; Die Männer, die mit den Akklamationen ihres Landes gegangen waren, kehrten zurück, als ihre Verpflichtungen abliefen. Es wurden keine Patrioten derselben Klasse gefunden, die ihre Plätze einnahmen. Doch die Erfordernisse des Kampfes erforderten noch mehr Männer als im Feld, als Lord Roberts seine äußersten Anstrengungen unternahm, um das frühere Unglück wiedergutzumachen. Dann haben wir einen weiteren dieser vielen Fehler in der Beurteilung begangen, die die Durchführung des Wahlkampfs geprägt haben. Wir glaubten, dass das Gebäude des Buren-Widerstands im Dezember 1900 bis auf seine Grundmauern zusammenbrach – dass es wie ein mächtiger Schornstein aussah, der an seiner Basis bereits vermint war und nur noch Treibstoff an den Scheinstützen benötigte, um das gesamte Bauwerk in Schutt und Asche zu legen auf den Boden. Wir riefen nach dem Treibstoff. Der Schrei ging nach Männern – Männern – Männern. Alle Männer; Es darf nur eine ausreichende Menge vorhanden sein. Der Krieg war vorbei. Hätten nicht die höchsten Beamten gesagt, dass es vorbei sei? Der Rekrutierungssergeant ging auf die Landstraßen und Hecken hinaus, um den Treibstoff für Lord Kitcheners letzten Einsatz zu holen. Dabei kam es nicht auf die Qualität an, sondern nur auf die Quantität. Der Krieg war vorbei. Die Tore der Gold Reef City würden wieder geöffnet sein. Dann strömte die Masse erniedrigter Männer, die beim ersten Donnergrollen in der Kriegswolke aus Johannesburg geflohen war, aus ihren Verstecken an der Küste der Kapkolonie und fiel dem Rekrutierungssergeanten um den Hals. So böse Weiße sie auch waren, sie kamen beim ersten Sonnenstrahl aus ihren Höhlen. Griechen, Armenier, Russen, Skandinavier, Levantiner, Polen und Juden. Gefängnisvögel, Taschendiebe, Diebe, Trunkenbolde und Faulenzer stellten sich dem Rekrutierungsfeldwebel vor und verunreinigten im Laufe der Zeit die Uniform, die sie aus der Ferne nicht grüßen konnten. Der Krieg war vorbei; Es würde keine Kämpfe mehr geben, nur einen schnellen Marsch nach Johannesburg und die Auflösung in Reichweite des schmutzigen Gewinns, den sie begehrten. Und so wurden neue Korps mit geisterweckenden Titeln aufgestellt, während alte, geehrte und bestehende Regimenter bis zur Unkenntlichkeit durch die Verbindung mit dem Müll und dem Kehricht der am wenigsten männlichen Gemeinschaft des Universums besudelt wurden. Dieser Treibstoff konnte nicht einmal die Scheinstützen an der Basis des Burenwiderstands überwinden. Es weigerte sich zu brennen. Es hätte unter keinen Umständen brennen können. Diese Männer hatten nicht die Absicht zu kämpfen. Ihr Erscheinen im Feld erweckte den Feind zu neuem Leben. Neues Selbstvertrauen und kostenlose Geschenke an Gewehren, Munition, Kleidung und Pferden. Man konnte keine Männer finden, die sie befehligten, denn auf ihre Kräfte zu vertrauen bedeutete eine berufliche Schande. Diese Männer waren nicht gekommen, um zu kämpfen. Sie hatten sich nur gemeldet, um Johannesburg zu erreichen, und weigerten sich zu kämpfen. Sich ihnen zu ergeben, brachte weder Bedenken noch Schande mit sich. Sie besaßen keine Fähigkeit, sich zu schämen. Dann verhärtete der Feind sein Herz. Und wer kann es ihm verdenken? Ihm war jemals gesagt worden, dass der Vorrat an britischem Kampfmaterial begrenzt sei. Er fand diese Kreaturen auf dem Feld gegen sich. Er trat auf sie zu und entwaffnete sie mühelos. Dann sagte er: „Wir haben ihren Vorrat an echten Kämpfern erschöpft." Sie sind nun gezwungen, diesen gefälschten Artikel im Feld zu platzieren. Wir werden noch ein wenig durchhalten. Wenn wir durchhalten, bis die Krankheit ihre guten Männer weiter zerstört, müssen wir auf lange Sicht gewinnen. Die Fehleinschätzung, die die Rekrutierung dieser Männer ermöglichte, hat vielleicht mehr als alles andere dazu beigetragen, den Krieg zu verlängern. Wenn irgendwelche Zweifel bestehen bleiben, möge der Neugierige die Regierung auffordern, die zwischen November 1900 und November 1901 dem Feind übergebenen und erbeuteten Waffen und Munition zurückzugeben, und dann, wenn die Antwort zu Recht gegeben wird, über die Notwendigkeit von Arsenalen für zu urteilen unser Feind.

Der Brigadier hatte sein Gespräch mit seinem Vorgesetzten beendet, und das Klirren der Gläser hatte gezeigt, dass der General ihn nicht ohne Steigbügelbecher weggeschickt hatte. Er kam auf die Veranda und rief nach seinem Pfleger.

Brigadegeneral. „Hallo, Herr Geheimdienst, ich dachte, Sie wären verloren. Kommen Sie hierher auf die Straße. Ich möchte mit Ihnen sprechen, aber wir müssen aufpassen, dass wir nicht belauscht werden; dieser Ort wimmelt nur so von Rebellen. (Sie rückten auf den Broadway *vor , der Ordonnanz folgt ihm in respektvollem Abstand.*) Nun, sehen Sie, wir werden morgen einen großen Kampf haben. Sie haben diesen lustigen kleinen Bettler mit dem Hut gesehen. Nun, er spielte nicht mit Räubern, obwohl Sie das nie tun würden Ich habe es gewusst. Er brachte wirklich die gute Nachricht nach Gent – er tötete den ganzen Weg Pferde. Er ist ein einheimischer Burnham und laut dem Kommandanten ein guter Pass. Nun, er hat Brand, Pretorius und unseren alten Freund Hedgehog ausfindig gemacht [23] bei Houwater, und wir werden in die Schlacht ziehen. Darüber hinaus glauben sie, dass De Wet nach Strydenburg zurückgekehrt ist und versucht, sich mit diesen Houwater-Adligen zu verbinden, da diese Pferde für ihn gesammelt haben. Nun unser Räuber auf Buschjagd berichtet, dass Brand einen Außenposten von dreißig Männern auf einer Farm am Ongers River hat, zwölf Meilen von hier entfernt, an der Houwater-Britstown Road. Wir werden heute Abend eine Überraschungsparty veranstalten und sie zusammentreiben. Wenn uns das gelingt, stehen unsere Chancen sehr gut, dass wir morgen eine echte Show abliefern. Also müssen wir uns jetzt verabreden und die Einladungen für die Teeparty rausholen. Der ‚Räuber‘ soll uns in zwei Stunden hier treffen, und der alte Mann hat mir fünfzehn von Rimingtons Tigern geliehen, die ‚Zauberer‘ für diese Art von *Shikar sind* .“

Es wäre in der Tat ein Künstler, der die Gefühle eines Mannes analysieren und angemessen beschreiben könnte, der zu seinem ersten Nachtangriff paradiert. Die Größe oder Bedeutungslosigkeit des Unternehmens spielt keine Rolle. Die Gefühle der jungen Soldaten der Neuen Kavallerie-Brigade, als sie mit den hartgesottenen Draufgängern, den Rimington-Tigern, paradierten, waren identisch mit denen der Armee, die durch die Wüste zum Angriff auf Tel-el-Kebir vorrückte; von Wauchopes Highland Brigade, die im Matsch und in den Büschen vor Magersfontein ins Unglück stürzte; und Hunter Westons Handvoll berittener Pioniere, die so mutig in das Herz der feindlichen Linie vordrangen, um die Eisenbahn nördlich von Bloemfontein zu zerstören. Ein nächtlicher Angriff muss zwangsläufig immer eine heikle Operation sein. Eingehüllt in das Geheimnis der Dunkelheit wissen die Menschen, dass ihre Sicherheit und der Erfolg des Unternehmens von der Klugheit und Kühle eines oder höchstens zweier Männer abhängt. Sie müssen sofort auf das Unerwartete vorbereitet sein. Der kleinste Misserfolg oder die kleinste Fehlgeburt – die kleinste Chance – kann zu einer unwiederbringlichen Katastrophe führen. Männer, die im Licht des Tages dem Tod ins Auge sehen können, ohne mit der Wimper zu zucken, zittern oft bei dem Gedanken daran in der Dunkelheit. Die mentale Anspannung ist so groß, dass es Wochen oder sogar Monate dauern muss, bis Männer, die bei einem nächtlichen Angriff wie der geschlagene Widder in der Arena überwältigt wurden, mit einer ähnlichen Situation vertraut werden können. Kein Mann, der jemals an Nachtoperationen teilgenommen hat, wird seine ersten Empfindungen vergessen. Die wiederkehrenden Bedenken, die aus großer Aufregung hervorgingen. Die nebligen Halluzinationen, Folge abnormaler Anspannung. Die schreckliche Stille der Nacht. Die gedämpften Geräusche sich bewegender Männer, übertrieben durch die schmerzhafte Stille der Umgebung. Sie sehnen sich – mit einer Sehnsucht, die nur gefühlt, nicht beschrieben werden kann – danach, dass etwas geschehen könnte, das die überwältigende Monotonie dieses Auftakts zu Erfolg oder Katastrophe durchbrechen könnte. Ein Ventil für Ihre aufgestauten Gefühle. Wenn nur jemand schreien würde, oder der Feind Sie überraschen würde, oder – Gott sei Dank! Die Erleichterung ist gekommen, es hat angefangen zu regnen!

Während die kleine Abenteurerkolonne der Neuen Kavallerie-Brigade in gespenstischer Stille weitertrottete, begannen große eisige Regentropfen zu fallen – Vorboten eines bevorstehenden Sturms. Ein Schauer der Zufriedenheit ging durch die Reihen, vom „Räuber", der die verlassene Hoffnung anführte, mit dem Geheimdienstoffizier und dem Anführer der Tiger an seiner Seite, bis hin zum kleinen Meadows und seiner Truppe der 20. Dragoner im Rücken. Dann brach der Sturm los, dem kurze zehn Minuten tintenschwarzer Dunkelheit vorausgingen. In Südafrika regnet es nicht – das Wasser strömt in festen Schichten von oben aus. Eine Wand aus prasselndem Regen ergießt sich, verwischt tagsüber die Landschaft und verstärkt nachts die Dunkelheit. Die Kolonne kam zum Stehen; Die Pferde, die trotz Zaumzeug, Gebiss und Sporen nicht in der Lage waren, dem Regen zu trotzen, schwenkten ihre Schwänze, um ihm zu begegnen. Und bevor ein Kragen umgedreht oder ein Mantel angepasst werden kann, ist jeder Mann in der Kolonne bis auf die Haut durchnässt. Die Sintflut dauert vielleicht zehn Minuten und lässt dann so schnell nach, wie sie gekommen ist. Und während nach und nach die nebligen Züge der Steppe wieder auftauchen, können Sie hören, wie der vorbeiziehende Regensturm sich von Ihnen entfernt und die Steppenoberfläche immer noch in klebrigen Brei verwandelt. Die Offiziere formieren die Kolonne neu und die Reise wird fortgesetzt. Aber obwohl die Atempause kurz war, war sie wertvoll; Lokale Unannehmlichkeiten wirken beruhigend auf die Nerven. Außerdem herrscht weniger Stille. Die Strecke, die zuvor ausgedörrt und schwammig war, ist nun weich und rutschig geworden. Pferde zappeln und rutschen. Nasse Regenmäntel streichen über die Flanken der Tiere, und die Hufe werden mit einem spülenden, saugenden Geräusch in die Höhe gehoben. Aber es ist noch Menschenarbeit im Gange. Da die Regennebel ausreichend klar sind, kann sich der „Räuber" orientieren. Der Kopf der Säule hat nun den Fuß eines langen, tief liegenden Bergrückens erreicht. Das Ende ist nicht zu sehen; aber der „Räuber" erklärt, dass die Farm, auf der die Buren sein sollten, in einer kleinen Schüssel am Fuße des anderen Endes dieses Bergrückens liegt. Die Kolonne hat bereits den Ort erreicht, an dem es ratsam ist, die Pferde zurückzulassen. Wenn sie weiter vorangetrieben werden, könnte die Burenposten, die wahrscheinlich auf dem Bergrücken stationiert ist, gestört werden. Selbst wenn ein Pferd wieherte, würde man es mit einer der vielen Zuchtstuten des Hofes verwechseln. Der Marsch hatte einen bewundernswerten Zeitpunkt; es fehlen noch zwei Stunden bis zum Tagesanbruch. Es wird die Hälfte dieser Zeit in Anspruch nehmen, sich entlang des Hügelkamms zu arbeiten, den Streikposten (sofern vorhanden) zu überwältigen und die Farm zu umzingeln.

„Absteigen – Nummer drei übernimmt die Pferde." Das Wort wird im Flüsterton von Mann zu Mann weitergegeben. Es gibt ein wenig Lärm. Überspitzt durch die Situation klingt es wie ein Babel. Kann irgendein Feind im Umkreis von einer Meile es nicht gehört haben? Ein Gewehrkolben schlägt gegen einen Stein. Ein Pferd, das entweder am Gebiss gezogen wird oder vor einem nächtlichen Schrecken Angst hat, weicht zurück und stürzt und stört den ganzen Abschnitt. Ein erstickter Fluch, als würde im *Handgemenge* der Fuß eines Mannes zertrampelt. Sicherlich würde ein solcher Lärm die Toten wecken! NEIN; Die Männer fallen am Fuße des Hügels ein. Ihnen wird gesagt, sie sollen sich hinlegen und warten. Der Horror dieses Wartens! Am Hang des Hügels ist ein Geräusch zu hören. Ein Felsbrocken wurde verschoben. Die Männer umklammern ihre Gewehre, das Klicken einer Pistole ist deutlich zu hören. Dann taucht eine Form auf. Der „Räuber" signalisiert Stille. Die Figur nähert sich. Es handelt sich lediglich um den Kaffern-Späher, der im Vorfeld losgeschickt wurde, um den Streikposten möglichst ausfindig zu machen. Er kommt herauf und lässt seinen Kopf in seine Hand sinken. Er hat den Streikposten gefunden und zeigt damit, dass die beiden Buren, aus denen er besteht, schlafen.

Harvey von Rimington übernimmt das Kommando. Er erteilt seine Befehle zunächst seinen eigenen Männern, dann dem Ganzen. Sie sind einfach: „Repariere die Bajonette. Ich werde den Kaffern mitnehmen. Wenn ich beide Hände hochhalte, wird mir der linke Teil der Vierer folgen. Du weißt, was zu tun ist; bedenke, dass kein Schuss abgefeuert werden darf." Die Streitmacht wird auf zwei Schritte den Hügel hinauf vorrücken und anhalten, sobald sie den Gipfel erreicht. Wenn wir von mehr als den Streikposten entdeckt werden, werden sich Rimington's auf mich stützen, die 20. auf ihren eigenen Offizier. Denken Sie an Ihre Rückzugslinie muss für die Pferde sein.

Dann begann der Vormarsch. Langsam machten sich die Männer an die Arbeit. Es schien unmöglich, den Aufstieg schweigend zu bewältigen. Männer müssen in der Dunkelheit über unwegsames Gelände stolpern — stolpernde Männer mit Gewehren in der Hand erzeugen scheinbar ein fürchterliches Klappern. Der Hypothese nach wäre es unmöglich, auch nur einen schlafenden Streikposten zu überraschen. Aber man muss nur einmal im Streikdienst sein, um zu erkennen, wie voll die Nacht voller trügerischer Geräusche ist. In Wirklichkeit erfolgte der Vorstoß mit lobenswertem Schweigen. Gerade als er oben angekommen war, zupfte der Kaffer Harvey am Arm. Seine veldt-erzogenen Augen konnten das sehen, was dem weißen Mann immer noch verborgen blieb. „Nahe, nah!" flüsterte er dem Kapitän ins Ohr. Harvey hob beide Hände über seinen Kopf. Schweigend, aber mit der Beweglichkeit von Katzen folgten ihm die vier schlanken Kolonialherren. Sechs Schritte weiter und unter dem Schutz eines Felsens erscheinen die Gestalten zweier schlafender und in ihre Decken gerollter Männer. Es ist nicht notwendig zu beschreiben, was folgte. Ein Sprung von vier geschmeidigen Gestalten mit verkürzten Armen nach vorne, ein gewundenes Aufblitzen von Stahl, ein widerliches Aufprallen und Gurgeln, ein erstickter Schrei, und alles war vorbei, und zwei Bauernsoldaten hatten die höchste Strafe für den Verrat am Vertrauen ihrer Kameraden bezahlt hatte in sie gelegt!

Fünf Minuten zum Durchatmen. Dann wurde die kleine Linie diagonal entlang der Tischplatte des Firsts neu geformt. Das halbe Spiel war gewonnen. Nun galt es, den *Putsch* zu vollenden . Wenn das Unerwartete nicht geschah, gab es keinen Grund, warum das Bauernhaus nicht von Tagesanbruch umgeben sein sollte. Aber im Krieg passiert das Unerwartete. Langsam arbeiteten sich die dreißig Männer das Plateau entlang in Richtung der Spitze des Bergrückens. Zwei Drittel waren bereits überquert, als plötzlich zwei Gestalten am östlichen Himmel auftauchten.

„Erleichterungen für den Streikposten, – verdammt!" murmelte der Kapitän von Rimington, und als ihm die Wahrheit klar wurde, kam die Herausforderung auf Niederländisch:

„ Wie geht's? "

„Folgen Sie mir, Rimington's!" und die nächsten Männer schlossen sich ihrem Kapitän an und rannten los, um die Männer zu erreichen. Aber es war zu spät. Es kamen die Mausers. Zwei wilde Schüsse, und das Relief hatte sich umgedreht und stürmte den Hügel hinunter zur Farm. Wenn es Tag gewesen wäre, hätte das Tempo vielleicht noch alles retten können. Bei Nachteinsätzen kann man dieses Risiko jedoch nicht eingehen, insbesondere wenn nur ein Mann im Einsatz die genaue Position des Ziels kennt. Harvey versammelte seine Männer auf dem Hügelkamm, und noch bevor er sie in Position bringen konnte, tauchten Mauser von unten auf und gaben den Blick auf die Kraals und Nebengebäude der Farm frei.

„Wir müssen bis zum Tagesanbruch hier bleiben. Bis dahin werden sie verschwunden sein. Nun, Hertzog wird heute in Houwater keine Überraschung erleben, alles nur durch eine Wendung großen Pechs!" und der Kapitän von Rimington fing an, seine Pfeife zu stopfen, denn seine lange Abstinenz vom Tabakrauch wegen des Nachtmarsches war ihm besonders zu schaffen gemacht worden, seit die Kolonne Britstown verlassen hatte.

FUSSNOTEN:

[23] Hertzog.

VI.
Ein schlechter Duft.

„Hertzog wird heute in Houwater keine Überraschung erleben."

Der Kapitän von Rimington hatte die Ergebnisse des Nachtangriffs mit ziemlicher Genauigkeit zusammengefasst, und als seine Gruppe, den Befehlen gehorchend, die Ufer des Ongers River entlang vordrang und die rechte Seite des vereinten Vormarsches auf Houwater abdeckte, gab es eine Fülle von Beweise dafür, dass Hertzog und Co. kaum die Absicht hatten, sich in die schwerfällige Strategie, die gegen sie in Gang gesetzt wurde, verwickeln zu lassen. Auch das Wetter war nicht günstig. Der Sturm, der dem nächtlichen Angriff vorausgegangen war, war eine jener niedrigen Gewitterwolken, die, gefangen in einem von Kopjes umschlossenen kraterartigen Tal, sich im Kreis drehten, bis sie sich erschöpft hatten. Es dauerte einige Stunden Morgensonne, bis es sich endgültig auflöste. Als die Vorhut der von der Neuen Kavallerie-Brigade gebildeten Truppe das große abfallende Glacis überstieg und sich für alle Welt wie ein Untergebirgszug der Sussex Downs neigte, stürzte sie sich in den stagnierenden Morast, der Houwaters hervorstechendstes Gebirgszug ist Die letzten Buren verschwanden im Labyrinth von Minie Kloof dahinter. Aber die Aufregung reichte gerade aus, um den Männern die Kälte und Steifheit, die ein miserabler Marsch mit sich brachte, aus den Knochen zu nehmen. Der Bommel löste sich über der Drift und schleuderte aus einer unmöglichen Entfernung einen Gürtel seiner winzigen Bomben ab. Ein übriggebliebenes Dutzend Rimingtons, die weiter vorgedrungen waren als die anderen, erleichterten ihre Bandolier um ein paar Patronen, und dann marschierte die britische Miniaturarmee unbehelligt in den Besitz ihres Point d' *appui* .

Sie, die den britischen Soldaten nur in seiner schlimmsten Form gesehen haben, das heißt, wenn er in eine Tunika zugeknöpft ist, die sich im Design kaum von einer Zwangsweste unterscheidet, oder wenn die Freiheit des Mannes dem Leck-und-Spuck-Glanz untergeordnet wurde der Attrappe – Sie, die Sie stolz auf die Blechhülle Ihrer Horse Guards sind und den Gardisten schreien würden, der dreist genug ist, um einen wollenen Schalldämpfer zu tragen – hätten vor Erstaunen die Augen geöffnet, wenn Sie an den Hängen des Houwater-Drifts hätten sitzen können mit dem Stab der Neuen Kavallerie-Brigade und beobachtete die Ankunft der kooperierenden Kolonnen auf ihrem gemeinsamen Campingplatz. Zuerst kamen zwei Staffeln Scarlet Lancers und bildeten den Kern einer mobilen Kolonne. Niemand hätte sie beschuldigt, Lanciers zu sein, wenn sie ihnen plötzlich auf der Steppe begegnet wären. Helme hatten sie keine. Wie viel

Zeit, Geld und Gedanken wurden in die Dienstkopfbedeckung unserer Männer investiert! Wir haben gesehen, wie es an dieses Klima angepasst wurde; entsprechend geändert; hier ein Gipfel, dort ein Verband. Aber Thomas weiß am besten, welchen Helm er im Wahlkampf trägt, und Sie können sicher sein, dass er den bequemsten, wenn nicht sogar den passendsten wählt. Die Scarlet Lancers waren seit vielen Monaten von ihren Helmen getrennt. Tatsächlich hat die Art und Weise, wie der schwule Kavalleriemann seine legitime Kopfbedeckung ablegt und sich mit einem Ersatz versorgt, eher etwas Übernatürliches: Unsere eigene 20. Dragonergarde war zum Beispiel noch nicht länger als zehn Tage im Land Unter ihnen war kaum ein Helm zu sehen. Irgendwo war Ersatz gefunden worden. Je abgenutzter und anrüchiger der Ersatz war, desto glücklicher war der Besitzer, trotz der Tatsache, dass sich all seine früheren Erfolge auf einen glänzenden Helm oder eine flotte Lancer-Mütze konzentrierten, die in Federbusch und Glanz unwiderstehlich war. Aber es war ein großartiges Spektakel zu sehen, wie die stärksten Staffeln der Scarlet Lancers vorbeizogen. Es gibt ein halbes Dutzend Kavallerieregimenter, gegen die niemand einen Stein werfen kann – das 9. und das 16. Ulanenregiment gehören dazu. Aber es wäre hässlich, zu sehr ins Detail zu gehen.

„Wer zum Teufel sind diese Kerle? Sind das zahme Buren?" zwitscherte ein Subaltern vom 20., der für diesen Tag zum Brigadier galoppierte.

Ein bärtiger Grobian, dessen einziges Kostüm aus einem Flanellhemd und einer schäbigen Karohose bestand, dessen Auge aber so scharf war wie das eines Falken, und dessen glänzendes „Luntenschloss" siebzehn Kerben [24] entlang des Oberkörpers aufwies, fing die Frage des Subalternen auf .

„Yuss", kam die Antwort, „wir sind zahme Buren, die allerzahmsten. Mein Kumpel hier ist Präsident Kroojer, dieser ist Botter, und er ist De-e-Wet!"

Fröhliche Kerle; Nach fünfzehn Monaten Krieg gab es kaum etwas über Selbsterhaltung, das man ihnen hätte beibringen können. Schlank, sehnig und bärtig – sie repräsentierten den englischen Kämpfer von seiner besten Seite. Und der Unerfahrene hätte wohl fragen können, ob es sich um Buren handelte. Lanze und Wimpel waren verschwunden. Den beiden Staffeln blieb kaum eine Tunika oder ein Regimentsknopf übrig. Ihre kollektive Kopfbedeckung wäre für einen Kaffern-Standort eine Schande gewesen, und ihre Stiefel bestanden größtenteils aus rohen Lederimitationen des Landes. Aber es waren Männer. Lumpen und Schmutz konnten diese Tatsache nicht verbergen. Ihr Dreck war nicht Trägheit und Faulheit. Das Wesentliche war hell und sauber. Es gab keinen Mann unter den 150 Mann, der versuchte, zwei Dienststaffeln zu repräsentieren, der nicht irgendwann sein Leben gegen seine Fähigkeiten im Umgang mit dem Gewehr abgewogen hatte und der nicht erkannt hatte, dass sein Feuerschloss im Dienst der beste und treueste Freund des Soldaten war. Auch war es nicht leicht, die Offiziere von den Männern zu unterscheiden. Vielleicht ein Farbreiniger; Aber auch sie hatten einen rauen Bart und waren von der langen Belastung und der Verantwortung hart getroffen. Wie anders als die Erlesenheit der volkstümlichen Fantasie! Vorbei mit der Schönheit weiblicher Verzierungen. Vorbei mit der einstudierten Unverschämtheit des Welpenalters – dieser Arroganz, in Friedenszeiten traditionell mit dem britischen Offizier umzugehen. Dies waren die Männer, die Augen und Ohren der großartigen Kavallerie Frankreichs gewesen waren, die unerschütterlich Kimberley zu Hilfe geritten waren und sich den furchteinflößenden Widrigkeiten bei Diamond Hill mehr als gewachsen hatten. Hast du gehört, wie der Junge einen Befehl gegeben hat? Es war ein Mann, der sprach, und ein Mann voller Entschlossenheit und Verständnis, doch gemessen an seinen Jahren sollte er immer noch ein Sandhurst-Kadett sein.

Den Stammgästen folgt ein Schwadron der Freibauern, der alten ursprünglichen Freibauern, und „Pon jemandes Ehre!" es ist schwer, sie von den Lancers zu unterscheiden. Auch sie sind seit einem Jahr im Land. All das erfordert die Bildung eines berittenen Regiments, egal wie gut Ihr Material ausgebildet ist. Sie können die Mannschaft weniger stellen, aber nicht die Offiziere, und alles in allem sind die Offiziere das Wesentliche in jedem Korps. Dies veranschaulicht einen weiteren unserer Fehler: Wir haben unsere Freiwilligen gerade dann zurückgeschickt, als sie wirklich leistungsfähig waren. Genau diese Männer hatten den Befehl, nach Hause zu kommen. Wenn wir wissen, was wir über die Fähigkeiten junger und grüner Truppen im berittenen Krieg wissen, können wir mit Sicherheit sagen, dass die Behörden schlecht beraten waren, als sie es versäumten, die Klausel „bis Kriegsende" durchzusetzen, die Teil der Unternehmung dieser Männer war . Es ist die ganze Zeit das Gleiche gewesen, die Erfordernisse des Dienstes wurden geopfert, um die geschwätzige Ungeduld seitens heimattreuer Politiker zu befriedigen.

Die Neue Kavallerie-Brigade war frisch mit Transportmitteln versorgt worden. Die Hälfte davon war ein hervorragender Maultiertransport; Der Rest bestand aus schweren Wanderwagen und schwerfälligen Ochsengespannen. Vergebliches Mittel. Die Nachteile des einen überwogen die Vorteile des anderen. Es ist nur eine Frage von Wochen, seit es zu einem öffentlichen Aufschrei kam – allerdings von unwissenden Kritikern –, weil der Pariser Konvoi im Detail überwältigt war und dieser Offizier, nachdem er getan hatte, was jeder andere erfolgreiche Kolonnenkommandeur getan hatte, seine Ochsenwagen weitermarschieren ließ seinem mobileren Transport voraus, um den Vormarsch der Kolonne nicht zu verzögern. Welche Chance auf Erfolg liegt darin, dass sich der Offizier damit begnügt, Ochsenwagen passiv zu umarmen, anstatt gegen seinen mobilen Feind vorzugehen? Keine: Dennoch hat sich die Hälfte der Kolonnenkommandeure damit zufrieden gegeben, das Land als Eskorte zu mit Waren beladenen Wagen zu begleiten. Wenn sich ein Mann als unternehmungslustig genug erwiesen hat, seinen Ochsentransporter unter Eskorte zu lassen und mit dem beweglichen Teil seiner Kraft einen Schlagarm zu formen, dreht man sich um und zerreißt ihn von dem toten Gewicht, das seine Aktion eingeschränkt und eingeschränkt hat gerät in eine Katastrophe. Deshalb fordern Sie in Ihrer Unwissenheit das berufliche Märtyrertum der einzigen Männer, die Ihnen ehrlich und gut gedient haben. Warum greift ihr nicht gegen das System vor, das, wenn es diese Kolonnen ausrüstet, den Kommandeuren den Mühlstein des Ochsentransports um den Hals schickt? Können Sie sich vorstellen, dass ein Offizier, der über die gleiche Schlagkraft verfügt, die in der Vergangenheit die Traditionen unserer berittenen Armee begründet hat, sich aus freien Stücken für die Fortbewegung mit schweren Transportmitteln entscheidet? Bei ihm kann es nur Hobsons Entscheidung sein. Er muss nehmen, was er kriegen kann, oder nichts. Und nachdem er sich die Chance gesichert hat, muss er das Beste daraus machen oder scheitern. Wenn er Risiken eingeht und Erfolg hat, wird sein Glück ungewöhnlich gewesen sein. Wenn er das Risiko eingeht und einmal scheitert, wird er aller Wahrscheinlichkeit nach dem Gekläff der Völkchen geopfert, die den Steuerzahler zum Vorschein bringen, oder der Eitelkeit eines weniger kompetenten Seniors. Diese Pullover geben keine zweite Chance. Wenn er den Mittelweg einschlägt und die von ihm erzählte Geschichte hinreichend glaubhaft macht, kann er bis zum Ende des Krieges oder der Urlaubssaison weitermachen; vielleicht schafft er es sogar, wenn er vorsichtig genug ist, auf eine Ehrenliste zu gelangen. Denn es ist das Gute, nicht das Schlechte, das das moderne System kaputt macht.

Für die berittenen Männer einer Kolonne ist es eine Sache, ins Lager zu kommen, eine andere für den Transport. Houwater bot einen idealen Ort für das Biwak mit seinem fließenden Wasser, seinem einsamen Gebäude – halb Bauernhof, halb Lager – an der Strömung und seiner Ergänzung aus Haferstroh. Aber das *Vlei* [25] , nach dem der Ort benannt ist, war der ideale Ort für den Transport auf Rädern. In der Liebe und im Krieg ist alles erlaubt." Da es sich um ein Glaubensbekenntnis handelte, an das sich der Privatsoldat bei seinen Feldzügen strikt hielt, hielten es die Diener des Stabes der Kavallerie-Brigade für angebracht, am frühen Morgen eine Spanne [26] Maultiere zu stehlen, die dem Schutz ihrer Rechte entgangen waren Eigentümer. Nun war der Brigade-Staats -*Fourgon* mit einer Spannweite von vier Maultieren ein großes Unterfangen, und wenn er sanft behandelt worden wäre, hätte er vielleicht viele Monate lang zum Wohlergehen des Personals beigetragen. Aber nein; Der Diener des Brigadiers und der Kassierer, ein temperamentvoller und intelligenter Dragoner, versuchten, die *Langeweile* des Marsches abzumildern und ihre Überlegenheit über die Kaffern in Sachen

Etappenfahrt zu behaupten, indem sie das *Fourgon* und dessen Wagen nahmen Halb zerbrochenes Gespann, voller Galopp den Abhang hinunter, der im Houwater *Vlei endet* . Ein spielerischer und aufregender Ausweg, der das Springfahrzeug des Brigadiers für einen Tag ruinierte und dem Personal für diesen und einige aufeinanderfolgende Nächte viele häusliche Annehmlichkeiten versagte ...

Der Soldat, Offizier oder Mann, der ohne Biwak mitten in einem Lager steht, erlebt im Moment fast die gleichen Empfindungen wie ein „pleite" Mann auf den Straßen Londons. Von beiden hat der Beamte die schlechteste Zeit. Ein Privatsoldat wird in der Lage sein, den einen oder anderen Kompaniekoch mit der Gewissheit zu kontaktieren, dass ihm ein rauer Empfang bevorsteht. Wenn er klug ist, wird er bewaffnet mit einem verirrten Stück Treibholz ankommen, das er dem Treibstofftank hinzufügen kann. So ist der Erfolg gesichert, denn Thomas von allen Menschen ist der selbstloseste. Erstens hat er als Stabsoffizier wahrscheinlich zu viel in kurzer Zeit zu erledigen, als dass er an seine leiblichen Annehmlichkeiten denken könnte. Wenn dann die gewöhnlichen Kanäle versagt haben, hat er wahrscheinlich zu viel Scheu, sich auf die Gastfreundschaft seiner Kameraden zu verlassen. Auf diese Weise wird das Gleichnis des „pleiteen" Mannes inmitten des Reichtums Londons aufrechterhalten. Brigadegeneral verhungern natürlich nicht; Sie würden es nicht tun, selbst wenn sie keinen eigenen *Bandobust* [27] besäßen. Irgendein Geschwader-Durcheinander forderte den Chef der Kavallerie-Brigade für den Abend und ernährte ihn wahrscheinlich gut. Aber die jüngeren Mitarbeiter seines Stabes waren ohne Zuhause, und es war schon längst dunkel, als der Geheimdienstoffizier an Essen denken konnte. Seine ersten Pflichten waren Befehle für den morgigen Tag. Der Oberbefehlshaber war schwach genug gewesen, um von einer Seilbahn begleitet zu werden. Lord Wolseley mag Korrespondenten beschimpfen und sie als den Fluch moderner Armeen bezeichnen; aber wir sind gezwungen zu glauben, dass, wenn ein müder Stabsoffizier zu Rate gezogen würde, er sich die Creme der verurteilenden Schimpfwörter für die Seilbahn aufheben würde, die seine Nacht mit nutzlosen Telegrammen schrecklich macht. Der Albtraum dieser Mitternachtsnachricht mit ihren wahrscheinlich vier Seiten eng geschriebener Chiffren! Diese feinen Popinjays in gestärkten Tüchern und rosa Rüschen, die in Luxus in Eisenbahnzentren leben, denken, dass es ihrer Würde fördere, wenn sie ihre trivialsten Botschaften in Chiffren umwandeln. Sie denken kaum an das arme, müde Wesen, dem sie die hart verdiente Ruhe rauben, um diese Chiffre zu entschlüsseln. Es gefällt ihnen. Abends haben sie nichts zu tun. Das Verschlüsseln einer Nachricht an sie hat die Art einer Backgammon-Partie nach dem Abendessen. Aber für den schmerzenden Kopf, der es in den frühen Morgenstunden im unruhigen Licht eines fettigen Bades entschlüsseln muss, ist es kein Spiel, kein Zeitvertreib. Der Seilwagen mag seinen Nutzen haben; aber viele Dutzend erschöpfter Stabsoffiziere müssen das Grasfeuer gesegnet haben, das den Erddraht in ihrem Rücken zerstört hat, und ihnen so ein paar Stunden ununterbrochene Ruhe beschert haben.

Nach den Befehlen und den Einzelheiten der Brigadeaufgaben kam die Aufklärung. Das einzige Gebäude in Houwater Drift ist ein baufälliges Wohnhaus – ein bekanntes Wahrzeichen der Steppe. Dieser *Winkel* wurde von einem Mischlingsdeutschen geführt; Die Farm war nur unzureichend vor den Elementen geschützt, ein halbes Dutzend fettiger holländischer *Frauen* unterschiedlichen Alters und ein einzelner altersschwacher schwarzer Junge. Hier gab es tatsächlich einen Fundus an Informationen – das sind die Kanäle, über die der britische Geheimdienst normalerweise arbeitet. Der Divisional Intelligence nahm sie zunächst in die Hand. Dann „A"-Spalte, dann „B"-Spalte und zuletzt unsere eigenen, die sie vor dem Zeugentisch aufstellten. Es hätte eines echten KC bedurft, um die Wahrheit aus der Anhäufung von Unwahrheiten herauszusortieren, zu der wir gekommen waren, als wir an der Reihe waren. Der Geheimdienstoffizier hatte die Ausstellungsräume des *Winkels in Besitz genommen* , um ihm als Büro zu dienen. Dieser Schoolbred der Steppe war nur ein schmutziger Unterschlupf – Mauern und eine Theke aus Schlamm; Boden, sonnengetrockneter Kuhmist und Sand. Auf den Regalen stand eine seltsame Warenmischung. Sämtliche Esswaren waren von den Buren entfernt worden; Es blieben nur noch die Handelsbegriffe „Hard" und „Soft Goods" übrig. Ein Haufen stinkender Schafsfelle, ein paar Rollen fragwürdiger langer Kleidung, zwei Päckchen Kerzen, einige Schafscheren, Schnapsfallen und ein Fass Teer. Als der Geheimdienstoffizier sich müde seinem Kreuzverhör widmete, wurde er durch das Eintreten des Versorgungsoffiziers unterbrochen. Dieser junge Mann verfügte, wie bereits gezeigt wurde, über große Ressourcen – so sehr, dass er die beiden einzigen verbliebenen Kerzenpakete an sich nahm, bevor er seinen Geist entlastete.

Versorgungsoffizier (wirft die Kerzen in die tiefen Taschen seines „mantelwarmen Briten" *fallen).* [28] „Ist dir bewusst, alter Junge, dass wir heute Abend kein Essen bekommen?"

Geheimdienstoffizier (müde). "Und warum?"

ALSO „Der Grund ist ganz einfach. Diese Messediener haben den Messewagen in das *Vlei gefahren* , und im *Vlei* wird es die ganze Nacht bleiben."

IO „Das kann ich nicht ändern. Ich habe immer gesagt, dass der Mann des Generals ein Narr war. Er ist nicht nur ein Narr, sondern ein verdammter Narr!"

Also: „Sehen Sie hier. Sie denken vielleicht, dass Sie ein nützlicher Kerl sind und viel Gutes tun. Aber lassen Sie mich Ihnen sagen, dass Sie den gleichen

Weg gehen, den bessere Männer als Sie bereits durchlaufen haben (zeigt auf den *Winkel* *-monger*). Ich habe mindestens ein Dutzend Geheimdienstoffiziere gesehen, die diesen Mann untersucht haben. Nun, was zum Teufel ist er Ihnen danach noch wert, entweder als Verfasser von Tatsachen oder als Verleger von Fiktionen? Versuchen Sie, nützlich zu sein. Wir müssen heute Abend etwas zu essen haben. Jetzt können wir nicht zu den Kantinen gehen und nach Essen suchen. Wir werden auch unseren Esswagen nicht sehen. (Der Geheimdienstoffizier nickte zustimmend.) Warum verweigern Sie uns dann unsere einzige *Chance* ? „Hier, Mr. Squarehead (*er nimmt den Winkelhändler am Ohr*), kommen Sie und sorgen Sie für Essen. Ich habe zwei Hühner und ein paar Kartoffeln, und Sie und die *Frauen* zwischen Ihnen müssen eine Menge Suppe anrichten, und zwar schnell darüber, sonst wirst du nie wieder einen Sonnenaufgang erleben.

Es gab Unfähigkeitsbeteuerungen seitens der Zwangsarbeiter. Aber der Versorgungsoffizier überwand all dies bald, und innerhalb einer Stunde konnte sich der Stab der Neuen Kavallerie-Brigade nach einer vollen Mahlzeit auf dem stark duftenden Boden des *Winkels* für die Nacht zusammenrollen .

Ein Ordonnanzbeamter des Generals wäre fast in den Brigadier geschossen, als er sich im Licht einer Kerze rasierte. Es gab eine schroffe Erwiderung, und der Mann reichte eine Notiz ein. Der Brigadier las den ihm ausgehändigten Zettel, während er sein Rasiermesser abnahm. Der Sanitäter, der die Nachricht überbracht hatte, stand steif da, bis der Brigadier seine Entschuldigung für eine Toilette beendet hatte. Nachdem er sich gewaschen und seine Tunika angezogen hatte, war der kommandierende Offizier der Kavallerie-Brigade in der Lage, seine ganze Aufmerksamkeit seiner Korrespondenz zu widmen. Er schritt zu den vier Packkisten hinüber, die in ihrer Verkleidung als Tische die Mannschaftsmesse darstellten, und rief nach seinem Geheimdienst und amtierenden Stabsoffizier. Die Toilette dieses Offiziers nahm sogar noch weniger Zeit in Anspruch als die seines Chefs, denn er rollte einfach zwischen zwei Decken hervor und wirkte sozusagen gerüstet für die Strapazen des Tages.

Brigadegeneral. „Hier, du fauler Schurke, lies das" (*und er reichte den Zettel an seinen Untergebenen.*)

IO „Das sind Befehle, Sir."

B. „Es war nicht nötig, nach Ihnen zu schicken, um das herauszufinden. Aber wie wirkt sich das auf die Befehle aus, die Sie gestern Abend erteilt haben?"

IO „Es hebt sie auf. Anstatt uns nach Nordosten zu bringen, wird es uns genau nach Westen in Richtung Prieska Road bringen, sobald wir Beer Vlei erreichen."

B. „Es sieht so aus, als würde Mr. Brass Hat da drüben mich trocken säugen. Mein Befehl ist, mit ihm zusammenzuarbeiten – und ihm nicht wie ein Hund auf der Ferse zu folgen. Ich bin nicht hierher geschickt, um bei ihm zu sein." Ich bin hier, um Bojers zu fangen [29] – und nicht, um hinter anderen Leuten auf den Straßen herumzulaufen. Das ist keine Kooperation; es ist Beihilfe zur „Verweigerung". „Taktik. Schauen Sie mal, Herr Geheimdienst. Lassen Sie uns einfach unsere Informationen überprüfen, und wenn wir Recht haben und Brass Hat Unrecht hat, schicke ich ihm einfach eine Nachricht zurück, die ihn den ganzen Tag damit beschäftigt, nach Pretoria zu telegraphieren und um Erlaubnis zu bitten Wirf mich in Ketten. Was sind nun seine Informationen?"

IO (*liest*) „Gestern Abend ist die Information eingetroffen, dass Pretorius und Brand die Straße nach Prieska eingeschlagen haben. Dies wird durch die Späher bestätigt, die letzte Nacht ausgezogen sind. Der Feind zog sich über Minie Kloof zurück und machte auf einer Farm auf der anderen Seite Halt passieren."

B. „Deshalb wird der befehlshabende Offizier der Neuen Kavallerie-Brigade, nachdem er die gesamte Truppe über Minie Kloof gedeckt hat, anhalten und dem tapferen General erlauben, durch seine Brigade zu gehen, und ihm dann entlang einer Karoo-Straße nach Prieska folgen. Das sind also die Soldaten dieses Sportlers." Ideen zur Zusammenarbeit von Kolumnen. Sie entsprechen in etwa seiner Vorstellung von den militärischen Methoden, die am besten geeignet sind, um die vorliegende Ausgabe von „Brother" zu erfassen. Was sind unsere privaten Informationen?"

IO „Dieser Brand, Hertzog und Pretorius sind gestern Nachmittag mit vierhundert Mann abgereist – erstere mit der Absicht, sich auf den Weg nach Prieska zu machen; die beiden letzteren mit dem Großteil der Streitmacht, um einen Befehl von De Wet auszuführen, sich darauf zu konzentrieren." ihn auf Strydenburg.

B. „Ich habe vergessen, wie Sie an diese Informationen gekommen sind?"

IO „Von dem deutschen Ladenbesitzer hier, Sir. Er ist ein guter Kerl, und der Versorgungsoffizier hat ihn als Schaffner eingestellt. Der Mann war im Laden anwesend, als der Bote mit der Mitteilung von De Wet eintraf."

B. „M, ja. Aber wurde ihm nicht absichtlich gesagt, er solle uns dieses Garn als Trinkgeld geben? Haben Sie weitere Informationen, die diese Theorie bestätigen?"

IO „Ja, Sir, an zwei Orten. Eine der alten Damen auf der Farm hier ließ eine Bemerkung fallen, auf die sich der Tiger sofort stürzte. Ihr Federkarren war von Hertzog nach Strydenburg geschickt worden, um Munition zu holen, wie es damals hieß für Brand, Britstown anzugreifen, und sie gingen davon aus , dass sie dabei den verfügbaren Vorrat aufbrauchen würden . Die Munition wäre mit De Wet angekommen. Das ist ein Indizienbeweis; aber gestern Abend gegen 14 Uhr bekam ich Folgendes aus der Seilbahn. Es stammt von unserem Freund, dem De-Wet-Experten, datiert gestern Abend von der Orange River Station (*holt Papier heraus und liest*): „Erbeutete Depeschen befehlen die Konzentration aller verfügbaren Kommandos in Strydenburg, um De Wet am Abend des 26. zu treffen" – das heißt -Nacht, Sir."

B. „Wird der alte Stock-im-Schlamm das auch haben?"

IO „Das nehme ich an, Sir!"

B. „Dann ist das ein klarer Fall von ‚Bilk' seinerseits. Ich werde rübergehen und ihn sehen. Ich werde, wie geplant, bis morgen Mittag in Strydenburg sein, falls ich dabei meutern muss." Meine Befehle von letzter Nacht bleiben bestehen, bis ich zurückkomme.

Nach zehn Minuten war der Brigadier zurück, und die rohen, in Speckfett gebratenen Hammelkoteletts, die das tägliche Frühstück des Personals bildeten, wurden auf die Kiste gelegt. Der Brigadier setzte sich auf seine Keksdose und nahm einen großen Schluck Tee. Dann schien er stark genug zu sein, seinen Gefühlen Ausdruck zu verleihen.

B. „Nun, von allen galvanisierten Galionsfiguren, mit denen ich in meiner langen und abwechslungsreichen Militärlaufbahn in Kontakt gekommen bin, ist dieser Mann der unaussprechlichste. Er schätzt Sie sehr eloquent ein, Herr Geheimdienst. Das habe ich ihm gesagt." Ich konnte ihm in keinem Punkt zustimmen, den er vorbrachte, und auch darin, dass es äußerst kindisch wäre, 2500 Männer für die Schlachtung von mythischen 200 zu verschwenden. Dann wurde er wütend und sagte mir, er habe seine Befehle erhalten und sie mir gegeben meins. Nun, wenn das mit Zusammenarbeit gemeint ist, werde ich nie wieder in Sprechdistanz zu einer Kolonne kommen, mit der man mir gesagt hat, dass ich wieder kooperieren soll. Ich habe neue Befehle erteilt! Anstatt in Schlagdistanz zu Strydenburg zu sein -Nacht werden wir im Beer Vlei herumalbern. Der alte Stock-im-Schlamm bedeutet nicht „gehen", das verstehe ich vollkommen. Was für eine Sünde das ist!"

Und wir können uns dieser Bemerkung über die Übel des Dienstalters ohne weiteres anschließen, die, während sie die Impotenz an der Spitze bedecken, die individuelle Energie des Nachwuchses verkleinern, behindern und erdrücken. Wie groß war der Altersunterschied zwischen diesen beiden Männern? Es kann schon ein paar Jahre her sein. Selbst wenn es in der Heeresliste einen einzigen Tag gegeben hätte, wäre das Ergebnis dasselbe gewesen. Die sogenannte Erfahrung des Dienstalters – die in diesem Krieg allzu oft Inkompetenz oder unsoldatenliche Schüchternheit bedeutete – war in der Lage, die klügeren Ratschläge des Jüngeren zu unterdrücken und aus seinem Handeln das Feuer und die Zielstrebigkeit zu verdrängen, die allein hätte bringen können Erfolg. Wie im vorliegenden Fall ignorierte der Vorgesetzte absichtlich den Rat des Mannes, mit dem er zur Zusammenarbeit befohlen worden war, und befahl ihm, unter Ausnutzung der wenigen Zeilen, die ihm in der Heeresliste den Vorzug gaben, von einem Plan abzuweichen, der ihm den Auftrag gegeben hatte, mit ihm zusammenzuarbeiten In seinem tiefsten Inneren musste er gewusst haben, dass es das einzige war, das angemessene Ergebnisse versprechen konnte – man könnte auch sagen, dass es überhaupt Ergebnisse gab. Vielleicht liefert eine Untersuchung solcher Entwicklungen einen Anhaltspunkt für die Lösung eines der gigantischen Rätsel dieses Südafrika-Feldzugs.

FUSSNOTEN:

[24] Eine grausige Bilanz erfolgreicher Dreharbeiten.

[25] Niederländisch, Sumpf.

[26] Mannschaft.

[27] Hindustani, Anordnung.

[28] Offizielle Bezeichnung des Außendienst-Ordnungsmantels.

[29] Scherzhafte Wiedergabe von „Burghers".

VII.
„TÖPFERN.“

„Nun, wenn dieser Platz gehalten wird, würden Lord Bobs und die ‚Große Armee‘ drei Tage brauchen, um ihn zu wenden“, und der Brigadier ließ seine Brille bis zur vollen Länge ihrer Kordel fallen.

Die Brigade, die der gesamten Konzentration Vorhut leistete, hatte die große Prärie nördlich von Houwater durchquert, und die bedeckende Wolke berittener *Eclaireure* verschwand bereits im Schatten der Bergfestung vor uns. Der riesige Felsvorsprung aus Vulkangestein, der als Minie Kloof bekannt ist, erhebt sich mit der Direktheit, die dem riesigen südafrikanischen Hochland eigen ist, steil aus einer Prärie, so eben wie ein Billardtisch. Eine Abfolge felsiger, flacher Parallelogramme, ohne Merkmale bis auf das eine versiegelte Muster der Naturarchitektur der Steppe. Für den nomadischen Reisenden und Mann des Friedens Wahrzeichen, die so karg und kahl sind wie die großen Eisensteingürtel Nordafrikas, die die Macht des unwilligen Nils einschränken, bis er in wütendem Katarakt durch die winzige Öffnung strömt, die sie ihm erlauben. Für den Kriegsmann ein wahres Gibraltar; ein Labyrinth an Möglichkeiten in der Verteidigung; ein gewaltiges Unterfangen im Angriff, ein Unterfangen, das weder Fehler noch Fehleinschätzungen duldet und bei dem die Natur auf der einen Seite einen Großteil des Zufallselements eliminiert hat, um es der anderen Seite zugute zu bringen. Zu dieser Art gehörten auch unsere Höhen Colenso, Magersfontein, Stormberg und Spion Kop. Sie sind bequem zu Hause, nehmen auf der Karte in Sekundenschnelle einen oberflächlichen Eindruck von der Topographie wahr, für deren Überprüfung eine Kavalleriebrigade einen halben Tag benötigen würde, und sprechen leichtfertig davon, diese Position zu wenden und jene zu flankieren. Wisse, dass das seitliche Problem, das im Rosa und Grün des Atlas so einfach erscheinen würde, kilometerweit ein Gitter aus parallelen und unterstützenden Positionen sein kann. Dass die wohlüberlegte Wendebewegung, die im ersten Morgengrauen in Gang gesetzt wurde, ein schlichter und einfacher Frontalangriff bei Sonnenaufgang sein könnte und wahrscheinlich auch geworden sein wird, und zwar unter Umständen, die kein Mensch, nicht einmal Napoleon selbst, vorhersehen oder kontrollieren konnte. Warum also nicht nachsichtig mit solchen Männern umgehen, die Ihnen gute Dienste geleistet haben und denen man vertrauen kann, dass sie von der teuer erkauften Erfahrung profitieren? Aber die andere Klasse, der Mann, der die kämpferische Qualität des britischen Soldaten im Schock des Krieges prostituiert hat, indem er ohne die nötige Sorgfalt und Voraussicht auf die Chancen eines Krieges verwies – nun, es ist Ihre Pflicht, ihn zu vernichten, selbst Ihre bittersten Kritiken wird die Strafe, die solch einer verdient, nicht ertragen.

„Wenn jetzt ein Lebensversicherungsmakler auftauchen würde, würde ich ihn einstellen!" Und der Brigadier hatte allen Grund zur Besorgnis, denn die untergeordneten Merkmale von Minie Kloof könnten tausend Mann verschlingen und dennoch einen spöttischen Feind im Besitz der Vorsprünge zurücklassen. Eine Truppe Dragoner nach der anderen brach in erweiterter Ordnung auf und breitete sich zu beiden Flanken aus. Die Front wurde immer breiter und doch kein Gewehrschuss. Die Haupttruppe und die Geschütze blieben stehen und warteten, in der Erwartung, den Tonfall des Doppelechos zu hören, der in einer Sekunde die gesamte Geschichte des Tages verändern würde. Aber es kam nie. Die kleinen braunen Flecken, die im Schatten des Berges verschwunden waren, tauchten in der verkümmerten Vegetation auf den Bergkämmen wieder auf. Zunächst brauchte man eine starke Brille, um die sich bewegenden Körper von den Büscheln verschwommener Buschschatten zu unterscheiden. Dann funkelte dieser kleine Lichtstern, der dem General auf dem Feld so viel bedeutet. Fröhlich fing es die aufgehende Sonne auf und überbrachte Brigadier und Stab die willkommene Nachricht, dass der Gipfel des Minie Kloof frei sei.

„Der Vorsehung sei Dank dafür! Wir werden heute Nacht in Strydenburg sein", und der Brigadier galoppierte weiter in den Pass, während die Hauptmannschaft seines Kommandos gemächlich hinter ihm in Richtung der natürlichen Festung herzog. Es müssen Orte auf dem großen südafrikanischen Hochland wie dieser gewesen sein, von denen sich Rider Haggard inspirieren ließ, um die verborgenen Königreiche Zentralafrikas zu erfinden – bezaubernde, felsige Reiche, die wir alle kennen. Wie viele wird es geben, die durch und durch die neuen britischen Kolonien gewandert sind und nicht von den vielen Bergtälern überrascht wurden, die es im Überfluss gibt! Täler, so fruchtbar und angenehm wie alle anderen in den Legenden der Märchen; oder, um es weniger fantasievoll auszudrücken, so strahlend im Wesen und so schwierig zu erreichen wie Afridi Tirah im Frühherbst. Ein solches Tal fanden wir innerhalb der äußeren Barriere von Minie Kloof. Es ist zwar ein kleines Tal, aber dennoch fruchtbar. Ein zierlicher Bach von kristallklarer Klarheit erweckte die kargen Hänge zum Leben. Der Schlamm tausender Jahre sommerlicher Sturzbäche hatte jede Nische und Nische in seiner Fülle mit einem Schimmel versehen, der an Goshen erinnerte. Hier, inmitten üppiger Haine von fast tropischer Pracht, befand sich das unvermeidliche Gehöft – ein weißes Anwesen, das einst eine gewisse architektonische Schönheit besessen hatte, und eine Ansammmlung von Scheunen und Nebenvillen, die unprätentiös im Design und schäbig in der Anordnung waren. Der Stab der Neuen Kavalleriebrigade stieg vor der Tür des Bauern ab und rief nach Erfrischung. Für den Moment besaß man die geistige Vision eines Milchmädchens mit rosa Wangen – das Tafelbild der zivilisierten Fantasie – ohne Rock, zierlich an Hals und Armen, symmetrisch und süß in Körper und Haltung. Davon träumt der durstige Soldat. Die Vision kam. Ein schlampiger Diener aus der Küche gehorchte der Aufforderung. Mit schmutzigen Händen streckte sie uns einen noch schmutzigeren Becher Milch entgegen und spuckte demonstrativ aus, um den Geist ihrer Gastfreundschaft zu unterstreichen. Es braucht viel, um den ehrlichen Durst nach Krieg zu stillen, aber das war mehr, als die menschliche Natur ertragen konnte, und die wenig einladende Schüssel ging unberührt um den Stab herum, bis sie die weniger anspruchsvollen Signalgeber erreichte. Fünf Minuten am kristallklaren Bach waren alle Fürsorge niederländischer Melkerinnen wert.

Dann wurde es notwendig, nach Informationen zu suchen. Es war ein karges Suchfeld. Das mürrische Männervolk der schmutzigen Behausung schlenderte herum und begegnete allen Fragen mit geübter Unverschämtheit. Selbst der Tiger kam nicht voran. Er wurde mit Vorwürfen konfrontiert. Die Holländer erkannten ihn als Nachbarn und verbargen kaum, dass sie seine gegenwärtigen Umstände missbilligten. Die Informationslage war in einer Sackgasse, obwohl es in Wirklichkeit wenig zu lernen gab. Der Brigadier hielt gerade lange genug an, um die Pferde zu tränken, und ging dann wieder vorwärts zum letzten Anstieg über Minie Kloof.

Es war eine langsame Arbeit. Die Erkundung eines Bergvorsprungs durch Kavallerie ist immer eine langsame Arbeit, besonders wenn diese Kavallerie unter einem Offizier steht, der die Arbeit gut erledigen kann. Aber wie alles, ob gut oder schlecht, ging es zu Ende, und als die Herbstsonne senkrecht aufstieg, wanderte die Spitze der Kolonne hinab in eine andere große Ebene, die nach Norden in das Beer Vlei abfällt.

„Der Vorsehung sei Dank blieb der ‚Schub‘ nicht an dieser Stelle hängen“, sagte der Brigadier, als er anhielt, um den Wagen zuzusehen, die die letzte Steigung hinunterfuhren. „Wenn der alte Mann De Wet heute Abend in Strydenburg sein sollte, mit Britstown als Ziel, hätten wir ihn morgen früh hier haben sollen. Ich habe nur ein schlimmeres Land in der Kolonie unten an Calvinia gesehen. Das war das Beste.“ Der trügerische Spielplatz, auf den ich jemals verführt wurde. Aber er war für „Bruder“ genauso trügerisch wie für uns. Beide Seiten verloren sich etwa zweimal jede halbe Stunde. Feindliche Streikposten und Außenposten ritten ständig ineinander. Ich erinnere mich an eine Nacht, als wir Ich hatte mich gerade im Lager niedergelassen, als drei Buren hereinritten. Sie kamen mit äußerster Unbekümmertheit an die Linien eines meiner Lausbubenkorps heran und hielten in gutem Glauben direkt an den Pferdelinien an. „Welches Kommando ist das? – Ist es?“ Richter Hertzogs?' Ein Korporal aus Natal war der Mann, der ihnen am nächsten stand, und er war ein schlagfertiger

Kerl. Er schob die „Abschaltung" seines Gewehrs zurück und antwortete: „Ich denke nicht – aber da drüben ist unser Kommandant. Sie hatten das Beste." Gehen Sie und fragen Sie ihn, wessen Kommando es ist; aber Sie müssen nur Ihre Hände über Ihren Kopf halten, bevor Sie mit ihm sprechen. Er ist ein eigenartiger Mann, unser Kommandant! Die Männer ergaben sich ihm ohne zu murren und schienen es für einen guten Witz zu halten. Aber ich vermute, dass drei Monate Bellary-Sonne im Shiny sie dazu gebracht haben, ihre Meinung zu ändern."

Die Kolonne schwang hinaus in die weite, trockene Karoo-Prärie. Es war eine trostlose Wanderung. Erde und Himmel schienen den Regen der vergangenen Tage vergessen zu haben; Vielleicht waren die Stürme, die uns zu schaffen gemacht hatten, auch nur lokaler Natur gewesen, denn wir waren auf einer großen, wasserlosen Ebene gelandet, die nicht das geringste Anzeichen von Feuchtigkeit aufwies. Die schlurfenden Maultiere und schwerfälligen Wagen wirbelten einen beißenden Staub auf; Über der Säule schoß eine große spiralförmige Säule aus braunen Wolken hervor; kein Lufthauch verschaffte Erleichterung von der senkrechten Strenge der Sonne; Die große schlangenartige Kolonne schwitzte und keuchte über das offene Gelände und meldete ihre Anwesenheit jedem scharfsichtigen Holländer im Umkreis von fünfzehn Meilen.

Wir haben die Schönheiten der Karoo gesehen; aber wir können uns nicht vor seinen Mängeln verschließen, denn sie sind umso zahlreicher. Im besten Fall ist es eine große, stehende Wüste, die hier und da mit einigen erlösenden Oasen übersät ist. Sein Grün riecht nach Wildnis. Das Heidekraut, nach dem diese hügeligen Steppen benannt sind, ist von verkümmertem Braun und Grau und weist eher einen sanfteren Grünton auf, der ein Zeichen dafür ist, dass der Boden weniger saftlos ist. Dennoch spricht eine besondere Faszination gegen eine allgemeine Verurteilung der erbarmungslosen Karoo. Man kann die Erinnerungen an eine Sommernacht in dieser Einöde nicht ganz aus dem Kopf verbannen. Diejenigen unter Ihnen, die in der Wüste des ägyptischen Sudan gearbeitet haben, werden erkennen, was gemeint ist – sie können sich so fühlen, wie wir uns gegenüber der Steppe der Karoo fühlen. In der geheimnisvollen, fast unheimlichen Faszination dieser kühlen Nächte, die auf einen Grilltag folgen, liegt etwas, an das man immer mit Freude zurückdenkt. Worin dieser Einfluss besteht, kann man nie genau sagen; aber es ist unmöglich, es zu vergessen...

Mittags kam die Neue Kavallerie-Brigade an einigen Schlammlöchern zum Stehen, die ausreichend lehmiges Wasser lieferten, um den schluchzenden Geschütztrupps und Transporttieren die Möglichkeit zu geben, ihren Mund zu befeuchten. Wasser gab es für die Männer dort kaum, außer dem Almosen, das sie aus den Wasserkarren des Regiments schöpfen durften. Es gab auch keinen Schatten vor der gnadenlosen Sonne. Die sechs Zoll freien

Karoo-Sträucher dienten den weniger anspruchsvollen Tieren zwar als Futter, waren aber weder als Bett noch als Schatten von Nutzen; Anderes Gemüsewachstum war nicht in Sicht. Männer krochen unter Wagen und Wasserkarren, wenn sie das Glück hatten, sich in ihrer Nähe zu befinden, oder sie rollten ihre Decken aus, breiteten sie als Markise aus und vergruben sich darunter. Die Unterdrückung dieser stillen Hitze! Fünfzig Meter entfernt verwandelte sich die Atmosphäre in eine brodelnde Fata Morgana; Die Außenposten verloren jeglichen Anschein der natürlichen Form und zeichneten sich in der Ferne übertrieben als große braune und schwarze Flecken ab. Aber es ist nur eine vorübergehende Unannehmlichkeit. In ein oder zwei Stunden wird die Kraft dieser großen, feurigen, erbarmungslosen Sonne schwinden: Wenn es anders wäre, dann wäre die Karoo tatsächlich eine Wüste. Also dösen Sie – es ist zu heiß zum Schlafen – und danken dem Glück, dass Sie während der heißen Stunden des Tages nicht marschieren müssen. Und während Sie ausgedörrt und schwitzend dösen, springt eine kleine blaugraue Eidechse unter dem Karren neben Ihnen hervor, klettert behutsam den Stamm eines einsamen Karoo-Buschs hinauf und beäugt Sie mit großen, nachdenklichen, starren Augen. Er ist ein selbstgefälliges kleines Biest mit wundervoller Haut und Zeichnung; und ohne das Herzklopfen seiner weißen Weste wäre es schwer gewesen zu sagen, dass er lebte. Sie fragen sich, ob auch er die Hitze spürt. Du denkst, er tut es; denn er öffnet seinen rosa Schlund und wiegt seinen Heidezweig, um für sich selbst die Brise in der stillen Luft zu erzeugen, nach der Sie sehnen. Sie schließen Ihre Augen und lächeln bei dem Gedanken, dass so ein kleines Ding wie eine Eidechse mit Karoo-Mischung Sie interessieren könnte. Ein Ton dringt an Ihr Ohr: Es ist der vorwurfsvolle Ton der Trappe. Immer wieder hört man es. Es muss ein Schwarm dieser Vögel aufgezogen worden sein. Als das Klappern ihrer Schreie verstummt, erkennt man die gedämpften Schläge eines galoppierenden Pferdes. Das ist bedeutsam. Kein vernünftiger Mensch würde in dieser Hitze galoppieren, wenn seine Mission nicht ernst wäre. Immer näher kommt der Reiter. Sie hassen es, sich zu bewegen, obwohl Sie das schnelle Atmen des Pferdes und die Beschwerden über scheuerndes Leder hören.

„Wo ist das Hauptquartier?" verlangt eine autoritäre Stimme.

Dein Traum und deine Ruhe sind vorbei; Denn seid Ihr nicht der Lakai des Generals? Du springst auf.

„Woher kommst du?"

Ordentlich (während er eine schriftliche Nachricht abgibt). „Vom Offizier, der die Vorhut befehligt." Die Nachricht lautet: „Die Patrouille an der linken Front meldet, dass sich eine große Truppe Buren, schätzungsweise 500 Mann stark, hinter der Anhöhe drei Meilen rechts von der einsamen, abgeflachten Kopje an unserer linken Front aufhält. Die Patrouille ist auf mich zurückgefallen."

Diese Informationen werden dem Brigadier vorgelegt, der unter dem Speisewagen halb schläft.

Brigadegeneral. „Wie weit ist das flache Kopje von uns entfernt?"

Geheimdienstoffizier. „Etwa vier Meilen, Sir."

B. „Intervenierendes Land?"

IO „Flach wie ein Poloplatz, Sir."

B. „Oh, schicken Sie eine Truppe aus, um mit ihnen Kontakt aufzunehmen. Ich wette, es ist nur ein Schwarm Strauße oder eine Fata Morgana. Sagen Sie der Truppe, sie soll sich nicht kompromittieren lassen, wenn sie stärkere Buren als sie selbst finden sollte. Halten Sie eine andere Truppe und der Pompon ist bereit zur Unterstützung, falls es etwas geben sollte. Aber es ist nicht vernünftig, dass zu dieser Stunde 500 Buren so nahe bei uns sind. Für unsere Houwater-Freunde ist es zu spät und für den alten Christian zu früh. [30] "

IO „Sehr gut, Sir."...

Fast unmittelbar nach der Entsendung der Truppe marschierte der Hauptteil des kooperierenden Kommandos zu den Lehmtümpeln. Die beiden Generäle trafen sich, um die Situation zu besprechen. Das Treffen der Generäle im Feld bietet fast immer etwas Malerisches. Wir wissen, dass es ein Lieblingsthema für den Pinsel des Künstlers ist. Und selbst in diesem utilitaristischen Zeitalter, in dem das Genie des Menschen den Krieg von einem Großteil der Waffen befreit hat, mit denen das Rufen der Waffen im Frieden verbunden ist, hat der Anblick der Gemeinschaft großer Soldaten im Feld etwas Anziehendes. Der Ruhm des Krieges besteht nicht nur aus Hahnenfedern und Stahlscheiden. Tatsächlich würden die leuchtenden Farben, die so gut mit dem Weidegrün und Ziegelrot Europas harmonieren, das Auge beleidigen, wenn sie in der rostroten Steppe gruppiert würden – sie würden so unpassend wirken wie ein Flamingo, der auf einem Heuhaufen sitzt . Es ist ein interessantes Bild. Die beiden Generäle stehen etwas abseits ihrer Stäbe zusammen und vermischen sich in freundschaftlichem Verkehr. Die Reihen der abgesessenen Sanitäter halten die Pferde, von denen die Offiziere gerade abgestiegen sind. Der Obergeneral ist ein großer, schlanker Mann, der gerade erst in der Blüte seines Lebens steht. Es ist mehr als der Staub, der seinen Schnurrbart so blond erscheinen lässt. Er ist ein Mann, der auf sein persönliches Erscheinungsbild achtet. Von Kopf bis Fuß passt ihm seine schlichte braune Uniform wie ein Handschuh – um es mit den Sprüchen einer schönen Cousine jenseits des Atlantiks zu sagen –, alles passt so perfekt, dass es aussieht, als wäre er geschmolzen und hineingegossen worden ein khakifarbenes Gehäuse. Die düstere Erdfarbe wird durch das Scharlachrot und Gold auf seiner Schirmmütze und seinem Kragen sowie durch die lange Reihe kaleidoskopischer Bänder auf seiner Brust aufgelockert, die von vielen Zeltfeldern erzählen – und vielleicht von ebenso vielen „Feldern aus Goldstoff". Es bedarf nicht mehr des Krieges allein, um die Brust eines Ritters zu schmücken oder Sporenriemen über den Spann eines Ritters zu binden. Der Brigadier steht im Gegensatz zu seinem Vorgesetzten. Er ist genauso groß wie ein Mann, gebieterisch in der Haltung, aber von ganz anderem Temperament und Gang. Es ist keine vorsätzliche Nachlässigkeit, die für die nachlässige Unstimmigkeit seiner Kleidung verantwortlich ist. Es ist nur der Geist, der durch die Person spricht. Er trägt nichts, dessen Anfertigung einen Schneider auch nur eine Minute gekostet hat. Seine Stabsmütze ist schief gesetzt; Seine Stabsabzeichen wurden offensichtlich von einem ungelernten Handwerker – wahrscheinlich seinem Soldatendiener – an die richtige Stelle genäht. Seine Tunika erzählt die eigene Geschichte eines zweijährigen Feldzugs im harten Gelände; während die Mauser-Pistole, die an dem nussbraunen Gürtel befestigt ist, den Wilkinson zum Tragen eines Schwertes entworfen hat, beredt von der Wertschätzung des Trägers für die letztgenannte Waffe als Teil der Dienstausrüstung eines Generaloffiziers zeugt. Aber wenn Sie die beiden betrachten – den einen elegant und elegant, den anderen rau und fachmännisch –, können Sie die Persönlichkeit des Juniors spüren, während der Senior für Sie nicht mehr bedeutet als das Modell eines Schneiders. Für den durchschnittlichen Laien mag das nicht viel vermitteln. Aber Männer – Analphabeten, unkultivierte, kämpfende Männer – sehen und schätzen das alles, und es bedeutet ihnen viel. Wisse daher, dass es keinen schärferen Richter über den menschlichen Charakter und den menschlichen Geist gibt als den Cherub der Gosse. Aus diesen zu Männern herangewachsenen Gossenschnepfen werden die kämpfenden Reihen der großen britischen Armee besetzt.

Die Generäle besprachen die Situation, soweit ihre jeweiligen Stäbe es anhand ihrer Sprache und Haltung erkennen konnten, freundschaftlich, obwohl der Brigadier auf irgendeinen Punkt drängte. In Wirklichkeit hatte er seinen Protest gegen die Entscheidung seines Vorgesetzten vom Morgen erneuert und versuchte, ihn zu einer Änderung seiner Politik und seines Plans zu bewegen. Aber der strenge Umgang mit dem Dienst schreibt vor, dass die öffentlichen Interessen von dem Mann angeordnet werden sollten, dessen Name auf der Liste der Armeelisten an erster Stelle steht, und dass der Junior seine Argumente eher in respektvoller als in aggressiver Sprache vorbringen sollte. Doch durch Argumentation und einen kurzen Hinweis auf die leitenden Mitarbeiter wurde ein Kompromiss erzielt, um den Wünschen des Brigadiers gerecht zu werden.

Allgemein. „Ich sage Ihnen, dass es mir nicht gefällt; ich sehe auch keinen Sinn in dem Umzug. Nach der Behandlung, die er von Plumer erfahren hat, kann Prieska die einzige offene Linie für De Wet sein."

Brigadegeneral. „Aber alle meine Informationen gehen in die entgegengesetzte Richtung, Sir. Es ist eindeutig –"

G. „Ich glaube nicht, dass Ihre Informationen viel wert sind. Was kann dieser Junge darüber wissen? Er wurde von all den Ammenmärchen auf der Marschlinie getäuscht."

B. „Nun, Sir, abgesehen von De Wet – mir wurde ein Konvoi in Strydenburg versprochen, und ich muss meine Brigade noch abholen. Eine Schwadron der 21. Dragonergarde und die gesamte Mount Nelson Light Horse." , was Plumer nicht verinnerlicht hat, strengt nun alle Kräfte an, um mich einzuholen."

G. „Wann treffen Sie Ihren Konvoi und wie weit liegen Ihre Daten zurück?"

(Nun hatte der Brigadier spontan den Konvoi erfunden. Zwar war ihm ein Konvoi versprochen worden, aber dieses Versprechen hatte nicht Strydenburg als Treffpunkt angegeben. Aber als er sah, dass er einen Punkt erzielt hatte, wandte er sich sofort an ihn der Geheimdienstoffizier.)

B. „Wann kommt unser Konvoi in Strydenburg an?"

Geheimdienstoffizier. „Möglicherweise morgen Abend, Sir. Spätestens übermorgen." (Glücklicherweise hatte der Geheimdienstoffizier das Gespräch verfolgt und die Antwort kam recht locker.)

G. „Hm, das gibt dem Ganzen eine andere Note. Aber es ist selbstmörderisch und rücksichtslos, Konvois auf diese unlogische Art und Weise durch die Steppe schlängeln zu lassen. Was ist mit Ihren Daten?"

(Der Brigadier hatte, nachdem er einen „Hinweis" gefunden hatte, keine Zeit damit verschwendet, seine Schätzungen zu ermitteln.)

B. „Nun, Sir, ich würde vorschlagen, dass Sie mich für heute hier anhalten lassen. Meine Angaben liegen jetzt nur einen Tag hinter mir. Sie werden mich morgen einholen. In der Zwischenzeit werde ich eine starke Patrouille schicken – eher eine Aufklärung – nach Strydenburg, ab heute Nachmittag, Abholung des Konvois, danach werde ich mich Ihnen an jedem beliebigen Punkt anschließen. Dann werde ich ein nützlicher Kampfverband sein; jetzt bin ich nur noch eine Geschützeskorte!"

G. „Ja, ja; es wäre für Sie oder Ihre Leute gefährlich, allein in diesem aufgewühlten Land umherzuwandern. *Ich* stimme Ihnen zu, Colonel; aber Sie müssen zugeben, dass es angesichts der gegenwärtigen Umstände nicht ratsam wäre." uns, im Detail erfasst zu werden.

Man kann sich nicht darüber hinwegsetzen, dass das alles sehr kindisch ist. Aber dann muss der Mann, der das Leben in der Armee auf sich nimmt, darauf vorbereitet sein, bis zum Ende seines Dienstes ein Schuljunge zu sein. Es steht einem Brigadier oder einem Offizier, der die Uniform Seiner Majestät trägt – wie es so schön heißt – nicht zu, kleine Täuschungen zu begehen, selbst um eine Situation herbeizuführen, die der Allgemeinheit dienen soll. Doch welcher andere Weg stand dem Brigadier offen! Aus Gründen, die aus seinem Gespräch hervorgehen, hatte sein Vorgesetzter beschlossen, ihn nicht als unabhängige Kraft anzuerkennen, sondern ihn zu umarmen, bis alle realen oder eingebildeten Gefahren vorüber waren. Es sind die Fesseln der Disziplin wie diese, die den Standhaften in unserem Dienst das Herz brechen und die nationale Kriegskasse bis auf den Grund zermürben. Können Sie es dem Brigadier verübeln, der sich der dringenden Dringlichkeit der Situation bewusst war, als er, nachdem er die Mann-zu-Mann-Argumente der allgemeinen Vernunft erschöpft hatte, sich der Praxis einer List hingab, um die Absichten eines Mannes zu vereiteln, dessen einziges Ziel es zu sein schien? sein, seinen persönlichen Seelenfrieden zu befriedigen? Dennoch bezweifeln wir, dass sich der Senior der Sinnlosigkeit seiner Anweisung bewusst war. Er hatte ein Ziel vor Augen. Er war von dem einzigen Wunsch erfüllt, einer Katastrophe zu entgehen. Im begrenzten Sinne war seine Tat durchaus lobenswert; Aber was würde der Besitzer eines Rennpferdes zu dem Jockey sagen, der, nachdem er ein gesundes Pferd in einem Rennen geritten hatte, freiwillig mitteilte, dass er sein Pferd aus Rücksicht auf dessen Sehnen nie ausgefahren habe? Die Fürsorge des Jockeys ähnelt der von fünfzig Prozent der Männer, die in diesem Krieg Kolonnen angeführt haben – mit der Ausnahme, dass es keinen Richter in der Loge gab, der die Begründetheit jedes Falles abwägte. Der Richter war weit weg in Pretoria und der Jockey hat seine eigene Einschätzung des Rennens abgegeben ...

So blieb die Neue Kavallerie-Brigade von den Schlammlöchern überspannt, während die andere Kolonne hindurchging und sich auf die Suche nach der Prieska-Straße machte. Die Nachhut der sich bewegenden Truppe wurde von einem Kolonialkorps aufgestellt, das ursprünglich in Natal vom Brigadier der Neuen Kavallerie-Brigade aufgestellt worden war. Natürlich hatte sich das *Personal* in den Reihen längst verändert. Mit Bedauern zum Schlechteren verändert. Aber es blieb immer noch ein kleiner Prozentsatz des ursprünglichen Sk übrig – Sk, der seinesgleichen suchte. Als die Nachhut durchkam, galoppierte ein großer, stämmiger Korporal zum Packkistentisch, an dem sich der Stab der Neuen Kavallerie-Brigade gerade zum Mittagessen niedergelassen hatte, und rief: „Sagen Sie, wo ist der alte Mann?“

Der Brigadier erhob sich lächelnd.

Korporal. „Ich habe gehört, dass Sie hier waren, Sir, und ich konnte nicht vorbeigehen, ohne etwas zu sagen. Herr, was für ein Anblick für schmerzende Augen ist es, Sie wiederzusehen! – wenn es nur mehr wie Sie gäbe." (Dann streckte er seine Hand aus .) Kommen Sie, Herr, legen Sie Ihre Hand genau hierher – es ist ein gutes Tageswerk, einem Mann erneut die Hand geschüttelt zu haben." Und dann verschwand der Korporal in einer Staubwolke. Aber es war ein interessanter und lehrreicher Vorfall gewesen. Ohne Zweifel war der Mann ein Yankee; Aber er hatte während des gesamten Natal-Feldzugs gedient, von Willow Grange bis Bergendal, und seine ehrliche Wertschätzung für seinen alten Häuptling trieb uns fast Tränen in die Augen und war wertvoller als all das Band und Lametta, das ein gekröntes Haupt verleihen kann.

„Das", sagte der Brigadier, „ist einer der besten Männer unter vielen guten Männern, die ich rekrutiert habe. Ich habe für meinen ‚Vorstoß' in Durban rekrutiert. Ich habe die Leute immer von den Schiffen geholt." Sie kamen herein. Dieser Kerl kam mit einem Mann herüber, der eine Ladung Maultiere schleppte. Ich kann mich noch gut daran erinnern, als ich ihm das Thema ansprach. Seine Antwort war charakteristisch: „Sagen Sie, Oberst, wofür wollen Sie uns? Wofür? ein direkter Kampf mit den Buren, oder soll es als Stadtgarnison herumschlendern?' „Wenn du dich mir anschließt, wirst du ab heute in einer Woche „rausschmeißen." „Geben Sie mir bitte Ihre Hand, Oberst?" Ich stimmte zu und konnte sofort praktisch die gesamte Schiffskompanie rekrutieren – und ich möchte nie ein besseres Kommando übernehmen. Habe ich Ihnen jemals von den Buren-Spionen erzählt? Nun, in den frühen Tagen der Rekrutierung in Natal wurden mehrere niederländische Agenten rekrutiert . Sie wurden von der Transvaal dafür bezahlt, sich dem britischen Korps anzuschließen. Als wir am Mooi River ankamen, wurde einer dieser Männer entdeckt – als ehemaliger prätorianischer Detektiv anerkannt. Dieser Unteroffizier kam zu mir und gab mir freiwillig einen Rat. „Sie beweisen, dass er ein Spion ist." „Oberst, und dann übergeben Sie ihn uns: Danach werden Sie keine Spione mehr haben." Ich hatte den Verdächtigen festgenommen. Es gab nicht den geringsten Zweifel an seiner Identität, also sagte ich nur zum Sergeant-Major: „Dieser Mann ist Ihr Eigentum – der gute Name des Korps liegt in Ihrer Obhut; da ist ein praktischer Donga." Dort!' Ich habe den Mann nie wieder gesehen und auch nicht gefragt, was mit ihm passiert ist; aber eines weiß ich, dass am selben Abend fünf Männer zu mir kamen und darum baten, zurücktreten zu dürfen. Sie kamen mit Gesichtern, die so weiß waren wie die Mantel der Stute da drüben. „Ja", sagte ich, als ich sie ansah, „Ihr dürft gehen. Ihr geht zum Wohle aller Beteiligten, euch selbst eingeschlossen." Und seit diesem Tag störte mich die Anwerbung niederländischer Agenten nicht mehr."

„Die besten Pläne von Mäusen und Männern, Bande hinter einem Gley", und der Staub der Kolonne, die sich auf die Prieska-Straße zubewegte, hing noch immer über dem Horizont, als ein Stabsoffizier zur Neuen Kavallerie-Brigade zurückgaloppierte. Er überbrachte dem Brigadier schriftliche Anweisungen, die den Strydenburg-Plan für immer zunichte machten. „Die GOC weist das OC an, die Neue Kavallerie-Brigade anzuhalten, bis sich ihm Truppen anschließen, die ihm entlang der Britstown Road folgen. Da es wichtig ist, dass der Pass über Minie Kloof bis zum Eintreffen der oben genannten Truppen freigehalten wird , weist die GOC an, die geplante Aufklärung nach Strydenburg abzubrechen und die Truppen, die für die Aufklärung eingesetzt worden wären, in die Stellung von Minie Kloof zu entsenden. Sobald die Neue Kavallerie-Brigade fertig ist, wird sie mit aller Geschwindigkeit der Direktion folgen Straße nach Prieska. Unter keinen Umständen sind andere Vereinbarungen zu treffen.“

Die Gelegenheit war nicht günstig, die Gefühle des Brigadiers zum Ausdruck zu bringen, aber sein Schweigen war beredt. Es gab keine Hoffnung darauf: Es war ein schriftlicher Befehl eines Seniors, und wir hatten keine andere Wahl, als zu gehorchen.

Einige sagen, Christian de Wet sei der beste General, den der Krieg aus den Reihen unseres Feindes hervorgebracht habe. Es ist derzeit nicht unsere Absicht, über dieses Thema zu diskutieren; Aber so viel kann man mit Sicherheit sagen: Er war der glücklichste aller Anführer. Bei jeder Gelegenheit, in der es ihm schwerfiel, wenn er praktisch am Ende seiner Kräfte war, hat das Pendel des Schicksals ihn begünstigt. Oft genug hat er durch die schuldhafte Dummheit seiner Verfolger seine Haut gerettet. Aber selbst als er von den allerbesten Anführern und Männern, die das britische Empire hervorbringen kann, beinahe in die Enge getrieben wurde, blieb ihm das Gesetz des Zufalls erhalten. Ein aufdringliches, widersprüchliches Telegramm aus dem Hauptquartier, ein Gewitter oder ein anschwellender Fluss haben unzählige Male den schlüpfrigen Kommandanten in der elften Stunde gerettet. Nehmen Sie den gegenwärtigen Fall. Es stellte sich später heraus, dass der Brigadier praktisch gleichzeitig sein Ziel erreicht hätte, wenn er, wie er es beabsichtigt hatte, nach Strydenburg vorgedrungen wäre und dort am selben Tag angekommen wäre, an dem ihm sein Vorgesetzter gesagt hatte, er solle festhalten und den Minie Kloof festhalten mit dem Guerillahäuptling. Die Neue Kavallerie-Brigade wäre über das kleine Karoo-Dörfchen hergefallen, frisch und im vollen Geist von Männern, die neu im Krieg waren und „sich für den Kampf bereit machten“; Männer, die in ihrem Vorgefecht gerade so blutig waren, dass sie sowohl Vertrauen in sich selbst als auch in ihren General hatten, und – und das ist der ärgerliche Charakter der Geschichte – während die britischen Soldaten robust in die Schlacht geritten wären, waren De Wet und seine Gefolgschaft in keiner Lage Voraussetzung, sie zu erhalten. Unvorbereitet auf die Ankunft frischer

Truppen, beraubt von Waffen, Zug und Munition, getreten und bedrängt von der Hartnäckigkeit des tapferen Plumer, durchlöchert und zerrissen von Nantons gepanzerten Zügen, bedrängt von Heneker und Crabbe, die nach Ruhe schnappten, wären sie kein Gegner gewesen für blutrünstige Dragoner und eine berittene Artillerie-Batterie, die seit der Schlacht von Magersfontein die Entfernungsmessung in Südafrika erforschte. Wir können nur mit den Schultern zucken und sagen: „Wie schade!" während wir die zusätzlichen zwei Pence an Einkommenssteuer zahlen, die uns unser Vertrauen in schwache Führer und unsere Abneigung, anzuerkennen und den Soldaten klarzumachen, dass unsere Armee eine nationale Institution ist, gekostet haben.

Es kommt vor, dass die Basis im Krieg wenig darüber weiß, was vor sich geht, und, wie man hinzufügen möchte, sich auch nicht darum kümmert. Folglich freuten sich diejenigen in der Brigade, die nichts über die Lage in Bezug auf Strydenburg wussten, über die Aussicht auf einen Halt. In dieser Zeit des Wahlkampfs kam es selten zu Unterbrechungen, und die Männer betrachteten sie mit der gleichen Einstellung wie der durchschnittliche Hausbesitzer in England einen Frühjahrsputz, denn sofern Wasser vorhanden ist, kann ein „freier Nachmittag" eine … wenig von der Sauberkeit, die hartes Trekking unmöglich macht. Die Dragonergarde war noch nicht lange genug im Land, um die Notwendigkeit einer gründlichen Erneuerung ihrer Wäsche zu spüren. Aber die berittenen Kanoniere waren alte Soldaten, und sobald der beabsichtigte Halt allgemein bekannt wurde, zogen sich die Männer die Hemden aus und gönnten sich den Luxus von Sandbädern, wo kein Wasser verfügbar war. Dies mag wie eine einfache Operation erscheinen, aber diejenigen, die schon lange in der Steppe Feldzüge unternommen haben, werden wissen, dass ein Wechsel der Kleidung nicht die geringsten „Schrecken des Krieges" offenbart.

Doch weder im Stillstand noch in der Bewegung hören die Probleme und Ängste für das Personal einer im aktiven Dienst befindlichen Einheit auf, und als der Brigadier den Befehl erteilte, den Anweisungen seines Vorgesetzten Folge zu leisten, entdeckte sein amtierender Stabsoffizier, dass die Kolonne Es fehlten zwei Truppen. Eine Truppe war seit dem ersten Tag auf der Richmond Road vermisst worden, die andere hatte sich an diesem Morgen in Minie Kloof verirrt. Das mag absurd klingen, ist aber kein Einzelfall; und wenn wir den Aussagen derer glauben dürfen, die mit der „Großen Armee" nach Bloemfontein marschierten, handelte es sich damals nicht um Truppen, die vermisst wurden, sondern um fünfzig Prozent der gesamten Armee, und zwar so stark vermisst, dass sie die Truppen einnahm Die Abteilung des Generalquartiermeisters musste zwei Wochen lang hart arbeiten, um sie definitiv zu finden. Der unerfahrene Jugendliche konnte von seinem Brigadier keine Hilfe bekommen. Seit dem Eintreffen der Nachricht aus der Hauptkolonne war dieser Offizier nicht erreichbar. Aber mit Hilfe des gutmütigen Schützenmajors und der günstigen Rückkehr des Trupps, der am Morgen, wie der Brigadier vermutet hatte, zu einer wilden Verfolgungsjagd nach einer Fata Morgana zurückgekehrt war, war es möglich, etwas zuzuordnen eine Streitmacht, die in der Lage ist, in Minie Kloof einen Vorsprung zu halten, ohne dem Lager völlig die nötige Kampfkraft zu nehmen. Aber gerade bei Gelegenheiten wie diesen, wenn vereinzelte Truppenverbände verstreut gesendet werden, wird eine Katastrophe heraufbeschworen. Glücklicherweise war der Feind nur einmal in hundert Fällen in der Lage, die ihm angebotenen Gratisgeschenke anzunehmen.

FUSSNOTEN:

[30] Christian de Wet

VIII.
Immer noch am Töpfern.

Zur Freude der Männer und zum Ekel des Brigadiers brach der Tag an, ohne dass der Neuen Kavallerie-Brigade weitere Befehle übermittelt wurden. So blieb es in der weiten offenen Prärie stehen, die das Beer Vlei umsäumt. Man kann auch vermuten, dass De Wet und sein Gefolge bei der Räumung der angrenzenden kleinen Ortschaft Strydenburg mit Genugtuung erfuhren, dass die britischen Kolonnen, die um ihn herum lagen wie die Speichen eines Rades an der Achse, so unbeweglich wie gewöhnlich waren –Plumer aufgrund der Umstände, die anderen aus den im vorhergehenden Kapitel dargelegten Gründen. Aber der gerissene Guerilla hatte nicht die Absicht, Strydenburg anzugreifen. Es gehörte nicht zu seiner Strategie, zwei aufeinanderfolgende Tage an einem Ort zu verbringen, es sei denn, er wollte eine Garnison verkleinern. Es ist bekannt, dass sogar britische Kolonnenkommandeure zeitweise ihre Lethargie abschütteln. Er blieb gerade lange genug in der Stadt, um die Lagerabteilung seines Quartiermeisters aufzufüllen und die frischen Ponys zu übernehmen, die Hertzog für ihn gesammelt hatte, und zog dann in drei Kolonnen nach Norden, wobei er darauf vertraute, zwischen den Speichen des imaginären Rades hindurchzugehen, bevor Plumer sie eingesammelt hatte sich selbst. Brand wurde mit einer dünnen Hecke aus Free Statern und Rebellen als Lockvogel zur Deckung von Strydenburg zurückgelassen, während die drei Kolonnen nach Marks Drift in der Schleife des Orange River südwestlich von Kimberley fuhren. Und als De Wet den ersten Tagesplan dieser Bewegungen in die Tat umsetzte, blieb die Neue Kavallerie-Brigade auf Befehl stehen und deckte den Eingang zum Pass bei Minie Kloof ab.

Die Männer waren jedoch begeistert. Zum ersten Mal seit vielen Wochen konnten sie sich umdrehen und sich um ihr persönliches Wohlbefinden kümmern, ihre Unterwäsche wechseln und ihre Sachen sortieren. Der Soldat im Dienst liebt es, seine Ausrüstung zu sortieren. Allein die Tatsache, dass er in der Lage ist, seine bescheidene Tasche bis auf den Grund auszuschütteln, bedeutet „Urlaub", und in der heutigen Zeit waren Trekkingurlaube für Männer selten. Aber selbst Feiertage können Herzbrennen mit sich bringen, und um die Frühstücksstunde ertönte ein verzweifeltes Geheul aus den Reihen der berittenen Artillerie. Ein gemütlicher Spaziergang durch das knöcheltiefe Heidekraut zu Freddys Quartier belohnte jene Schaulustigen, die genug Energie hatten, sich für die Aufregung im Camp zu interessieren. Der berittene Schützenmajor war schon seit langem verärgert über die Anwesenheit seiner Kaffernjungen und Kutscher. Die vorherrschende Eigenschaft des Kaffern ist Eitelkeit, eine Eigenschaft, die er mit allen

Wilden und den meisten weißen Männern gemeinsam besitzt. Dem Grund dieser Eitelkeit wollen wir nicht nachgehen, da wir mit der Ethik männlicher Selbstgefälligkeit nichts zu tun haben: Für diese Geschichte genügt es, dass sie existiert. Eitelkeit hat dazu geführt, dass die Kaffern Südafrikas etwa fünfzig Prozent der Tuniken der britischen Armee erworben haben, die auf diesem Kontinent gelandet sind. Thomas Atkins ist in der Regel nicht übermäßig mit Geld gesegnet, daher kann er der Versuchung der fünf goldenen Souveräne nicht widerstehen, die der Kaffer für jede scharlachrote Tunika zu geben bereit ist, die sich nicht im letzten Stadium des Verfalls befindet. Die Übergabe der Uniformen kam so weit, dass ein Heeresbefehl zu diesem Thema erlassen wurde. Nicht, dass ein Armeebefehl ausreichte, um den allgemeinen Verkehr in britischen Uniformen einzudämmen, aber er gab so vernünftigen Soldaten wie dem berittenen Schützenmajor das „Stichwort", das sie brauchten. Freddys Kaffern hatten ein neues und grünes Regiment aufgestellt, und da ihr sechsmonatiger Vertrag fast abgelaufen war, waren sie „voller Gelder". Infolgedessen konnten die zur Batterie gehörenden „Jungen" in Britstown, wo Geld für den britischen Soldaten eine besondere Faszination ausübte, in einer sehr kompletten Ausrüstung in Linienregimenten liegen. Der Stopp gab Freddy seine Chance und er hatte alle seine Fähigkeiten offengelegt. Die Offenbarung war wunderbar. Es gab keinen Fahrer oder *Fahrer*, der nicht sein scharlachrotes Wams trug. Viele hatten tatsächlich zwei, ganz zu schweigen von Feldmützen, Felddienstmützen, Dragoneroveralls und Schützenhosen. Die Kaffern hatten die Ausrüstungsinspektion zunächst als einen Witz angesehen. Aber sie verfielen in verwirrtes Schweigen, als sie sahen, wie ihre Habseligkeiten auf einen gemeinsamen Haufen geworfen wurden. Ihre großen weißen Augen wurden immer größer und ihre abstoßenden Lippen immer weiter auseinander, bis, nachdem die letzte Tasche durchsucht worden war, die Fackel auf den Kleiderhaufen gerichtet wurde. Dann erkannten sie, dass all ihre Hoffnungen zunichte gemacht wurden, und einmütig ließen sie den verzweifelten Schrei los, der die Aufmerksamkeit des Lagers auf sich gezogen hatte. Sie wurden wie Besessene. Sie schlugen sich heftig mit den Fäusten auf den Kopf und erlebten die Anfälle negroiden Wehklagens. Man könnte fast mitfühlen, was für tolle, gebräunte Kinder sie sind. Sie hatten monatelang hart gearbeitet und die Entbehrungen und Gefahren des Krieges mit den Weißen geteilt, damit sie, ihrer Meinung nach, geschmückt mit der ganzen Pracht der Kleidung des Weißen, in ihre Kraals zurückkehren konnten. Für sie wäre die Utopie des Lebens ihre Heimkehr gewesen. Die Bewunderung plappernder Frauen, der Beifall der Piccaninies und das abscheuliche Lächeln ihres obersten Häuptlings, als sie ihm demütig einen ramponierten Helm in einem halb verfallenen Zustand aus Pfeifenton überreichten. Aber Freddy war kein Philanthrop, als die Ehre der Uniform, die seine Familie zwei Jahrhunderte lang getragen hatte, auf dem Spiel stand. Und er hatte recht.

Die Würde der Uniform des Königs ist wertvoller als alle Philanthropie: „Diese Rohlinge in Schützenuniform – niemals! Sie mögen ihre Kharki behalten; aber ich werde nicht zulassen, dass unsere Uniform in meiner Batterie geschändet wird, was auch immer andere Leute denken mögen!"

Die Eingeborenenfrage während des Krieges hat eine interessante Studie geliefert. Es kann nicht behauptet werden, dass unter den in Südafrika herrschenden Umständen aus diesem enormen Kampf um Existenz und Vorherrschaft zwischen zwei weißen Rassen etwas Gutes resultieren wird. Es muss immer daran erinnert werden, dass Südafrika, ähnlich wie Indien, von der dominierenden weißen Rasse mit dem Schwert gehalten wird. Es ist nicht unsere Aufgabe, hier nachzuzeichnen, welche Probleme den weißen Rassen in ferner Zukunft bevorstehen könnten. Die Situation in der Gegenwart und in der nahen Zukunft erscheint unbefriedigend genug. Der ungebildete Geist des Äthiopiers erkennt die feinere Ethik des sozialen Verkehrs und die Gleichheit der Menschheit nicht an. Die Freiheit seiner Argumentation bedeutet Unabhängigkeit; Unabhängigkeit zu besitzen ist für den Halbwilden ein Beweis von Macht. Die inhärente Eitelkeit der Ureinwohner findet dann ihre Wirkung, und die Nation, die unter dem Sjambok der Buren zusammenzuckte und zitterte, wird die erste sein, die gegen die Gerechtigkeit der Briten rebelliert. Und was haben wir in diesen langen Monaten der militärischen Besatzung getan, um den schlimmen Auswirkungen des Krieges entgegenzuwirken? Nichts: Wie ein Brite haben wir uns entschieden, an den Außenlinien zu arbeiten. Wir haben in der Gegenwart gelebt, sicher für die Zukunft. Wer hat versucht, dem Gedankengang zu folgen, der im ursprünglichen Geist vorherrschte? Dennoch wäre es einfach genug gewesen, ihre Gedanken zu analysieren. Wird es nicht in etwa so gewesen sein? – „Die Buren waren wenige und die Briten viele. Dennoch haben die Briten Monate gebraucht, um die wenigen Buren auszurotten. Darüber hinaus haben wir die gesamte Erkundung für die Briten durchgeführt – Ohne uns hätten sie selbst nichts tun können. Und welchen Wert haben die britischen Soldaten? Sie erhalten 30 Schilling im Monat. Wir – und wir sind schwarze Männer – erhalten von den Briten 3 und 4 Pfund im Monat. Deshalb Wir müssen doppelt oder dreimal so gut sein wie die britischen Soldaten! Und sehen Sie, wie die Briten uns behandeln. Wie anders als die Behandlung, die wir von den Buren erfahren haben. Die Briten müssen Angst vor uns haben!" Und abstrakt betrachtet ist diese Argumentation fundiert. Wir behandeln den Eingeborenen so, als hätten wir Angst vor ihm. Wir behandeln ihn so, dass er sich zu Recht mit dem britischen Soldaten vergleichen kann. Wir gehen davon aus, dass dieser ungebildete schwarze Sohn des Südens wie wir alle Probleme und Standards des Arbeitsmarktes kennt und den für uns offensichtlichen Grund für seinen fürstlichen Lohn erkennt. Aber hier überholt uns unsere krasse Dummheit. Der Eingeborene gelangt zu seinen Schlussfolgerungen nicht über denselben

Gedankenkanal wie wir selbst. Wie könnte er? Und da wir ihn nur nutzen, um unserer eigenen Bequemlichkeit zu dienen, und die Interpretation, die er unseren Handlungen beimisst, leichtsinnig ignorieren, müssen wir uns selbst die Schuld geben, wenn wir, nachdem wir der inhärenten Eitelkeit des Schwarzen nachgegeben haben, ihn plötzlich antreffen unsere Kehlen. Nicht, dass wir glauben, dass die Eingeborenen weit genug fortgeschritten sind, um unseren Einfluss auf das Land unsicher zu machen. Aber sie wurden von uns so verwöhnt, dass sie sich eitle Dinge vorstellen konnten, und eitele Vorstellungen könnten in nächster Zeit zu einer Wiederholung jener Raubzüge, Plünderungen und Massaker isolierter weißer Siedlungen führen, die jemals die traurigsten Steine im Steinhaufen geliefert haben unseres großen Reiches.

Als die Sonne aufging, brachte sie Neuigkeiten von der Prieska Road. Der Helikopter sendete eine weitere Nachricht des Generals aus: „Gutes Wasser bei Rietvlei, vier Meilen weiter. Fahren Sie weiter nach Rietvlei, stellen Sie dort Ihre Brigade auf und warten Sie auf meine Befehle." Fast im selben Moment rief uns der Helikopter vom Gipfel des Minie Kloof an. „Habe zwei Schwadronen der Mount Nelson Light Horse und eine Truppe der 21. King's Dragonergarde mitgebracht . Wir drängen so schnell wie möglich weiter" – unterzeichnet mit „Brigade-Major New Cavalry Brigade."

Der Brigadier schien völlig desinteressiert zu sein. Er erhielt kommentarlos die Nachricht von der kommenden Verstärkung und die neuesten Befehle des Generals, und nachdem er sein Frühstück gegessen hatte, kehrte er in sein Zelt zurück. Die Brigade war vorerst zu einer Chiffre geworden. Der einzige wirklich zufriedene Mensch im Lager schien der Geheimdienstoffizier zu sein, der in der Ankunft des echten Brigademajors ein Ende der vielfältigen Pflichten sah, die ihm auferlegt worden waren. Die Brigade blieb standhaft, und plötzlich ritten der Brigademajor und sein abkommandiertes Kommando aus einer fast undurchsichtigen Staubsäule ins Lager. Das Eintreffen der Verstärkung erregte großes Interesse im Lager. Man hatte viel von der Mount Nelson Light Horse gehört, die speziell gegen Lord Kitcheners Forderung nach mehr berittenen Männern aufgestellt worden war. Die Mount Nelson Light Horse ritt ins Lager. Die Kanoniere, die *in Scharen* erschienen waren, um ihre Kameraden zu begrüßen, steckten einfach die Hände in die Hosentaschen und wandten sich mit dem einzigen Zwischenruf „Mein Gott!" ab. Die Dragoner, die jüngere Soldaten waren und sich mit den Überlieferungen der Steppe weniger auskannten als die Kanoniere, jubelten. Eine unruhige Antwort kam von den staubigen Ankömmlingen – man hätte sie mit dem ausländischen Gackern vergleichen können, mit dem die Gäste einer Pension in Soho ihrer Bewunderung für die Melodie des Dinner-Gongs Ausdruck verleihen. Der Brigadier kam aus seinem Zelt und stand barhäuptig und in Hemdsärmeln im Freien. Soldat ohne Orden – offener, offener und galanter englischer Gentleman. Sein erfahrener Blick glitt über die zerlumpten Reihen seiner neu gewonnenen Legion. Er hatte die Kolonialtruppen während der schwersten Kämpfe in Natal kommandiert. Die Dragoner waren vielleicht keine Richter, aber seinem bewährten Auge entging nichts. Er fing jedes Detail auf, die semitischen Umrisse der Hälfte der Profile, die nervöse Sattelhaltung des zweimal bezeugten Peruaners, den Hang-Hund-Blick der wenigen echten Männer in den Reihen, die davor zurückschreckten, dass ein Soldat sie in ihren gegenwärtigen Verbindungen entdecken könnte. Der Schnurrbart des Brigadiers verbarg kaum die Bewegung seines Mundes. Dann gefiel der lächerliche Rahmen der Szene seiner unbeschwerten Natur, und er wandte sich herzhaft lachend an seine Mitarbeiter mit der einzigen Bemerkung: „Gadzooks! Sie verschwören sich gegen den Ruhm meines schönen Namens. Es gibt nur einen Ort in der weite Welt, in die ich diesen „Vorstoß" führen kann, und ihr Name ist Stellenbosch!"

Aber wenn die Mount Nelson Light Horse nicht kämpfen könnte, könnten sie reden. Sie waren voller Blut aus zweiter Hand. Wäre nicht eine ihrer Truppen von De Wet gefangen genommen worden, hätten ihre Männer und Offiziere nicht Zeuge von De Wets kaltblütigem Zorn gegen einen britischen Offizier geworden! All dies war für die New Cavalry Brigade eine Neuigkeit, und angesichts des weit verbreiteten Wunsches, De Wet zu verehren, wäre es nicht schlecht beraten, die Geschichte seiner Aktion zu Protokoll zu geben. Wir werden uns nicht auf den grausamen Mord an Morgenthal beziehen, der in der modernen Geschichte durch die Ermordung von Macnaghten durch Ackbar Khan vorangetrieben wurde, oder auf die erbarmungslose Behandlung der Gefangenen, die im Dezember 1900 in Dewetsdorp gemacht wurden. Für uns reicht dieser eine Vorfall aus. Als De Wet in der Nähe von Norvals Pont südlich des Oranjeflusses überquerte, waren die Truppen, die Lyttelton von Colesberg aus gegen ihn in Aktion gesetzt hatte, zu spät, um ihn anzuführen, und im Zuge seiner Verdoppelung – und De Wet brach mit beträchtlichem Vorsprung zurück Geschicklichkeit – er nahm einen kleinen Teil seiner Verfolger gefangen. Da diesen Männern ein Großteil ihrer Kleidung, darunter auch Stiefel, gestohlen worden war, konnten sie nur mit größter Mühe mit den schnellen Bewegungen ihrer Entführer Schritt halten. Es muss daran erinnert werden, dass der Spürhund Plumer De Wet auf der Spur war und die Buren keine Zeit zu verlieren hatten, wenn sie ihm ausweichen wollten. Es kam eine Zeit, in der sich die halb verhungerten, fast nackten und wunden Füße nicht mehr bewegen konnten. Die gesamte Nahrung, die ihnen gegeben worden war, bestand aus lebenden Schafen, die sie selbst töten, vierteln und anrichten mussten. An Kochen war nicht zu denken, da die Elemente gegen sie waren, selbst wenn sie über die nötigen Geräte verfügten. Auf halbem Weg durch einen anstrengenden Marsch – Flucht würde die Art der Bewegung vielleicht besser beschreiben – legten sich diese elenden Gefangenen nieder und weigerten sich, auch nur einen Fuß zu bewegen. Die Drohungen und Zurechtweisungen ihrer Eskorte waren vergebens. Dann ritt jemand vor und informierte De Wet. Der Guerillakapitän galoppierte zurück zum Ende der Kolonne und forderte in einem Wutanfall den ranghöchsten Offizier unter den britischen Gefangenen. Ein großer englischer Herr trat vor. [31] Einen Augenblick später hob sich der Arm des Guerillas, und der grausame Sjambok aus Nashornhaut fiel dem Engländer ins Gesicht und hinterließ eine große blaue Wunde. Der Arm wurde für einen zweiten Schlag erhoben; Doch der Engländer, obwohl er ein Gefangener war und sein Leben auf dem Spiel stand, schloss sich seinem brutalen Häscher an. Andere Buren, die den Stich des Schlags zweifellos genauso stark spürten wie der Empfänger, trennten das Paar, bevor der unbewaffnete Engländer die Kehle des Raufbolds fand. Aber der Schlag war ausgeführt worden – ein unbewaffneter Gefangener im Offiziersrang war gezüchtigt worden, eine Tat der Grausamkeit, die mit dem kaltblütigen Mord an einem Gesandten gleichzusetzen war. Doch zweifellos wird der Tag kommen, an dem unwissende Engländer miteinander wetteifern werden, um dem Mann Ehre zu erweisen, der den üblen Schlag versetzt hat. Es werden Personen sein, die die Gefühle, die die Armee in Südafrika durchdrangen, nicht kennen. Als sich die Nachricht im Lager verbreitete, einigte man sich einvernehmlich darauf, dass De Wet niemals lebend übergeben werden sollte, wenn es an der New Cavalry Brigade lag, ihn in die Knie zu zwingen.

Im Gehorsam gegenüber dem Vorgesetzten schlenderte die gesamte Brigade am Nachmittag auf den in der Botschaft des Generals genannten vier Meilen zurück. Der Tag war eine Wiederholung des vorangegangenen Tages gewesen – einer dieser brennenden Karoo-Nachmittage, die allen Lebewesen die Seele zu rauben scheinen. Das Gefühl der Niedergeschlagenheit, das den Stab durchdrang, schien sich auf die gesamte Kolonne übertragen zu haben, und die Neue Kavallerie-Brigade schlich sich eher zurück, als dass sie ins Lager marschierte. Es war kein fröhlicher Campingplatz – ein einsames Bauernhaus der ärmsten Bauart, und zwei flache, schleimige Wasserbecken waren die einzigen Attraktionen, die es für sich beanspruchen konnte. Die Männer richteten nüchtern ihre Pferdeleinen ein und wälzten sich herum, um die Strapazen der Hitze bis zum Sonnenuntergang auszuschwitzen. Der Brigadier, der immer noch in Achillesstimmung war, zog sich zu seinem Wagen zurück. Der neue Brigademajor, der der einzige Mann war, der überhaupt noch Mut hatte, beschäftigte sich damit, die Nachtposten zu organisieren und die Mount Nelson Light Horse zu betreuen. Aber bei einer Schüssel Tee, die die Kasinodiener bis vier Uhr arrangierten, schien der Brigadier wieder aufzuwachen; und er war gerade ansprechbar geworden, als der Oberst des neu angekommenen Kontingents zum Messwagen schlenderte – ein großer, ziemlich ungelenker Mann, der mit der ganzen Selbstsicherheit eines Autoritätspersonen ankam.

Oberst (sieht sich beim Tee in der Gruppe der Offiziere um und wählt den Brigademajor aus, den er kannte). „Wer ist der Brigadier?"

Brigadier (der mit einem kurzen Blick die Schecks des Neuankömmlings zusammengezählt hatte). „Ich bin so unglücklich. Was kann ich für dich tun?"

C. (beiläufig grüßend) „Freut mich, Sie kennenzulernen, Sir; ich dachte, ich würde vorbeikommen, um mich vorzustellen – vor allem, weil ich schlechte Nachrichten habe!"

B. „Eine wirklich edle Tat, die Sie hier wahrscheinlich einschmeicheln wird. Was ist das?"

C. „Nicht mehr und nicht weniger als meine Männer und Pferde sind tot. Sie müssen hier mindestens zwei Tage anhalten, bevor sie bewegungsfähig sind. Ich habe –"

B. „Mein lieber Oberst, trinken Sie etwas Tee; oder möchten Sie vielleicht lieber etwas Whisky mit Sekt? Sie überbringen mir die besten Neuigkeiten, die ich heute gehört habe!"

C. „Danke, Sir; aber ich meine es ernst mit –"

B. „Natürlich, natürlich meinen Sie es ernst, und ich hätte Sie und Ihr Regiment gerne so lange hier gelassen, wie Sie wollten – je länger, desto besser. Nur werde ich wahrscheinlich vorher den Befehl erhalten, mit meiner gesamten Streitmacht loszuziehen." Bei Tagesanbruch befürchte ich, dass auch Ihre „Räuber" umziehen müssen, ob sie tot sind oder nicht."

C. „Aber ich versichere Ihnen, Sir –"

B. „Es besteht keine Notwendigkeit, mir irgendetwas zu versichern, Oberst. Ich vertraue voll und ganz darauf, dass Sie den Zustand der Ineffizienz in Ihrem Regiment kennen. Ich möchte Sie nur bitten, in Zukunft daran zu denken, dass ich der Richter über die Fähigkeiten bin." der Bewegung der Einheiten, aus denen sich diese Kolumne zusammensetzt. Aber lassen Sie uns die Aussichten auf Frieden oder ein anderes, weniger abstruses Thema als die Mount Nelson Light Horse besprechen. In der Zwischenzeit, Oberst, um zu betonen, was ich gesagt habe: Mein Geheimdienstoffizier hat Befehle Er soll zu den Farmen da drüben gehen, um zu sehen, ob er geeignete Führer finden kann. Ich habe ihm befohlen, eine Truppe Ihrer Männer mitzunehmen . Er wird in fünfzehn Minuten beginnen. Wollen Sie nicht für Ihren Drink bleiben?" (Der Löwe mit dem Schlapphut wurde auf das Lamm reduziert; er salutierte und entfernte sich, während der Brigadier seine Teetasse auffüllte.)

Brigademajor. „Das entspricht ungefähr seiner Größe, Sir. Er hat mir auf meinem Marsch von der Hanover Road mehr Ärger bereitet als der gesamte Lastwagen, einschließlich der Ochsenwagen."

B. „Ich kenne sie. Ich kannte den Charakter dieses Mannes anhand der Neigung seines Hutes und des Schnitts seiner Hosen. Er wird sich wahrscheinlich als guter Draufgänger erweisen, wenn er an seinem Platz bleibt. Aber er kam hierher, um die Autorität mit mir zu teilen, und Nur ein Mann kann diesen Schwarm befehlen, und nur ein Mann wird es tun. Diese Kerle, wenn man es zulässt, werden immer frech, sobald sie Straußenfedern in ihre Hüte stecken. Die Federn sind ihnen willkommen, aber sie müssen sie fallen lassen Soße. Machen Sie also weiter, Herr Geheimdienst, und sorgen Sie dafür, dass Sie diese Truppe pünktlich bringen. Es macht mir nichts aus, wenn Sie sie verlieren; aber Sie müssen irgendwann heute Abend selbst zurück sein. Ich möchte einen zuverlässigen Führer, der mich überallhin bringt in einem Umkreis von zwanzig Meilen, und alle Informationen, die Sie nebenbei erhalten können. Wenn wir noch länger hier bleiben, werden wir zu einem Nachtangriff hereingelassen, und zwar zu einem Nachtangriff mit einer Truppe der Stadtwache wie meiner Neuzugänge sind zu vermeiden."

Der Geheimdienstoffizier machte sich auf die Suche nach dem Tiger und ließ sein Pferd satteln. Er war sofort zu seinen rechtmäßigen Pflichten zurückgekehrt und bereute es nicht, dass der Brigadier ihn zu dieser besonderen Aufgabe abkommandiert hatte, obwohl er das Gefühl hatte, dass seine Mission eher als eine Lektion für den Oberst der Mount Nelson Light Horse gedacht war, denn als eine Art Mission notwendige Vorsichtsmaßnahme für die Sicherheit des Lagers. Doch es dauerte gewaltig lange, bis die Truppe aufmarschierte, und als schließlich zwanzig Mann beritten waren, wirkten sie fast wie eine Gruppe von Verbrechern, die kurz davor standen, auf das Schafott getrieben zu werden. Der Tiger flüsterte dem Geheimdienstoffizier zu: „Wir müssen mit diesen Kerlen vorsichtig sein. Wenn wir nicht hier wären, würden sie mit beiden Händen über dem Kopf aus dem Lager marschieren. Sie sind die Klasse von Männern, die in Panik geraten." bei einem Staubteufel und ergebe dich vor dem ersten Hahnenstrauss, den sie treffen!"

Das war vielleicht übertrieben. Es gab einige gute Männer im Korps, Männer, die in den ersten Tagen des Feldzugs gut gekämpft hatten. Aber es gab nur wenige davon, und wie die Ereignisse zeigten, reichte die nötige Ausdauer nicht aus, um das Ganze durchzusäuern.

Die Höfe, die der Brigadier angegeben hatte, lagen am Fuße eines Felsvorsprungs, der nördlich von Minie Kloof in die Steppe hineinragte. Sie waren nur fünf Meilen vom Lager entfernt. Aber diese fünf Meilen erwiesen sich als zu viel für die Eskorte. Ob es körperliche Schwäche oder beginnende Meuterei war, spielt keine Rolle. Die Männer krochen einfach weiter. Das Vorankommen war so langsam, dass der Geheimdienstoffizier, der befürchtete, überrumpelt zu werden, vier der besser Berittenen aus der Truppe auswählte und zu seinem Ziel vordrang, wobei er es der Eskorte überließ, in dem Tempo zu folgen, das sie für bequem hielten. Die erste Farm lag in einem kleinen Hügel direkt am Hang, und die Annäherung war so verdeckt, dass die kleine Kundschaftergruppe bis auf zweihundert Meter an die weiß getünchte Front heranritt, ohne sich zu erklären, wie sie dachten. Eine Erhebung im Boden und ein Hügel boten dem Tiger alle Deckung, die er für notwendig hielt, und er schlug vor, die vier Soldaten auf einen Donga zu schicken, der es ihnen ermöglichen würde, die Rückseite eines zweiten Hügels zu erklimmen, der die Farm überblickte er selbst ging vorwärts, geschützt durch das Gewehr des Geheimdienstoffiziers von ihrer jetzigen Position aus. Der Geheimdienstoffizier stimmte dem ersten Teil des Plans zu, kehrte jedoch die Reihenfolge der zweiten Vereinbarung um. Nachdem er gesehen hatte, wie die Soldaten unterwegs waren, verließ er den Tiger, um den Vormarsch zu decken, und ritt gemächlich zur Farm. Es war eine ganz gewöhnliche Farm – nicht ebenerdig, sondern auf einem Ziegelsockel wie ein Indianerbungalow. Eine große feierliche Stille herrschte über der ganzen Schlucht, keine lebende Menschenseele war zu sehen, und die Schritte des Pferdes klangen seltsam übertrieben, als der einsame Reiter sich der Veranda näherte. Plötzlich regte sich ein Hund, trottete hinaus ins Sonnenlicht und bellte wütend. Es störte die Bewohner des Hauses; Ein Mädchen öffnete hastig die obere Schwingtür, schaute hinaus und schloss dann die Tür mit einem Knall. Das war verdächtig, und der Geheimdienstoffizier ließ seine Hand auf die Holzhülse der Mauser-Pistole fallen, die an seinem Holster befestigt war. Sein Daumen drückte auf den Verschluss, und er ließ die Pistole los, wobei er die Hand auf dem Schaft hielt. Dann wurde unter seinem Ruf „ *Wie dar!* " der obere Teil der Tür erneut vorsichtig geöffnet. Das gleiche Gesicht erschien, das eines runden, blauäugigen holländischen Mädchens. Sie richtete ihren teilnahmslosen Blick auf den Besucher, der zu Beginn des Gesprächs seine begrenzten Kenntnisse der Umgangssprache so weit strapazierte, dass er um etwas Milch bat.

"Milch!" Das Mädchen antwortete in passablem Englisch. „Ja, ich werde dir Milch besorgen. Warte nur!"

Es schien lange zu dauern, bis sie die Milch gefunden hatte, und der Geheimdienstoffizier begann, die Situation bedrückend zu empfinden. Am liebsten hätte er den Kopf gedreht, um zu sehen, ob es Anzeichen dafür gab, dass seine Soldaten auf dem Hügel über ihm in Position waren. Aber er hatte dieses unbeschreibliche Gefühl, das einem Mann oft den Glauben einflößt, dass jede seiner Bewegungen von unsichtbaren Augen beobachtet wird.

Diejenigen unter Ihnen, die schon einmal zu Fuß auf Tiger geschossen haben, werden die Natur dieses Sinnes leicht zu schätzen wissen. Doch obwohl er durch die offene Tür spähte, konnten seine Augen keine Bewegung erkennen und seine Ohren kein belastendes Geräusch wahrnehmen. Bald darauf kam das Mädchen mit einem Glas Milch auf einem Tablett zurück. Sie öffnete die untere Hälfte der Tür und trat bescheiden an den Rand der Veranda. Der Geheimdienstoffizier streckte seine Hand aus, um das Glas entgegenzunehmen, als das Mädchen einen Moment später ihren Ellbogen senkte und ihm den Inhalt des Glases voll ins Gesicht schüttete.

"Hände hoch!" in lärmenden Tönen aus der Tür; und durch einen weißen Milchnebel hatte der Engländer eine Vision von der geschäftlichen Spitze zweier Gewehre, die auf kurze Distanz auf ihn gerichtet waren und von raubärtigen Kunden gehalten wurden, und von einem weißgesichtigen Mädchen, das vor Lachen zuckte. Die ernüchternde Wirkung des Metallhalses eines Gewehrs, das nur wenige Zentimeter von Ihrer Brust entfernt ist, ist beträchtlich, und der Geheimdienstoffizier war ein gefangener Mann. Aber nur für einen Moment. Etwas schwirrte an seinem Ohr vorbei und ein großer Stern erschien im weiß getünchten Putz, nur einen Fuß über den Köpfen der Holländer. Der Tiger hatte sich der Situation gestellt. Das Lachen des Mädchens verstummte, die beiden Männer duckten sich und gingen instinktiv zur Tür. Der Geheimdienstoffizier hatte eine Achtelsekunde Zeit, um sich zu entscheiden. Um wirklich sensationell zu sein, hätte er die Bürger mit seiner Mauser decken sollen; Aber er war praktischer veranlagt, und als die Männer ihren Gleichmut wiedergefunden hatten, galoppierte er, so schnell sein Pony konnte, mit den Beinen auf den Boden zurück zu dem Hügel, wo der Tiger versteckt lag. Dann wurde ihm klar, wie groß das Hornissennest war, in das er geraten war. Rechts und links von ihm krachten Gewehre, wie Peitschenhiebe in einem Viehlauf. Aber es ist schwer, einen sich bewegenden Körper zu treffen. Viele, die an der Schlacht von Omdurman teilgenommen haben, werden sich daran erinnern, wie ein einzelner Emir auf einem Vogelscheuchenpferd unversehrt entlang der gesamten Länge der britischen Division galoppierte, die um den Stützpunkt von Jebel Surgham vorrückte, obwohl jeder Mann in der Schusslinie sein Bestes gab um ihn zu Fall zu bringen. In ähnlicher Weise trotzte der Geheimdienstoffizier dem Spießrutenlauf und erreichte ohne Schaden die vorübergehende Sicherheit rund um den Fuß des Tigerhügels. Es gab keine Zeit zu verlieren. Der Tiger saß schon auf seinem Pferd und stieg auf, fast bevor sein Offizier merkte, dass er in Sicherheit war.

Tiger. „Kommen Sie mit, Sir; es war knapp, aber wir haben gerade noch Zeit, wenn wir darauf galoppieren!"

Geheimdienstoffizier. „Aber die flankierende Partei; wir dürfen sie nicht im Stich lassen!"

T. „Wir können ihnen nichts Gutes tun. Sie müssen ihre Chance nutzen – um Himmels Willen, Galopp, Sir!"

Der Tiger sagte tatsächlich die Wahrheit; es war eine knappe Sache. Sie hatten noch keine hundert Meter Abstand zwischen sich und dem Hügel, als abgestiegene Feinde oben waren und der Boden um die Flüchtlinge herum kleine Staubwolken aufwirbelte, als die Kugeln einschlugen.

Sie hatten Glück und nach gefährlichen drei Minuten waren sie außer unmittelbarer Gefahr, als das Knallen von Gewehren auf der Anhöhe vor ihnen bewies, dass der Offizier, der die Unterstützungstruppe leitete, der Situation gewachsen war. Wenn er ein besserer Soldat gewesen wäre, hätte er sich vielleicht bedeckt gehalten und den Flüchtlingen erlaubt, ihre Verfolger in ihren eigenen Untergang zu locken. Aber das war dem jungen Mann, der kürzlich den Stößel und Mörser einer Apotheke gegen das Schwert eines berittenen Infanterieführers eingetauscht hatte, nicht in den Sinn gekommen, und er tat sein Bestes, und zwar auf eine entsprechend aufgeregte Art und Weise.

Die Geschichte des Tigers war interessant. „Gerade als Sie auf der Farm anhielten, Sir, erblickte ich das Glitzern eines Gewehrs auf der Spitze des Hügels, zu dessen Besetzung wir die Soldaten geschickt hatten. Da ich wusste, dass es nicht unsere eigenen Männer sein konnten, sagte ich sofort Mir wurde klar, dass uns das bevorstand. Sie hatten uns kommen sehen. Ich wusste, dass es sich bei den Soldaten um verlorene Männer handelte – die Buren ließen sie das Kopje hinaufstolpern, und als sie oben ankamen, völlig erschöpft und nutzlos, entwaffneten sie sie von außen Ich feuerte einen Schuss ab. Jetzt hing alles davon ab, dass ich unbemerkt blieb. Es war unmöglich, Sie zu warnen, ohne mein Gewehr abzufeuern, also schaute ich mich um, um zu sehen, ob ich verfolgt wurde. Ich konnte niemanden auf meiner Spur sehen, also ich lag einfach still und wartete auf die Entwicklung im Bauernhaus. Ich sah, wie das Mädchen die Milch wegwarf, und rechnete dann aus, dass ein Schuss zwischen dir und den Männern sie für einen Moment so aus der Fassung bringen würde, dass du entkommen könntest.

„Sobald man sich umdrehte, war das Fett im Feuer, und ich stellte fest, dass sie überall für uns bereitstanden. Es war eine Gnade, dass sie mich nie entdeckten, bevor ich feuerte. Ich nehme an, sie kamen zu dem Schluss, dass fünf mit der Flanke gingen." statt nur vier. Jedenfalls müssen es ziemlich dreißig von ihnen gewesen sein, und wir wissen jetzt, dass sie da sind.

„Na, junger Kerl!" sagte der Brigadier, als der Geheimdienstoffizier sich meldete: „Worum ging es bei all den Schießereien?"

Er hörte sich die Geschichte an und blieb einen Moment nachdenklich. Dann überreichte er dem Geheimdienstoffizier eine Nachricht, die wie folgt lautete:

„Von De Wet Expert, Hopetown, bis OC New Cavalry Brigade, Prieska oder Umgebung.

„De Wet war letzte Nacht in Strydenburg. Wiederholen Sie bis", &c.

Brigadegeneral. "Was halten Sie davon?"

Geheimdienstoffizier. „Wir haben eine große Sache verloren. Aber sind wir heute Abend vielleicht nicht in der richtigen Position? Mir kommt es so vor, als wäre ich direkt mit dem Kopf in sie gefahren."

B. „Ich fürchte, nicht. Wir haben gerade den ‚Ablenkungsmanöver' nachgebessert; aber, toller Schotte! Was für eine Chance wurde mir genommen. Argumentieren Sie. Wägen Sie die Wahrscheinlichkeiten ab. Das ist es, was ich daraus mache." Hertzog trat bei De Wet gestern Abend in Strydenburg. Hertzog gesellte sich zu ihm mit der Information, dass drei Kolonnen über Minie Kloof aus Britstown herausgezogen seien. Drei Kolonnen wären für De Wet in seinem heruntergekommenen Zustand zu viel; deshalb hat er gerade eine Patrouille losgeschickt um uns zu beobachten, während er anderswo zugeschlagen hat. Wenn er immer noch die Absicht hat, nach Süden zu gehen, wird er zwischen Britstown und De Aar passieren. Aber ich bezweifle, dass er den Küstentrick versucht. Wenn ich ihn kenne, wird er auf seinem ursprünglichen Weg zurückkehren Linie. Er ist ein schlauer alter Fuchs. Sie können Ihr ganzes Vermögen darauf wetten, dass Sie in seine Beobachtungspatrouille geraten sind und dass wir die beste Chance des ganzen Krieges einfach durch die Eigenheiten eines dummen alten Mannes verloren haben. Ich werde mich nicht darum kümmern über deine Freunde heute Abend mehr!"

Eine Stunde nach Einbruch der Dunkelheit taumelten vier erbärmliche Objekte, völlig nackt bis auf ihre Westen und mit Kitt um die Füße gebunden, um ihre Stiefel zu ersetzen, ins Lager. Es handelte sich um die vier Soldaten der Mount Nelson Light Horse, die den Geheimdienstoffizier flankiert hatten. Wie der Tiger vermutet hatte, waren sie den Buren oben auf dem Hügel eine leichte Beute geworden. Diese hatten ihnen alle Kleider ausgezogen und sie, nachdem sie sie ein paar Stunden lang in einem Donga zusammengetrieben hatten, mit den besten Komplimenten des Kommandanten Vermaas zurück ins Lager geschickt. Sie sollten ihrem General mitteilen, dass De Wet in dieser Nacht in Britstown sein würde und dass er an diesem Nachmittag mit seiner gesamten Streitmacht innerhalb von vier Meilen an unserem Lager vorbeigekommen sei.

„Damit ist es erledigt“, sagte der Brigadier. „Sie hätten das nicht getan, wenn De Wet wirklich nach Britstown gegangen wäre. Glauben Sie mir, er ist nach Norden gegangen.“

Die Worte waren noch auf den Lippen des Brigadiers, als ein Eingeborener mit einer verschlüsselten Nachricht des Generals hereinkam. Es lautete wie folgt:

„Zuverlässige Informationen deuten darauf hin, dass sich De Wet in Strydenburg befindet. Konzentrieren Sie sich bis morgen Mittag mit mir dort. Ich werde die Zwingelspan-Straße nehmen, die mich in die Hügel nördlich von Strydenburg führt. Sie nehmen die Kalk Kraal-Grootpan-Straße, und installieren Sie sich auf Tafelkop, südlich der Stadt. Sorgen Sie dafür, dass Ihre Waffen bis Mittag in Position sind. Versuchen Sie nicht, eine visuelle Kommunikation mit mir herzustellen. Ein solcher Kurs könnte dem Feind Informationen über unsere Bewegungen geben. Senden Sie eine Quittung darüber Nachricht an Zwingelspan, damit sie spätestens morgen um 10 Uhr eintrifft. Unterzeichnet: „N———, Stabschef. *PS:* Ich fürchte, dass De Wet Ihren Konvoi mitgenommen hat.“

Brigadegeneral. „Gab es jemals eine schlimmere Gräueltat als diese? Wenn er nur Manns genug gewesen wäre, dies vierundzwanzig Stunden früher zu tun, als ich ihn dazu anflehte, wäre er damit vielleicht der größte Held des Krieges gewesen. Aber Hier, Onkel Baker (zum Brigademajor), schicken Sie einfach diesen frechen Kerl, der die Radfahrer der Mount Nelson Light Horse kommandiert, und sagen Sie ihm, dass er und seine Radfahrer sich bis 10 Uhr morgens nach Strydenburg durchkämpfen müssen -morgen. Sagen Sie ihm, wenn er morgen vor 10 Uhr morgens eine Nachricht nach Pretoria bekommt, ist das so gut wie ein DSO für ihn. Sagen Sie ihm, er muss bereit sein, wie er zu kämpfen, aber erschrecken Sie ihn nicht auch Vieles: Erzählen Sie ihm nur so viel, dass er sich ständig umschaut, sonst wird seine Bande vom ersten Bürger, den sie treffen, im Detail gefangen genommen. Er kann anfangen, wann er will. Wenn ich K. zuerst eine Nachricht zukommen lassen kann, wird es klappen. Egal, wie sehr ich danach meutere!“

FUSSNOTEN:

[31] Major (jetzt Oberstleutnant) Bogle-Smith.

IX.
ZU EINEM NEUEN COVERT!

Die Radfahrer der Mount Nelson Light Horse trudelten mutig aus dem Lager. Sie hatten Kapstadt zu 100 Mann verlassen. Die Fahrt von Hanover Road nach Britstown hatte ihre Zahl um fünfzig Prozent reduziert. Die knapp fünfzig, die noch bei der Brigade waren, waren das Überleben der Stärksten nach einer Woche Regen in Hannover und einer weiteren Woche voller Kämpfe mit knöcheltiefen Karoo-Strecken im Staub. Aber die Männer versuchten, etwas von vorne zu zeigen, als sie aus dem Lager radelten. Ihr Kapitän war ein Enthusiast. Er hatte jedoch nur dürftiges Material, in das er seinen Enthusiasmus einfließen lassen konnte; und zu jeder Zeit sind südafrikanische Straßen für Straßenarbeiter, die an einen Schotterbelag gewöhnt sind, genauso demoralisierend wie das geröllige Bett eines Baches für eine Zugmaschine. Dieselben Radfahrer waren die Männer, die bis zu den Picquetberg-Pässen gefahren waren, als zehn Männer und ein Junge Kapstadt mit einer Invasion drohten; und die Erinnerung an die Welle militärischen Enthusiasmus, die den großen Seehafen von Greenpoint bis Simon's Town erschütterte, war ihnen immer noch etwas wert, als sie übergewichtig mit der Karoo zu kämpfen hatten.

„Sie glauben es vielleicht nicht", sagte der Brigadier, während er mit dem Hammelfleisch kämpfte, das das Grundnahrungsmittel des Frühstückstisches in der Steppe ist, „aber ich mache mir Sorgen um diese Kerle, – d – d, besorgt. Aber es ist so." Es nützt nichts, Radfahrer zu haben, wenn sie nur im Lager herumlungern. Ich benutze sie ganz im Sinne eines unerfahrenen Pyramidenspielers, der zu Beginn eines Spiels die Bälle aufteilt. Ich vertraue darauf, dass aus der Menge nur einer nach Hause kommt. Der Kapitän ist ein herzlicher Kerl und wird sich wahrscheinlich auf den Weg nach Strydenburg machen; aber er ist so ziemlich der Einzige, auf den es sich zu wetten lohnt. Es würde mir leid tun, ihn zu verlieren, denn ich mag Enthusiasten; aber was seine Bande betrifft, Ich würde das Los gerne „Bruder" schenken. Ich hatte ein paar Radfahrer auf dem Calvinia-Weg. Ich fand, dass sie auf einem Gefälle ein Schrecken waren, aber wenn es bergauf ging, bereiteten sie „Bruder" jede Menge Spaß. Um im Krieg von Nutzen zu sein, musste der Radfahrer Straßen und Straßen haben Glück, sonst ist er als Pfadfinder oder Bote wertlos. Für Faddisten ist es völlig in Ordnung, ihnen eine Zukunft zu prophezeien. Ich sehe ihnen gerne dabei zu, wie sie ihre eigene Rettung erarbeiten: Bilder von abgestiegenen Radfahrern hinter Stapeln von Fahrrädern, die darauf vorbereitet sind, Kavallerie aufzunehmen Erfülle mich mit Freude. Ich mag es, die Freude der Kavallerie vorwegzunehmen, die sie gezwungen hat, an einem ungünstigen Ort zum Kampf abzusteigen, und sie dann, während sie ihre Maschinen als *Chevaux de*

Frise verdoppelt, aus der Deckung eines erschießt Heuhaufen auf tausend Meter Entfernung.

Brigademajor. „Aber sicherlich, Sir, es muss doch eine gewisse Verwendung von Fahrrädern für militärische Zwecke geben. Die Franzosen verwenden sie zum Beispiel fast ausschließlich zum Übertragen von Nachrichten bei ihren Manövern!"

Brigadegeneral. „Das stimmt. Aber in Frankreich gibt es auch Straßen. Allerdings gibt es auch bei den besten Straßen eine Grenze für ihren Nutzen. Hinter einer Armee sind sie ausgezeichnet; vor einer Armee ist ihr Wert immer noch problematisch. Sogar unten in Calvinia In einer Zeit, in der Bürger rar waren und die Hauptstraßen fair waren, überbrachten sie selten eine Botschaft so sicher und schnell wie ein berittener Kaffer. Sie sind rundherum aus anderen Gründen als den Gefahren des Krieges verwundbar. Maschinen verwundbar, Menschen verwundbar und in einem Land wie diesem Hier, wo die Straßen nicht durch Hecken verdeckt sind, stellen sie eine Art „laufendes Reh" für jeden Burgher-Beobachtungsposten dar, und soweit ich das beurteilen kann, ist auf jedem Kopje ein Beobachtungsposten zu finden!" ...

Aus dem oben Gesagten geht hervor, dass der Brigadier nicht die Absicht hatte, die ihm vorgeschlagene wilde Gänsejagd zu unternehmen. Das Schreiben, das er an Strydenburg geschickt hatte, war geschickt konstruiert worden. Darin hieß es: „Lokale Informationen deuten darauf hin, dass die Eindringlinge nach Norden zurückgekehrt sind, offensichtlich mit dem Ziel, den Oranje-Fluss erneut zu überqueren. Ich bewege mich mit aller gebotenen Schnelligkeit nach Hopetown. Ich hatte letzte Nacht Kontakt zu vereinzelten Feindgruppen. Habe." gerade genug Vorräte, um mich nach Hopetown zu bringen. Die Nachricht war an Chief Pretoria gerichtet und wurde an den Generalleutnant weitergeleitet, der die Operationen zur Unterdrückung der Invasion befehligte. Da man wusste, dass die Radfahrer in Strydenburg leer ausgehen könnten, wurde von einem Kaffern eine zweite Kopie der Nachricht geschickt, die im Telegraphenbüro in Britstown abgegeben werden sollte. Wie sich herausstellte, war es das Telegramm der Radfahrer, das wie beabsichtigt den Apfelkarren umkippte, den der General anschließend über die liegende Gestalt des Brigadiers zu fahren versuchte. Im strengen Wortlaut des Militärgesetzes, das in so vielen Fällen individuelle Initiative und gesundes Urteilsvermögen untergeordnet hat, war das Vorgehen des Brigadiers nicht zu rechtfertigen. Aber tatsächlich war die Meuterei nicht so schrecklich, wie es zunächst scheint. Abgesehen von der Frage des gesunden Menschenverstandes, die Offiziere in höheren Kommandos bei der Annahme von Befehlen eines Vorgesetzten leiten sollte, sollte man bedenken, dass der Brigadier lediglich angewiesen worden war, mit dem Offizier zusammenzuarbeiten, der nun die Position des

Oberbefehlshabers übernommen hatte Befehl. Lord Kitchener selbst hatte dem Brigadier bei dem Treffen auf der De-Aar-Plattform einen Wanderauftrag gegeben, der nur durch Befehle von Pretoria und dem Generalleutnant in De Aar kontrolliert werden durfte. Folglich ärgerte er sich über die Behinderung seiner freien Handlung durch einen Senior, dessen einziges Ziel offenbar der Wunsch war, ihn und seine Truppe so eng wie möglich zu umarmen, um sich vor eingebildeten Gefahren zu schützen. Der Brigadier, der in jeder Hinsicht ein ebenso fähiger Soldat war wie jeder andere in Südafrika, hatte nicht achtzehn Monate damit verbracht, Buren zu folgen oder von ihnen verfolgt zu werden, ohne zu einer sehr klugen Einschätzung ihrer Taktik zu gelangen. Die Überlieferung der Verfolgungsjagd, an der er beteiligt war, deutete, wie er sie las, auf einen Rückzug der Hauptmacht der Eindringlinge in Richtung des Oranje-Flusses hin; und nachdem er seine Vorstellung von der Situation mit seinem Gewissen in Einklang gebracht hatte, kam er zu dem Schluss, dass der nützlichste Schritt, den er machen konnte, darin bestand, sich und seine Brigade auf der Eisenbahn bei Hopetown zu stationieren. Und so schickte die Neue Kavallerie-Brigade die Radfahrer los, um das Land Strydenburg auszukundschaften, und marschierte in drei parallelen Kolonnen um das östliche Ende des Beer Vlei herum und schlug mit dem Rücken ihrer Nachhut nach Nordosten vor die Karoo für immer.

„Wie wäre es mit Zwingelspan?" fragte der Brigademajor und erinnerte sich an die schriftlichen Anweisungen im Schreiben des Generals.

„Lass es krachen", war die lakonische Antwort des Brigadiers. „Mit dieser Menge von Vermaas, die herumlungert, werde ich keine anderen Patrouillen als Radfahrer riskieren, und ich werde ganz bestimmt nicht mit Gewalt vorrücken!" Dies war endgültig, und die erweiterte Front der Brigade breitete sich über die Steppe aus und streckte ihre Fühler aus wie die Tentakel eines langsam kriechenden Monsters. Es schlängelte sich durch Hochland und Tiefland, durchstöberte die abgelegenen Gehöfte und pflügte durch Schluchten und Maisfelder. Aber obwohl wildes Geflügel schnatternd aufstand und bitter schimpfend die Kundschafter umkreiste, obwohl Springböcke gemächlich von der Spitze jeder einzelnen Kolonne davontrotteten, obwohl mürrische Mädchen und gaffende Kaffern unter den Dachvorsprüngen der Gehöfte hervorlugten, war kein Anzeichen von Feindseligkeit zu erkennen in diesem ganzen Leben zu finden. Es war wieder die gleiche alte eintönige Plackerei der Steppe. Dieselbe gnadenlose Sonne, dieselbe saftlose und ausgedörrte Umgebung. Im Laufe des Tages sehnten sich die Männer nach dem Knall eines Gewehrs, um die Last der Monotonie zu lindern. Auch das Land wurde hügeliger, und aus Angst, dass er im Detail angegriffen werden könnte, reduzierte der Brigadier seine Front, bis sich die Brigade um vier Uhr nachmittags praktisch konzentriert hatte. Dann traf die

Vorhut auf eine große weiße Straße, knöcheltief im Staub. Dieser Steppenweg war in seiner Ausrichtung so starr, dass man ihn für einen Moment für eine Schlagbaumstraße hätte halten können, die in dekadenten Tagen versunken war. Aber das Lokalkolorit seiner Umgebung ließ den Vergleich nicht zu, und der Grund für seine Lage zeichnete sich dürftig in der Mitte ab. Ein großes, weiß getünchtes Gebäude, das seltsamerweise von einer ganzen Reihe von Bäumen überschattet wurde, was ihm ein Aussehen verlieh, das dem ersten Versuch eines bengalischen Kaufmanns nicht unähnlich war, einen Landsitz zu erobern, wenn der Erfolg im Handel ihn unabdingbar macht sollte die Umstände seiner Wohnung verbessern. Obwohl das allgemeine Erscheinungsbild der Farm zunächst abschreckend wirkte, zeigte sie bei näherer Betrachtung mehrere Eigenschaften, die für den Soldaten wertvoll sind. Ein junges *Sperrwerk*, das den Entwässerungshang in einer Senke verschloss, bildete eine künstliche Wasserpfanne von beträchtlichen Ausmaßen. Ein Paar Windmühlen mit Zinkantrieb betrieben zwei artesische Brunnen mit solchem Erfolg, dass reinstes Trinkwasser im Überfluss vorhanden war; und das Ergebnis all dieser Feuchtigkeit war der Versuch eines Rasens, der einem einzelnen Mann der Brigade am nächsten kam, und zwar in der gesamten Länge und Breite Südafrikas außerhalb von Kapstadt und seinen Vororten. Ein großer Haufen Futter erhöhte die militärischen Stärken des Ortes, und der Brigadier blickte nur auf das Wasser und den Rasen und sagte: „Ein Land, in dem Milch und Honig fließen – hier werde ich campen. Ich konnte nicht widerstehen." Ich würde an einem solchen Ort campen, selbst wenn ich den alten Mann De Wet einen Furlong von zu Hause entfernt totgeschlagen hätte!" Und es war tatsächlich ein bezaubernder Ort für den von der Karoo getragenen Krieger. Nur eine dieser entzückenden Oasen, die es zwar gibt, in der Kapkolonie aber nicht im Überfluss vorhanden sind. Auf ihnen stehen die besten und ältesten Höfe, denn als die Vorfahren der jetzigen Besitzer sie zum ersten Mal trafen, mussten sie nicht weiter in die Ferne gehen, um nach einem wünschenswerten Ankerplatz zu suchen. Wenn es mehr dieser beneidenswerten Orte gegeben hätte, hätte selbst die Barbarei der britischen Herrschaft die *Voortrekker nicht* in eine Massenauswanderung über das seifige Wasser des Oranje getrieben .

Nach den üblichen Sorgen bei der Eingewöhnung ins Lager – Maultiertreiber, die Tiere zum Wasser im Trinkreservat führen, und kommandierende Offiziere, die sich unliebsam machen – hatte man Zeit, seine Aufmerksamkeit den Bewohnern des Herrenhauses am Straßenrand zuzuwenden. Der große, weißgetünchte Bungalow schien voller Bewohner zu sein. Der Geheimdienstoffizier ging seinem Geschäft mit der Miene eines Experten nach, und zwei Minuten später standen der Oberhaupt des Hauses, ein schönes altes Exemplar des patriarchalischen Buren, und sein Sohn, ein armer Kerl, vor ihm in der Hand, während Frauen jeden Alters und jeder

Kostümfülle aus jeder passenden Nische im Hintergrund lugten. Die allgemeine Haltung des Haushalts war von Demut geprägt, im Gegensatz zu dem üblichen Empfang, den die Kolonne auf den meisten Karoo-Farmen erfahren hatte. Und plötzlich wurde der Grund für die Ehrerbietung offensichtlich. Die gaffenden Kinder im Haupteingang wurden beiseite geschoben und eine Frau von prächtigen Proportionen drängte sich zwischen die beiden bescheidenen Männer. Der alte Mann murmelte etwas über seine Schwiegertochter, während sein unreifer Sohn, wenn möglich, verlegener aussah als zunächst. Der Geheimdienstoffizier seinerseits konnte seine Miene kaum bewahren. Die Dame hatte ihr Bestes gegeben. Ihre üppige Gestalt war in die raschelnden Falten eines prächtigen Seidenkleides gehüllt, das offensichtlich aus der Zeit stammte, als es noch Krinolinen gab. Ihr Haar, das die Schnelligkeit erkennen ließ, mit der es seinen jetzigen Glanz erhalten hatte, war irgendwo am Hals verknotet; Und da sie mit dem Schmuck der Natur nicht zufrieden war, hatte diese prähistorische Schönheit eine große weiße Straußenfeder in ihre gut gefetteten Locken gesteckt, die ihr auf Hals und Schulter herabhing. Der Geheimdienstoffizier verneigte sich tief, um seine Gefühle unter Kontrolle zu halten. Die Dame zögerte nicht, sich vorzustellen. Sie ließ einen Arm voll ihres Rocks fallen, der so voluminös war, dass er mit beiden Händen gehalten werden musste, und ergriff schlaff die Hand des Offiziers.

Frau. „Guten Morgen. Ich bin Frau Van Herden; das ist mein Mann [32] (*was auf den sanftmütigen Sohn des Hauses hinweist*). Wir freuen uns, Sie zu sehen. Möchten Sie einen Kaffee trinken?" (Und während sie sprach, erschien ein mikroskopisch kleines Kaffernmädchen mit dem unvermeidlichen Kaffee auf einem Tablett.)

Geheimdienstoffizier. „Vielen Dank, Madam, aber ich muss zuerst das Haus und die Nebengebäude durchsuchen."

F. „Das können Sie gerne tun. Wir sind vollkommen loyal. Haben Sie nicht gehört, was die Van Herdens in den Kaffernkriegen getan haben, und mein Großvater war Schotte?"

IO „Es ist nur eine Frage der Form, meine Dame. Jeder konnte sehen, dass Sie loyal waren!"

F. „Sind Sie ein General, Herr?"

IO „Nein; ich hätte es sein sollen, wenn ich meine Verdienste hätte; aber ich bin das Zweitbeste. Ich bin der Sekretär des Generals." (Daraufhin grunzte der alte Mann zustimmend, während der Chor der gaffenden Mägde hinter ihm zustimmend nickte.)

F. „Kann ich den General sehen, Herr Sekretär?"

IO „Das hängt von den Informationen ab, die Sie mir jetzt geben. Warum möchten Sie ihn sehen?“

F. „Meine Kinder haben noch nie einen englischen General gesehen; außerdem ist dies das erste Mal, dass die Engländer jemals im Haus waren; wir würden gerne ein Abendessen für den englischen General kochen!“

IO „Aber Ihre Kinder haben bürgerliche Generäle gesehen?“

F. „Oh ja, sie sind nichts. Wir hatten gestern Kommandant Brand hier!“

IO „Wann ist er gegangen?“

F. „Heute früh!“

IO „Welche Richtung ist er gegangen?“

F. „Er ging auf die Steppe hinaus; sie nahmen die Straße nach Strydenburg. Aber sie waren Free Stater; man kann nicht sagen, wohin sie gingen. Sie sagten uns Strydenburg und gingen dann woanders hin. Sie wussten, dass Sie es waren.“ schließen!"

IO „Wie viele Männer hatte er bei sich?“

F. „Nur ein paar. Es war ein kleines Pferdekommando, vielleicht zwanzig. Alles Free Stater!“

Der alte Patriarch, der in seiner Tasche herumgesucht hatte, holte nun einen Zettel hervor, den er dem Geheimdienstoffizier vorlegte. Auf dem Papier stand folgendes:

„ *OVS-Quittung für enteignetes Eigentum.*

„Genommen von Jan Van Herden aus Melk Kraal, Kapkolonie, zwei Säcke Mehl, 500 Bündel Haferfutter, zwei Maultiere, vier Schafe, für den Einsatz durch das OVS-Kommando.

„Diese Quittung ist bei Kriegsende der OVS-Regierung zur Rückzahlung vorzulegen.“

(Unterzeichnet) „ ADRIAN FISCHER ,
Korporal der OVS-Streitkräfte.

Datiert „ *Februar ——.*“

IO „Wer ist Fischer?“

F. „Er ist Brands Adjutant!“

IO „Ich dachte, dass Sie sagten, es seien nur etwa zwanzig im Kommando. Sie und ihre Pferde müssen hungrig gewesen sein, um vier Schafe und 500 Bündel Haferheu zu essen. Ich würde sagen, dass es mehr als fünfzig von ihnen gewesen sein müssen!"

F. „Das mag sein, wir haben sie nicht gezählt. Aber können wir den General zum Abendessen einladen?"

IO „Das kommt darauf an. Zuerst muss ich durch deine Räume gehen."

Der Geheimdienstoffizier ging, gefolgt von der ganzen Familie, durch die verschiedenen Zimmer, die im typischen holländischen Stil eingerichtet und gepolstert waren, bis sie am Ende des langen Hauses ankamen. Hier versperrte ihnen eine geschlossene Tür den Weg.

IO „Was ist da drin?"

F. „Nichts – es sind nur meine Tochter und ihr ‚Mann'; sie sind erst seit ein paar Tagen verheiratet, also haben wir sie getrennt leben lassen. (Wirft die Tür auf .) Sie können natürlich hineingehen. Wir sind Huren , wir haben nichts zu verbergen."

Der Geheimdienstoffizier betrat den Raum und fand einen überbärtigen jungen Mann und eine sehr zerzauste, rundliche junge Dame vor, die verlegen Hand in Hand saßen. Sie standen auf, als er eintrat, und starrten ihn ausdruckslos an. Der Mann war ein gemeines Exemplar des Holländers, groß und dünn, mit schmaler Brust und abfallenden Schultern. Ein aggressiver roter Bart für einen so jungen Menschen, der nach der bei den Sikhs vorherrschenden Mode nach hinten wächst. Eine elende, elende Kreatur, deren Zeigefinger zweifellos stark genug war, um den sieben Pfund schweren Zug eines Gewehrs zu bewältigen.

Der Blick des Geheimdienstoffiziers wanderte durch den Raum, der so leer war, dass selbst das asketischste Flitterwochenpaar zufrieden gewesen wäre. Ein halber Blick genügte, um ihm zu beweisen, dass die Frau die Wahrheit gesagt hatte, also drehte er sich zu den beiden um und warf dem Mann eine so scharfe Frage zu, dass er zusammenfuhr: „Kennen Sie den Weg nach Zwingelspan? " Der Mann erholte sich langsam und setzte dann jenen albernen Gesichtsausdruck auf, der ausnahmslos der Versuch des Niederländers ist, sich selbst zu schützen, wenn er von einer Frage in die Enge getrieben wird, die er nicht beantworten möchte. Doch seine frischgebackene Schwiegermutter war offensichtlich darauf bedacht, dass nichts passierte, was den Besucher verärgern könnte, denn sie beantwortete seine Frage selbst höflich. „Natürlich kennt er den Weg nach Zwingelspan. Er wohnt ja selbst dort!"

IO „Dann ist er genau der Mann, den ich will. (*Zu dem Mann*) Sie müssen mit mir zu meinem Karren gehen und dort warten, falls der General zwischen diesem und Mitternacht einen Führer nach Zwingelspan haben möchte."

Nachdem der Geheimdienstoffizier diese Rede gehalten hatte, herrschte in der gesamten Gruppe völliges Schweigen. Es schien, als hätte er versehentlich einen Plan durchkreuzt. Aber das Einzige, was ihm in diesem Moment auffiel, war, dass das blasse Gesicht der Braut, als sie schlaff vor ihm stand, eine Nuance blasser wurde und dass sich ihre großen blauen Augen mit Tränen füllten, die einen Moment lang auf ihren Wimpern standen dann lief es ihr über die Wangen. Wenn er, wie der Geheimdienstoffizier nur allzu leicht vermutete, eine ausgeklügelte List zum Schutz eines von Brands Sondergesandten vereitelt hatte, dann war das Mädchen eine versierte Schauspielerin; aber wenn sie, was möglicherweise der Fall war, in Erwartung der Gefahr für ihren Mann oder Liebhaber zum Weinen gebracht wurde, dann hatte sie einen Weg eingeschlagen, der ihrem Zweck am ehesten dienlich war, mit dem Mann, der sich zwischen sie und den Mann stellen wollte, den sie liebte . Es gibt nur wenige britische Offiziere, die angesichts des Vorwurfs einer stillen, weinenden Frau einer unangenehmen Aufgabe standhalten können.

IO (*mildert den autoritativen Ton seiner Rede*) „Sie brauchen nicht beunruhigt zu sein. Ich verspreche Ihnen, wir werden ihn nicht weiter als Zwingelspan bringen, selbst wenn wir ihn überhaupt dorthin bringen."

Weinende Braut. „Wenn du ihn nimmst, wie soll ich jemals wissen, was du mit ihm machen wirst? Du sagst hier, dass du nach Zwingelspan gehst; aber wir wissen, dass du nicht dorthin gehst. Du würdest es uns nicht sagen, wenn du es wärst. Außerdem die Die Briten waren heute Morgen in Zwingelspan, und Sie folgen den Buren.

F. „Oh, lassen Sie sie, Herr Sekretär, sie ist noch ein Kind und sie liebt ihren ‚Mann'." Sie hat Angst, dass du ihn mitnimmst und dass die Buren ihn mit dir fangen und ihn als Verräter behandeln!"

Der Geheimdienstoffizier führte den Mann hinaus, um ihn dem Tiger zu übergeben, als dieser von seiner „Schnüffelei" durch die Nebengebäude zurückkam. Obwohl ihm die tatsächliche Haltung der Bewohner der Farm nicht klar war, hatte er doch etwas herausgefunden, nämlich, dass den nächstgelegenen bewaffneten Bürgern mitgeteilt werden würde, dass die Kolonne nicht nach Zwingelspan unterwegs sei, sondern dass eine britische Truppe dies getan habe Ich war an diesem Morgen in Zwingelspan. Letzteres war wichtig, da die einzige Streitmacht, die an der Spitze hätte stehen können, die Hauptstreitmacht war, was bedeutete, dass der General seinen Vormarsch auf Strydenburg rechtzeitig abgeschlossen hatte, während die Neue Kavallerie-Brigade im Stelldichein gescheitert war.

Die Kommentare des Brigadiers zu den Geheimdienstvermutungen waren kurz und kurios. „Ganz richtig. Aber ich bin nicht hier, um De Wets Ablenkungsmanöver zusammenzukehren. Der alte Mann wird wahrscheinlich ein halbes Dutzend von Brands oder Vermaas' Männern treffen, wenn er Strydenburg erreicht, wenn meine Radfahrer sie nicht vertrieben haben. Wir Wenn wir heute Abend auf unserer Reise nach Norden den Pfad überqueren, stoßen wir vielleicht auf etwas Großes. Wie dem auch sei, wir werden jedes Mal die Befriedigung haben, zu wissen, dass wir das Spiel mitspielen. Und wenn das der Fall ist, werden wir uns von der alten dicken Frau einen kochen lassen heute Abend essen!" Der Brigadier, der De Wets Bewegungen mit absoluter Weitsicht eingeschätzt hatte, wusste natürlich nicht, dass der wieder aufgefüllte Plumer die Spur der Guerilla von Strydenburg aus aufgegriffen hatte und ihn in dem Moment, in dem die Neue Kavallerie-Brigade biwakierte, praktisch überrannte Sicht....

Alles in allem war es ein sehr lobenswertes Mahl, das die gute Dame von Melk Kraal für den Brigadier und seinen Stab zubereitete. Aber bei Anlässen wie diesem ist es Brauch, dass die Gastgeber an den Wänden des Speisesaals sitzen, während die Ehrengäste allein an einem Tisch in der Mitte essen. In diesem Fall standen die Damen und Kinder des Haushalts an den Wänden und nahmen aktiv an der Bedienung teil, die von ein paar Kaffernmädchen durchgeführt wurde. Es gab keine Kurse. Das gesamte Abendessen wurde auf einmal auf den Tisch gebracht und bestand aus gekochtem, in Stücke geschnittenem Hammelfleisch, das in einem fettigen Matsch schwamm; Geflügel, das so gekocht war, dass das Fleisch seine Widerstandsfähigkeit verloren hatte und zu bloßem Brei geworden war; ein Durcheinander aus ockerfarbenem gekochtem Kürbis, gekochten Mehlkolben [33] und gekochtem Kaffee mit der Konsistenz von Melassesirup. Tatsächlich kochte alles und kochte zu Tode. Eine Mahlzeit, die wirklich typisch für die Niederländer ist, die bei der Auswahl ihrer Speisen äußerst fleischfressend und viel zu leichtsinnig und faul sind, um Zeit und Mühe mit einer so alltäglichen Funktion wie dem Essen zu verschwenden. Es war das Mahl eines Volkes ohne Vorstellungskraft und künstlerischen Geschmack. Dennoch war es das Beste, was das Haus hervorbringen konnte; Und da die Gäste vorsichtshalber ihren eigenen Schnaps mitgebracht hatten, war es eine Abwechslung zu den Köstlichkeiten aus der Dose des modernen aktiven Serviceessens. Das Bankett endete mit einem kuriosen Vorfall. Der Geheimdienstoffizier hatte eine Flasche *Crême-de-Menthe in seiner Tasche mitgebracht* . Die Gastgeber wurden eingeladen, aus der Brandy-Flasche zu trinken, was sie mit der Freude von Experten in der Kunst des Spirituosentrinkens taten. Den Gastgeberinnen wurde Rücksicht auf ihr Geschlecht erwiesen und ihnen wurde die grüne Pfefferminzmischung angeboten. Von der Schüchternheit, die man in der Zivilisation des Westens findet, ist in der niederländischen Komposition wenig zu finden: Jede Dame des Haushalts nahm ihr Glas sittsam in Empfang, schüttete den Inhalt weg und goss es nach der Art holländischer Spirituosentrinker unanständig weit aus in den Mund. Die alte Frau schmatzte. „Aber es ist gut", sagte sie naiv, und dann nahm sie die Flasche vom Tisch, schüttete den gesamten Inhalt in ein Glas und leerte es mit einem Zug durch ihren geräumigen Hals.

Der Brigadier war der Situation gewachsen. Er hob sein Glas und sagte: „Madam, ich darf auf Ihre Gesundheit trinken und Ihnen für Ihre Gastfreundschaft danken." Madam lächelte mild, keineswegs beunruhigt über die Schwere des Tranks, den sie eingenommen hatte!...

Aber das fröhliche Feiern am Esstisch sollte bald durch die strenge Realität des Krieges ersetzt werden. Der Brigadier und sein Stab hatten sich kaum von ihrer glücklichen Gastgeberin verabschiedet und waren in ihr Biwak zurückgekehrt, als die Stimme eines müden und aufgeregten Mannes zu hören war, der nach dem Weg zum Hauptquartier rief. Es war der Kapitän der Radfahrer, die an diesem Morgen vor Tagesanbruch nach Strydenburg aufgebrochen waren. Das Gesicht des Mannes war ein Musterbeispiel, als er sich, nachdem er sich von seiner wie ein *Teuf-Teuf* klappernden Maschine gelöst hatte, in dem einsamen Zelt präsentierte, das während der Pausen als Hauptquartier der kleinen Kolonne als Wohn- und Schlafwohnung diente. Im schwachen Licht einer flackernden Kerze schien es, als wäre er in ein Laken gehüllt, so dick und weiß war die Staubkruste, die ihn von Kopf bis Fuß bedeckte. Er stolperte in das Messezelt, schwankte einen Moment, versuchte zu salutieren und ließ sich dann zusammen auf den Campingstuhl fallen, der ihm angeboten wurde.

Brigadegeneral. „Gib ihm etwas Brandy."

Nach einem langen Schluck aus der Brandy-Flasche erholte sich der kleine Kapitän der Radfahrer so weit, dass er über seine eigene Schwäche lächeln konnte.

Brigadegeneral. „Nun, hast du gestritten – wo ist deine Schwärmerei?"

Radfahrer-Kapitän. „Kämpfe – solche Kämpfe hat es in diesem Krieg noch nie gegeben, es war einfach blutig!"

B. „Blutlustig, mein Junge. Nun, bist du der letzte Überlebende? Du erinnerst mich eher an den letzten Mann aus der Fantasie des Dichters."

CC (*niedergeschlagen*) „Es war ein langer, trauriger und schrecklicher Tag. Harvey von Damant ist tödlich verwundet, und bei mir wurde ein Mann verwundet!"

B. „Du hast den Teufel. Ich dachte zumindest, dass du vernichtet worden sein müsstest. Wo ist dann der Rest von euch?"

CC „Verloren oder gefangen genommen, fürchte ich. Siebzehn wurden nacheinander auf dem Gipfel einer Anhöhe gefangen genommen. Ich kam nur knapp durch und hatte das Glück, dass es nur drei Buren auf dem Gipfel des Hügels gab."

B. (*unbekümmert*) „Schreckliches Abenteuer! Was für ein Glück, dass es nicht vier Buren gab! Aber erzählen Sie mir eine detaillierte Geschichte. Waren Sie in Strydenburg? Haben Sie einen der Mitarbeiter der anderen Kolonne gesehen?"

Das Folgende ist eine Paraphrase der Geschichte, die schließlich dem Radfahrer-Kapitän entlockt wurde: – Die Radfahrer, die auf den schweren Straßen mit einer Geschwindigkeit von etwa vier Stunden pro Stunde eine Panne hatten, hielten ein gleichmäßiges Tempo bei, bis sie etwa fünf Meilen von Strydenburg entfernt waren . Als sie hier eine steile Anhöhe hinaufgingen, gerieten sie etwas ins Stocken, und siebzehn wurden abwechselnd von drei Bürgern gefangen genommen, die sich in der Nek befanden, über die das Gefälle verlief. Der Hauptmann und fünf andere kamen alle gemeinsam herauf, und im Handgemenge gelang es ihm und drei seiner Männer, durchzukommen. Später wurden sie von Buren kurz vor Strydenburg beschossen, in die Stadt ritten sie gleichzeitig mit einer Vorhut von Damant's Guides. Die Buren, die, mit Ausnahme der Nachhut unter Vermaas, am Vortag abgereist waren und nach Norden gegangen waren, genau wie der Brigadier vermutet hatte, hatten das Telegraphenbüro zerstört, aber den örtlichen Betreiber, der ein Gerät versteckt hatte , indem er den kaputten Draht an einem Stück Gartenzaun befestigte, gelang es, nach De Aar durchzudringen, und eine halbe Stunde später wurde in Pretoria die Nachricht des Brigadiers „Freie Leitung" gesendet. Dies alles geschah drei Stunden bevor der kooperierende General die Stadt betrat. In der Zwischenzeit rückte die Vorhut von Damant's Guides vor, um die Tafelkop-Hügel außerhalb der Stadt zu besetzen, sobald sie hörte, dass die Neue Kavallerie-Brigade nicht unterwegs war. Harvey nahm die Radfahrer mit. Und sie lieferten sich einen sehr tapferen kleinen Kampf, in dem drei der Führer, obwohl sie schwer verwundet waren, die fünf Männer, die sie verwundet hatten, hielten und gefangen nahmen. Aufgrund seiner Blutgier konnte der Radfahrerkapitän den General erst spät am Tag finden. Dieser Offizier hatte eine Depesche parat, die er zu seinem eigenen Brigadier zurückbringen konnte. Die Rückfahrt verlief ohne weitere Zwischenfälle außer der extremen Müdigkeit, die nur der Kapitän hatte überwinden können: Der Rest seiner Radfahrer, wenn auch keine Gefangenen, lag ausgestreckt über der Steppe an solchen Stellen, an denen der Tod überhand genommen hatte ihre Maschinen.

Was nun in der Depesche stand, die der Radfahreroffizier mitgebracht hatte, ist dem Chronisten der Abenteuer dieser Brigade nicht bekannt. Aber es war offensichtlich nicht allzu freundlich formuliert, denn das Gesicht des Brigadiers zeigte Ärger, als er es las. Nachdem er es gelesen hatte, riss er es in sehr kleine Stücke und saß einen oder zwei Moment da und starrte unerschütterlich auf die Kerze.

„Ist etwas Ernstes, Sir?"

Brigadegeneral. „Nein, der alte Mann ist verärgert – sagt, dass mein Ungehorsam gegenüber seinen Befehlen dazu geführt hat, dass wir De Wet verloren haben. Dass er seine Hände von mir gewaschen hat und dass es nur noch bleibt, mich einer höheren Autorität zu melden. Um philosophisch zu sein , er hat einige Gründe für seine Verärgerung, wenn er wirklich glaubt, dass er De Wet jemals näher gestanden hat, als dieser Herr wollte. Aber in einem Streit mit Senioren bekommt man keine Gegenleistung – sie haben jedes Mal die Peitschenhand von einem; also hier , alter Mann Baker, holen Sie Ihren Stilus und Ihre Tafeln heraus und schreiben Sie Brigadebefehle auf. In zwei Stunden marschieren wir direkt nach Hopetown. Herr Geheimdienst, markieren Sie eine Route und denken Sie daran, einen guten Führer zu haben. In einer Nacht wie dieser wird alles davon abhängen auf deine Führung. Dies ist die Geschichte einer Transformationsszene, die häufig vorkommt, wenn Männer Krieg führen. Ein Lager, das um Mitternacht schwer und friedlich schläft, könnte in ein paar Stunden verschwunden sein und sich traurig im Dunkeln auf irgendeiner Unternehmungsreise abmühen ...

Der Geheimdienstoffizier hatte Grund, sich selbst zu gratulieren, dass er seinen Führer bereits vom Tiger am Ohr gehalten hatte, da es ein großes Unterfangen ist, Führer heraufzubeschwören, wenn man ihn erst eine Stunde vor Mitternacht ankündigt. Der Führer selbst war nicht besonders erfreut und ahmte jene Dummheit nach, die bei ähnlichen Gelegenheiten die niederländische Form des passiven Widerstands ist. Aber der Tiger nahm ihn in die Hand, bereitete ihn mit ein paar einfachen Wahrheiten und der Geschichte einiger imaginärer Hinrichtungen vor, so dass er kommunikativer wurde, als er sich in der Mitte der Vorhut von zwölf abgesessenen Dragonern mit aufgepflanzten Bajonetten befand . 34] , mit dem der Brigadier bei Nachtmärschen seine Vorhut anzuführen pflegte.

Der Faszination eines Nachtmarsches sind Grenzen gesetzt, wenn man viele davon machen muss, vor allem, wenn man ihn ohne die definitive Aussicht auf einen Kampf am nächsten Tag unternimmt. Männer und Pferde sind hundemüde und sehnen sich nach Schlaf; die hundertundein Unregelmäßigkeiten, die bei Tageslicht keinen Platz finden würden. Das mühsame Warten darauf, dass die Abstände korrigiert werden, die Probleme mit der Vorhut, die Schwierigkeit, die Versorgungswagen zu beladen. Die Gereiztheit des Häuptlings nimmt zu, während er ein Spiel nach dem anderen gegen das Zifferblatt seiner Uhr schlägt. Halbmeuterischer Widerstand gegen Befehle seitens der Irregulären; Wehklagen des Majors der Batterie, dessen Pferde seit einer halben Stunde eingehakt dastehen. Wie unmöglich das alles scheint, wie herzzerreißend; Doch irgendwann bricht alles zusammen, und die große dunkle Raupe, voller bewaffneter Männer wie ein Wollbär, kriecht vorwärts in die verschleierte Ungewissheit der Nacht.

Die Vorhut ist abgezogen, der Brigadier wartet nur darauf, dass das Gepäck einigermaßen in Bewegung ist, als plötzlich ein Funke von einer Anhöhe über dem Lager aufblitzt, das der einfallende Nachtposten gerade geräumt hat. Eine Kugel surrt laut über uns. „Martini", vermutet der Brigadier. „Ich frage mich, was das bedeutet!" Zwei Minuten später blitzt an derselben Stelle ein weiterer Funke auf, und ein bleierner Bote vergräbt sich mit einem Kreischen und einem dumpfen Knall, nur zehn Meter von der kleinen Gruppe von Offizieren entfernt.

„Nicht schlecht für einen Zufallstreffer – wir werden sehen, ob sie durchhalten!" Swish, ein dritter Schuss ertönte harmlos über uns hinweg.

„Sniping!" sagte der Brigadier. „Ich würde dieses Biest hängen lassen, wenn ich es fangen könnte. Schauen Sie, galoppieren Sie zu dem Offizier, der die Nachhut befehligt, und sagen Sie ihm, er soll ein paar schlagfertige Kerle schicken, um diesen Scharfschützen zu verfolgen. Ich gebe fünf Pfund, wenn er wird lebend hereingebracht.

Der Bote galoppierte in die Dunkelheit hinaus, und als der letzte Wagentransporter in die richtige Spur einbog, galoppierte der Stab nach Norden in Richtung der Spitze der Kolonne, ohne Rücksicht auf die einzelnen Kugeln, die in Abständen durch die stille Nachtluft pfiffen .

An der Spitze einer nächtlichen Marschkolonne lastet eine erhebliche Spannung, insbesondere wenn man sich durch ein unerforschtes Land bewegt. Und trotz der kleinen Lehrbücher mit schickem Einband wird der Soldat häufiger in unerforschtem Land als anderswo eingesetzt. Infolgedessen vergaß der Geheimdienstoffizier den Scharfschützenvorfall völlig und beschäftigte sich damit, bereit zu sein, die vielen Fragen eines einfallsreichen Majors zu beantworten, der die Vorhut befehligte. Vielleicht waren fünf Meilen der Reise zurückgelegt worden – zumindest wurde beim dritten Halt die Nachricht verbreitet, dass der Brigadier den Geheimdienstoffizier sehen wollte. Der Brigadier war an der Spitze der Batterie abgestiegen.

„Hallo, Herr Geheimdienst, wir haben den Scharfschützen – und es würde einen echten Salomon übertreffen, in einem ähnlichen Fall ein Urteil zu fällen. Zünden Sie ein Streichholz an."

Die kleine Flamme loderte auf und verriet dem erstaunten Blick des Geheimdienstoffiziers Gesicht und Gestalt der weinenden Braut seines Führers. Von Tränen war jetzt nichts mehr zu sehen. Das Mädchen stand mit auf dem Rücken verschränkten Händen da, den Mund fest geschlossen, und blickte ihren Peinigern direkt ins Gesicht. Es war eine schöne Figur, die man für einen Moment im unsicheren Licht des vor dem Wind geschützten Luzifers sah. *Cappie* wurde hinter den Kopf geschleudert und verbarg kaum die Fülle an glitzerndem Haar, das blasse, entschlossene Gesicht voller Trotz und die vorgeworfene Brust, über der das Lederbandelier noch immer als vernichtender Beweis hing. Wie anders als die schlaffe und weinende Frau des Nachmittags. Eine Sekunde später war das kleine Stück Kiefernholz ausgebrannt.

Brigadegeneral. "Was halten Sie davon?"

Geheimdienstoffizier. „Großartige Frau – ein verdammtes Unterfangen.“

Zuschauer. „Herrliche Kätzin!“

Häftling. „Du stiehlst meinen Mann, und weil ich mein Bestes tun würde, um dich aufzuhalten, beschimpfst du mich, als die Männer Angst vor einem Angriff hatten und dir stattdessen Essen anboten. Gib mir meinen Mann zurück und lass mich gehen, oder wenn du erschießen würdest.“ Ich, schieß und mach Schluss damit.

Brigadegeneral. „Meine liebe junge Dame, niemand wird Ihnen etwas tun oder Sie beschimpfen. Sie werden Ihren Mann zurückhaben, sobald wir mit ihm fertig sind. Bis dahin fürchte ich, dass Sie bei uns bleiben müssen, aber es soll Ihnen gut gehen umsorgt. Ich kann es mir nicht leisten, dass Sie noch einmal so ungezogen sind wie heute Abend. Übergeben Sie sie dem Versorgungsoffizier – er ist doch der amtierende Propstmarschall, nicht wahr? (Dann wendet er sich an seinen Stab.) Was für *ein* bisschen Füchsin! Das gibt Ihnen einen sehr guten Einblick in die Stimmung dieser treuen Kapkolonisten: Wenn Sie sich vorstellen, dass die Mutter dieser jungen Dame, während wir mit ihr zu Abend aßen, eine kleine Scharfschützenparty plante, als Rache an uns, weil wir in ihre Flitterwochen eingebrochen waren! „…

FUSSNOTEN:

[32] Niederländische Methode zur Beschreibung des Ehemanns einer Frau.

[33] Mais.

[34] Die britische Kavallerie war zu diesem Zeitpunkt des Feldzugs mit Gewehr und Bajonett bewaffnet.

X.
JOG-TRAB.

Getreu dem Instinkt, der die Buren als die unhygienischste Rasse ansieht, die Anspruch auf eine Zivilisation jeglichen Standards erhebt, wählten die Hausbesetzer, die sich in Hopetown als geeigneten Ort für ein Dorf niederließen, eine Situation, die so ungesund war wie alle anderen am Rande der Karoo . In einem Tal von mittlerer Größe lag die kleine Ansammlung von Hütten, die sich um die Kirche und das Rathaus gruppieren, versteckt in den Falten der kahlen, staubigen Hügel, so dass dies der Fall wäre, wenn die Gleise nicht in gleichmäßiger Regelmäßigkeit auf das Dorf zulaufen würden Außerhalb des engen Umkreises seiner Existenz gibt es keine Beweise. Erst als die Vorhut der New Cavalry Brigade die eigentliche Klippe über dem Weiler erreichte, wurde die vorübergehende Bedeutung von Hopetown erkannt. Die Senke, in der das Dorf lag, war schwarz vom Transport vieler Kolonnen, und der Staub und Rauch, der von Tausenden von Tieren und Hunderten von Kochfeuern aufgewirbelt wurde, bildete einen dichten Dunst, der die Gemeinde wie mit einem Leichentuch bedeckte und auf halber Höhe hing Zwischen der Ebene des Tals und dem überhängenden Hügel, wo die Vorhut stehen blieb, blieben sie stehen. Es war kein einladendes Bild. Staub und Dampf schienen der senkrechten Gewalt der Mittagssonne nicht gewachsen zu sein; Die einzige wahrnehmbare Bewegung in der Ferne war das Schimmern der Atmosphäre, die sich unter der unerbittlichen Hitze zu winden schien; während die große Staub- und Rauchwolke, als ob sie sich schämte, ihren Kopf zu heben, mit unentschlossenen Kanten wie Pilze aus den Hügeln emporstieg.

Als wir dastanden und nach etwas Luft schnappten, um die Last der drückenden Hitze zu lindern, schien es, als sei das Tal ein großer Kochtopf des *Infernos* und als brodelte Hopetown auf seinem Grund.

Der Brigadier galoppierte auf die Vorhut zu, warf seinem Ordonnanz die Zügel hin und machte einen kurzen Überblick über die topographischen Zugänge zu Hopetown.

Brigadegeneral. „Nun, von De Wet ist in dieser Ecke der Welt nicht mehr viel übrig. Alle Kommandos [35] der Jagd scheinen sich hier versammelt zu haben und einen freien Tag zu haben. Was für ein Loch von einem Ort — ideal, nein Zweifel, aus der Sicht des Holländers. Ja, der Geruch reicht bis hierher. Aber hier kommt ein Räuber in einem rosafarbenen „Biber", wir werden bald alles darüber erfahren."

Ein kleiner Junge in Stabsausrüstung galoppierte herbei und verlangte Informationen über die Kolumne.

Stabsoffizier. „Welche Spalte ist das?"

B. „Die neue Kavallerie-Brigade".

ALSO „Ich habe noch nie von dir gehört. Wer hat dir gesagt, dass du hier reinkommen sollst? Wer befiehlt dir?"

B. „Stetig, mein Junge, eine Frage nach der anderen. Du neigst dazu, Dinge zu häufen, wie ich sehe, was für einen so jungen Menschen eine schlechte Angewohnheit ist. Ich werde eine deiner Fragen beantworten, die letzte. Ich befehlige diese Kolumne." : Und jetzt wirst du mir antworten. Welche Spalten gibt es in Hopetown?"

ALSO „Tut mir leid, Sir, aber –"

B. „Entschuldigen Sie sich nicht. Ich weiß, dass ich nicht wie ein General aussehe, aber es hilft Ihnen nicht, das zu sagen ?"

SO „Knox's, Pilcher's, Plumer's und Paris's."

B. „Gut; und was gibt es Neues über De Wet?"

SO „Er ist über die Eisenbahnlinie nach Osten ausgebrochen; die Hälfte seiner Streitmacht ist nach Norden vorgedrungen und die andere Hälfte hat Paauwpan oder Potfontein überquert."

B. „Wer ist auf ihm?"

SO „Ich bin mir nicht ganz sicher; aber ich habe gehört, dass Haig, Thorneycroft, Crabbe und Henniker ihm entweder folgen oder versuchen, ihn abzuschneiden."

B. „Und was machen vier Kolonnen, die hier in diesem *Dorf angehalten werden* ?" [36]

SO „Sie sind alle eiskalt."

B. „Der Preis für den Verlust von De Wet. Nun, junger Mann, kehren Sie einfach zu *Ihrem* General zurück, vermutlich Charles Knox, und sagen Sie ihm, dass die Neue Kavallerie-Brigade genau hier ankommt, ihn aber nicht lange beunruhigen wird." da es den Befehl hat, heute Abend frei zu haben. (*Der junge Mann salutiert und geht nach rechts, während der Brigadier weiter zu seinem Stab geht.*) Es ist auch gut, Knox wissen zu lassen, dass ich auf mich allein gestellt bin. Ich muss etwas Besonderes erfinden Mission aus Pretoria, sonst könnte er mich wie den letzten Kerl ergreifen, und der zukünftige Zustand dieser Kolonne könnte dann schlimmer sein als der erste.

In der Zwischenzeit drang die Brigade in das üble Becken hinab, in dem sich Hopetown befindet, und schlug auf dem ersten Fleck am Wasser vorübergehend Quartier ein, in das sie ihre lange Transportlinie hineinzwängen konnte. Es war zwischen zwei Säulen eingeklemmt, und der schlechte Zustand beider Säulen zeigte die Schwere der Arbeit, mit der sie kürzlich beschäftigt waren. Als sie sich zum ersten Mal auf die Jagd nach De Wet machten, waren sie als Kolonnen jeweils fünf- oder sechshundert Mann stark gewesen; Jetzt zählten sie zusammen vielleicht fünfhundert berittene Männer, während von dieser Zahl nicht mehr als ein Drittel in der Lage war, eine zwanzig Meilen lange Wanderung in einem schnelleren Tempo als zu Fuß zu bewältigen. Doch jeder von ihnen war drei Wochen zuvor von der neu ausgerüsteten Eisenbahnstrecke losgefahren.

Wenn jemand genügend Interesse hat, nach einem Grund für den hoffnungslosen Zustand der Kolonnen in der Kolonie zu diesem Zeitpunkt zu suchen, kann er möglicherweise in den Erfahrungen der Brigade eine Lösung für die Remontierungsfrage finden, die den intelligenteren Studenten so große Rätsel aufgegeben hat der Krieg. Der bei der Eisenbahn neu ausgerüsteten Kolonne ging es im Allgemeinen weniger gut um Pferdefleisch und sie war weniger mobil als die Truppe, die seit Monaten nicht mehr in Reichweite der Remount-Abteilung war. Das Verfahren war in dieser Weise. Der Kolonnenkommandeur mühte sich keuchend in die Erleichterung ab, die ihm die Eisenbahn bot. Er hatte seinen Männern und Pferden kaum die volle Ration ausgehändigt, als der Telegraph zu sprechen begann. Von Pretoria kam der kurze kleine Befehl: „Sie werden unverzüglich nach Cypher Ghat umsteigen. Die Züge werden Sie heute Nachmittag um drei Uhr erreichen." Vergeblich würde der Kolonnenkommandant um Ruhe für Mensch und Tier bitten. Das Fiat war ergangen. Auf jeden Protest wurde mit einer einzigen Wiederholung des ursprünglichen Befehls reagiert, vielleicht mit dem Zusatz: „Remounts werden auf Sie warten, um die Verletzten zu ersetzen." Welche Chance hatten die Pferde, die in den letzten zwölf Tagen überritten und unterernährt worden waren? Diejenigen, die humpeln konnten, wurden in nahegelegene, mit Mist blockierte Lastwagen geschoben und über eine Entfernung von fünfzig bis tausend Kilometern davongewirbelt. Wasser bekamen sie, wenn die Bahnbeamten es für angebracht hielten, den nötigen Halt an der nötigen Stelle zu veranlassen, Ruhe gab es für sie nicht. Aber der Kolonnenkommandeur, der neu im Amt war, konnte sich vorstellen, dass er eine neue Aufgabe erhalten und an seinem Zielort ein neues Leben beginnen würde. Vergeblicher Gedanke! Am Ende seiner Reise erwartete ihn entweder das Kehricht des Landes – solche Tiere, die abwechselnd von marodierenden Buren und drängenden Kolonnenführern als untauglich für den Militärdienst abgewiesen und schließlich von dem eifrigen „Kriecher" eingesammelt worden waren ordnungsgemäß in der „Wochentasche" als vom Feind erbeutet gemeldet.

Oder wenn kein Kehricht zur Verfügung stünde, würden auf ihn völlig weiche und rohe Importe warten, die den Steuerzahler vor ein paar Wochen 40 Pfund pro Stück gekostet hatten – die eine für den geforderten Zweck ebenso nutzlos wie die andere. Die Ablehnung durch einen nicht allzu anspruchsvollen Feind beseitigt den einen; Auf der anderen Seite war es ein ebenso verrücktes Unterfangen, als würde man ein Pferd direkt vom Gras nehmen und es unterstützen, um mit trainierten Pferden einen Einsatz mit gleichmäßigem Gewicht zu gewinnen. Die Millionen öffentlicher Gelder, die mutwillig über die südafrikanische Steppe verstreut sind, würden selbst den phlegmatischsten Finanzier entsetzen. Der Abfall im Pferdefleisch ist unvorstellbar; und der Mann mit der steifen Oberlippe, der sich weigerte zu erkennen, dass es eines sanften Bremsens bedarf, um die Truppenpferde auf die Perfektion zu bringen, die es ihnen ermöglicht, an sechs aufeinanderfolgenden Tagen dreißig Meilen am Tag mit 20 Steinen auf dem Rücken zurückzulegen, hat Pence hinzugefügt zur jetzigen Belastung durch die Einkommensteuer. Der Steuerzahler ist natürlich verärgert. Er hat einen Grund. Er sucht in den Philippinen geistige Erleichterung gegen den Kavallerieoffizier – den Mann, dem er so viel zu verdanken hat. Er verdammt seine Intelligenz und seine Erziehung, und nachdem er genug gewettert hat, zahlt er freudig und voller Selbstzufriedenheit darüber, dass jemand zumindest an die richtige Stelle gesetzt wurde und dass eine so notwendige Lektion nicht wirklich so teuer erkauft wurde zum Preis. Arme, unschuldige Narren! Der britische Steuerzahler erinnert an diesen lieben, fetten, lächelnden Millionär, Bewohner eines Clubs im West End, dem jeden Tag mittellose Mitspieler eine Partie *Picquet* oder *E-Carté* vorschlugen, wohlwissend, dass dies in London der schnellste Weg war, sich ein bestimmtes Geld zu verdienen 200 £. Ihre Kommissionen stützen sich vielleicht auf den Ausbildungsstand Ihrer Offiziere, auf die Folge Ihrer eigenen Torheit im Gegenzug: Aber wird Ihre Untersuchung jemals die Grundlagen dieses von Ihnen verurteilten Gebäudes erreichen? Ich denke nicht. Ein oder zwei Sündenböcke werden die britische Öffentlichkeit bei den wenigen Gelegenheiten zufriedenstellen, in denen sie sich in Blutdurst erhebt. Die Bereitschaft, zu zahlen statt sich einzumischen, wird den Rest erledigen. Und der Geist der Apathie, der trotz gelegentlicher Ausbrüche interessierter Empörung für die Nation charakteristisch ist, wird eine wahre Offenlegung der schrecklichen Tatsachen verhindern, solange der Krieg noch nicht beendet ist. Sobald ein Frieden ratifiziert ist, wird das nationale Interesse am gegenwärtigen, vergangenen und zukünftigen Zustand seiner Armee ebenso abrupt und wirksam durchtrennt wie die Magazinladung im Lee-Enfield-Gewehr, wenn die Trennscheibe eingerastet wird, ohne dies zu bedenken Tatsache, dass unser nächster Feind möglicherweise nicht so barmherzig ist wie die Buren; dass er nicht tatenlos zusehen und keinen Nutzen aus unseren Fehlern ziehen wird; dass in wenigen Stunden eine

Situation entstehen kann, in der uns kein Goldreichtum retten kann. Es bedarf nur einer einzigen Katastrophe wie dieser – einer Katastrophe, die Vernichtung mit sich bringt –, um die britische Nation zu spät dazu zu bringen, ihre Grenzen zu erkennen. Dann wird es sich voller Trauer daran erinnern, dass der, den es als verrückten *Fakir behandelte* , tatsächlich ein wahrer Prophet war.

Der Zustand der Neuen Kavallerie-Brigade, wie sie sich zwischen den beiden Geistern der berittenen Kolonnen eingeklemmt hatte, war an sich schon ein Lehrstück. Diejenigen, die die Interessen dieses kleinen Kommandos in den vorangegangenen Kapiteln verfolgt haben, werden gesehen haben, dass es nicht aufgefordert wurde, außergewöhnliche Anstrengungen zu unternehmen, um es von seinen Reservekräften zu befreien. Tatsächlich war es einfach nach Lust und Laune eines Vorgesetzten auf staubigen Schienen marschiert und gegenmarschiert worden. Doch unter dieser milden Nutzung war die Kolonne wieder an einem Punkt angelangt, an dem 25 Prozent ihrer Tiere nutzlos waren und ein gleicher Anteil derer, deren Tage der Nützlichkeit gezählt waren. Der einzige Grund dafür war die Tatsache, dass die Tiere nie mit 20 Steinen auf dem Rücken auf weite Distanzen in einem schwierigen Klima trainiert wurden. Die Fürsorge des Brigadiers oder die Wachsamkeit der Staffeloffiziere nützten nichts, als das grüne Remont auf die Zwanzig-Meilen-Prüfung gestellt wurde. Aber Sie werden fragen: Wie, wenn dies wirklich der Fall ist, könnte es vermieden werden? Eine kluge Vorwegnahme der Ereignisse hätte denjenigen, die ihren Wahlkampf mit dem Vorteil der dreimonatigen Niederlage ihrer Vorgänger begonnen hatten, sagen müssen, wie hoch die ungefähren Anforderungen für die Wiederaufstellung sein würden. Die britische Nation hätte die Forderungen dieser intelligenten Vorwegnahme nicht in Tausenden, sondern in Millionen unterstützt und dadurch nicht Tausende, sondern Millionen gerettet. Wären die ursprünglichen Remount-Depots andere als „Siberias" für inkompetente Offiziere der Außenpostenlinie gewesen oder wenn auf die Empfehlungen der höheren Kavallerie- und Remount-Offiziere gehört worden wäre, hätten wir weniger Rohpferde direkt von dort satteln müssen Zug und Schiff – weniger von der Dummheit, die von ihnen erwartete, dass sie die Arbeit erledigen, die nur durch ein System schrittweiser und sorgfältiger Ausbildung und Akklimatisierung erledigt werden kann. Es ist genauso selbstmörderisch und teuer, unerfahrene Pferde aufs Feld zu schicken, wie es ist, unausgebildete Männer einzusetzen. Doch in dieser Zeit des Krieges praktizierten wir beide Mittel und fragten uns, warum der Bürger nicht unterworfen wurde und warum die Einkommenssteuer stetig stieg.

Die Geschichten von sündhafter Verschwendung und inkompetentem Suchen nach einem Ausweg aus dem Gewirr sind nicht eng mit dieser Geschichte verbunden. Es besteht jedoch kein Zweifel daran, dass das

System, das zu dieser Zeit in der Praxis existierte, äußerst bösartig war. Mit einem Wort, die gesamte britische Mobilmacht in Südafrika basierte direkt auf der Eisenbahnkommunikation. Dies verschaffte einer Kolonne höchstens eine Lebenszeit von zwölf Tagen, was bedeutete, dass die Truppen innerhalb von sechs Tagesmärschen an den festen Weg herankommen mussten, sonst verhungerten sie. Dies schränkte den effektiven Einsatzbereich ein; und während wir unsere Energie und unser Pferdefleisch gegen die Angreifer des Feindes verschwendeten, agierte der Großteil ihres Widerstands in aller Ruhe außerhalb der Reichweite von Züchtigungen. Der Konvoi kann langsam und verwundbar sein, der befestigte Posten kann isoliert sein und zum Angriff einladen; aber als militärische Mittel in einem großen Land sind beide der stützpunktgebundenen Kolonne überlegen. [37]

Der Brigadier verließ den Brigademajor, um die Kolonne in ihrem Quartier unterzubringen, und machte sich mit dem Geheimdienstoffizier direkt auf den Weg zum Zentrum von Hopetowns Universum. Das Hotel und das Telegraphenamt lagen dicht beieinander. Außerhalb des ersteren wehte eine kleine scharlachrote Flagge, deren doppelte Spitze zeigte, dass der Generaloffizier, der sie trug, den Divisionsrang beanspruchte – eine seltsame Behauptung in dieser Kriegsperiode, als Generalleutnants an der Spitze kleiner Paarde-Kommandos durch das Theater *paradierten* [38] drei- bis vierhundert Mann stark. Der Brigadier entdeckte die Flagge und machte sich dann auf den Weg zum Telegraphenbüro. „Zuerst werden wir die Dinge mit K klären. Dann werden wir diesen neuen Horror mit der Oriflamme besprechen, über die wir gestolpert sind!" Drei müde Beamte, zwei Soldaten und ein Zivilist, versuchten, mit den telegraphischen Bemühungen von fünf Kolonnen fertig zu werden. Der Brigadier diktierte dem Geheimdienstoffizier seine Nachricht. Es handelte sich lediglich um eine bloße Ankunftsankündigung, die auch an Pretoria und De Aar weitergeleitet wurde.

Telegrafist. „Mindestens achtundvierzig Stunden lang besteht keine Chance, dass private Leitungen durchgehen; die Post wäre schneller!"

Brigadegeneral. „Dann müssen Sie nur noch die Leitung freimachen."

ZU „Das geht nur für Generaloffiziere."

B. „Das ist alles, worum ich Sie bitte – also sind Sie hier!"

ZU „Bitte um Verzeihung, Sir. Aber sind Sie ein General? Sie sind nicht wie die meisten Generäle Aar; wir arbeiten nur nach De Aar. Ich habe ziemlich viele Nachrichten für Sie, Sir; sie sind die ganze letzte Nacht gekommen." (Der Telefonist verteilte das Bündel telegrafischer Strandgutstücke.)

Die Telegramme enthielten den üblichen Anteil an hysterischem Unsinn des De-Wet-Experten und verschiedener Geheimdienst- und Abteilungszentren;

außerdem ein direkter Befehl des Generals in De Aar, unverzüglich zur Orange River Station zu fahren und dort zur Jagersfontein Road in der Orange River Colony umzusteigen. Dies war zumindest zufriedenstellend, denn es bedeutete unbedingt den Abschied von der verhassten Karoo. Das Nachrichtentelegramm war eine interessante Lektüre, auch wenn der Wortlaut etwas unbestimmt war. Im Lichte späterer Erkenntnisse entsprachen die übermittelten Informationen weitgehend den Erwartungen des Brigadiers. De Wet hatte sich nach der Plünderung von Strydenburg nach Norden verdoppelt – tatsächlich war er fast zu seiner ursprünglichen Linie zurückgekehrt. Er hatte eine Finte in Richtung Mark's Drift ausgeführt und so die Verfolger vorübergehend von der wahren Linie abgelenkt, war dann aber plötzlich nach Osten abgeschwenkt. Hier war er erneut von dem unermüdlichen Plumer getroffen worden, der vorübergehend renoviert worden war und genug Dampf hatte, um ihm einen kurzen Schub zu verschaffen. Dieser Schub reichte aus, um De Wet seines letzten Impedimenta zu berauben und ihn dazu zu bringen, sich auf seiner Flucht zu spalten. Ein Teil des verfolgten Pöbels ging nach Norden, der andere Teil stürzte sich über die Cape Government Railway in der Nähe von Paauwpan. Plumers Schub war einfach zu kurz, um das erforderliche Ergebnis zu erzielen, und er kroch nach Hopetown, um seine Energie weiter zu beleben. In der Zwischenzeit erfuhren Gefangene und andere Quellen, dass es sich bei der Gruppe von Flüchtlingen, die versuchten, den Orange River nördlich von Hopetown zu überqueren, um die Gruppe von Richter Hertzog und Pretorius handelte. Brand hatte die Überfahrt bei Mark's Drift geschafft, während De Wet mit dem Ex-Präsidenten noch in der Kolonie auf dem Weg nach Philipstown war. Dann wuchs die Hoffnung. Der Orange River war überschwemmt, während sich vor und südlich der bedrängten Guerilla Haltestellen befanden. Thorneycroft und Henry in der Nähe von Colesburg; Crabbe und Henniker sind ihm auf den Fersen; Grenfell, Murray und andere reihten sich in einem immer kleiner werdenden Kreis auf! Vorne der angeschwollene Fluss, dahinter verzweifelte Engländer, was für eine Chance hatten jetzt die Überreste der Eindringlinge! Aber der Brigadier schüttelte den Kopf, als er die Positionen auf der Karte markierte. „Es gibt keine Erwähnung von Truppen, die aus dem Norden herabziehen. Was sagt Napoleon über Flüsse als Barrieren im Krieg? – Er stuft sie als überwindbare Hindernisse ein, nach Wüsten und Bergen, ganz unten auf der Skala. Überschwemmung hin oder her, Alter Der Mann De Wet wird diesen Fluss überqueren, wo und wann immer er will; und wenn wir nördlich davon niemanden haben, der ihn aufnimmt oder ihn beim Überqueren begleitet, wird er davonkommen, und wir werden uns eine weitere Gelegenheit entgehen lassen. durch grobe Dummheit und durch das Versäumnis, die entscheidenden Vorteile auszunutzen, die uns die Umstände in den Weg gelegt haben. Plumer und meine Räuber erreichen heute Abend die Orange

River Station. Selbst wenn dort Lastwagen auf uns warten, werden wir Jagersfontein nicht verlassen Straße bis übermorgen. Das wird dem alten Mann De Wet vierundzwanzig Stunden Vorsprung verschaffen. Ich muss sagen, dass ich nicht die Hand eines Genies darin sehen kann, diesen Plan auf die Karte zu übertragen. Das ist die Linie, die Sowohl Plumer als auch ich sollten Orange River Station, Ramah, Luckhoff, Fauresmith nehmen. Einer von uns bleibt bei Luckhoff stehen; Kimberley schickt eine Kolumne nach Koffyfontein; Bloemfontein ein weiteres nach Petrusburg und Abramskraal; während Fauresmith und Jagersfontein Stützpunkte für Kolonnen bilden, die ihnen von Springfontein geschickt werden; und dann hätten wir mit einer beständigen und starken Linie von Außenposten vielleicht seine Hauptstraße nach Norden stoppen können, obwohl wir zu spät gekommen wären, um den Fluss zu bemannen. Aber ich werde trotzdem versuchen, sie im Hauptquartier davon zu überzeugen, dass ich draußen ein besserer Mann bin als in einem Viehtransporter. Also los geht's. Herr Geheimdienst, Papier und Tinte und nehmen Sie es ab, und denken Sie daran, es soll verschlüsselt werden!" Der Brigadier zog dann grob einen Vergleich hinsichtlich der Zeitersparnis, die ein direkter Marsch von der Orange River Station nach Fauresmith und der Transport per Bahn mit sich bringen würden die Nachricht mit dem Versprechen, am zweiten Tag nach Verlassen der Eisenbahn in Fauresmith zu sein.

Dann ging es um eine ordentliche Mahlzeit in der Karawanserei. Die Konzentration von fünf Kolonnen hatte die Leistungsfähigkeit der kleinen Herberge über die Maßen beansprucht. Alles, was sie liefern konnten, war Milch und Butter. Aber sie waren bereit, jedes mitgebrachte Essen zuzubereiten, so dass es mit Mühe möglich war, zu einer Mahlzeit zu kommen. An Unterhaltung mangelte es jedoch nicht. Eine der Kolonnen hatte 300 Mann und einen Pompon losgeschickt, um Hertzogs Flüchtlinge zu verfolgen, und die Truppe war gerade mit einer ganzen Menge Gefangener zurückgekehrt. Sie waren auf das hinterste von ihnen gestoßen, als sie gerade den Fluss in einem klapprigen Kahn überquerten, dessen Schiff durch einen gezielten Gürtel aus Bommelgranaten wissenschaftlich untauglich gemacht worden war. Die Untersuchung der Büsche am nahe gelegenen Flussufer ergab, dass Dutzende Buren buchstäblich zur Erde gegangen waren. Die Flusszufahrt war voller Regenrisse und Wasserrisse, und die Männer verbrachten den ganzen Morgen damit, Bürger aus der Deckung zu jagen, ganz in der gleichen Art und Weise, wie ein Rudel Beagles gut dazu dient, Jägern dabei zu helfen, ein Kaninchen zu erschießen.

Erst als Sie Gelegenheit hatten, diese Gefangenen zu sehen, wurde Ihnen klar, was dieser Krieg für diese Bauernguerillas bedeutete und welchen Einfluss das Scheitern von De Wets Invasion auf die nachfolgenden Operationen gehabt haben musste. Unter den gesamten 200 Gefangenen, die an diesem Tag eingeliefert wurden, befand sich nur ein Mann – ein Mann, der sich Hertzogs Sekretär nannte –, der vollständig bekleidet war. Die Mehrheit hatte weder Mäntel noch Stiefel; und ihr verbleibendes Kostüm befand sich im letzten Stadium des Verfalls. Auch war der innere Mensch nicht besser gefördert worden als der äußere. Sie waren abgemagert und von Hunger und Not gezeichnet. Sie erhoben sich aus ihren Löchern, die Hände über den Köpfen wie große, hagere Geister mit großen Augen. Sie befanden sich in einem solchen Zustand, dass die Kapitulation keine Reue bei ihnen hervorrief. Sie begrüßten es als Mittel zum Leben, und ihr hungriges Flehen nach Nahrung war nicht die geringste erbärmliche Kulisse für die Szene. Sie sind ein seltsames Paradoxon, diese Leute. Man konnte nicht umhin, den Patriotismus zu bewundern – oder ist es die Anziehungskraft ihrer Anführer? –, der trotz all seiner schrecklichen Schrecken von Tod und Leid Männer auf dem Feld hielt, die sich nur ergeben mussten, um zu ihrem Anteil am Trost zurückzukehren des Lebens. Wenn es sich um echten Patriotismus handelt, dann sind Sie geneigt, Ihren Hut zu heben. Aber wenn es nur die Angst vor der Knute ist, dann ist das Hängen das beste Ende, das man den Führern wünschen kann, die in der Lage sind, solches Leid zu kontrollieren, und die sich in der Hoffnung auf persönlichen Fortschritt weigern, es zu lindern. Aber was demütigender als alles andere ist, ist die Erkenntnis, dass diese elenden Kreaturen ein Feind sind, der in der Lage ist, die Blüte der englischen Armee in Schach zu halten, diesem Land eine Steuer von sechs Millionen pro Monat aufzuerlegen und seinen militärischen Ruf zunichte zu machen auf beispiellosen Traditionen aufgebaut. Dies ist in der Tat eine bittere Betrachtung, eine schmerzliche Erinnerung daran, dass der Fortschritt der Wissenschaft den Sportler und den Krüppel im bewaffneten Kampf nahezu gleichgestellt hat.

Es war eine interessante Zusammenkunft, bei der wir im urig mit Brettern verkleideten kleinen Speisesaal der Hopetown-Taverne zu Abend aßen. Vier Kolonnenkommandeure und ihre Stäbe besetzten die Tische, die zeitweise als Schreibtische der Bankangestellten und Ladengänger des Dorfes dienten. Die Soldaten hatten jedoch ein gewisses Recht auf vorübergehenden Besitz, da die Lebensmittel ihnen gehörten. Die beiden kleinen Dienstmädchen, Töchter einer holländischen Wirtin, waren sich der außergewöhnlichen Bedeutung ihrer Pflichten bewusst und hatten sich sorgfältig auf diese Rolle vorbereitet. Auf bedruckte Kleider wurde verzichtet, und sie standen in ihren Sabbatkleidern da, bedeckt mit dem passenden Schürzenschürze, wie es das Land ausmacht, und mit sorgfältig geflochtenem Haar. Urige kleine Dienstmädchen – warum sollten wir sie befragen? – sie waren gekleidet und entschlossen, ihr Bestes zu geben. Am ersten Tisch saß ein Generalmajor mittleren Alters, ein Mann mit freundlichem Gesicht und guten Gewohnheiten. Können Sie sich als Soldat – ein wilder, unerschrockener Anführer – nicht an den Tag erinnern, als er mit entblößter Brust im

Gestrüpp des Modder-Ufers lag und sich weigerte, ins Krankenhaus gebracht zu werden – und sogar die Ärzte darum bat? Lassen Sie ihn die wahnsinnige Anstrengung ausführen, die eines Marschalls Ney würdig war und die ihm anvertraut worden war und die ihn fast das Leben gekostet hätte. Doch so seltsam ist die komplexe Natur des Engländers, dass dieser Mann, den der Hauch des Krieges zu einem fast übermenschlichen Mut erwecken konnte, seine Freizeit mit den Mühen der künstlerischen Fotografie verbrachte und demonstrativere Freude an einem erfolgreichen Teller zeigte als an einem Zinnen der Waffen, süß im Sieg.

Am Nebentisch saß ein Anführer einer anderen Art, oder besser gesagt, eine andere Entwicklung desselben Typs eines ruhigen, bescheidenen englischen Gentlemans – der galante, drängende, niemals ermüdende Plumer. Kleiner, schlanker Mann mit zierlichem Gang und zierlichem Körperbau, dennoch aus einem Ton geformt, der bisher keine Mängel in den raueren Elementen des Soldaten gezeigt hat. Es ist keine unerhebliche Anerkennung für seine herausragenden Qualitäten als Anführer, dass er sowohl das Vertrauen als auch die Hingabe der rauen Buschjungen von den Antipoden gewann, mit denen er in Verbindung stand. Aber wie zierlich und unscheinbar die Hülle auch sein mag, es ist der Geist, der den Mann formt, und wer weiterhin im Schatten von Plumers Banner bleiben möchte, muss mit all seiner Gerissenheit reiten, um sich der Führung, der er folgt, als würdig zu erweisen. An einem anderen Tisch sitzt Pilcher, der Mann an Drähten. Er mag hitzköpfig sein, aber dennoch geschickt im Krieg: würdiger Vertreter der Rasse junger Soldaten, die der Nil hervorgebracht hat. Dann war da noch unser eigener Brigadier, der so lebhaft im Geiste und ebenso leichtsinnig war wie alle seine Vorfahren, die am Hofe von Versailles den Galanten spielten, und doch unter dem Deckmantel der Fröhlichkeit eine unerschütterliche Hartnäckigkeit besaß, die die Einquartierung begünstigte im Norden des Tweed. Der Raum war voller Männer – Männer, die sich seit achtzehn Monaten mit der harten Realität des Krieges auseinandergesetzt hatten. Die Anführer, die die Balance zwischen Leben und Tod geübt hatten, die Junioren, die tausend Gefahren direkt ins Auge geschaut hatten. Wenn der Erfolg im Krieg nur auf der Exzellenz kämpfender Männer beruhen würde, könnte England die Nase vorn haben. Leider liegt der Erfolg in der Kombination von Geschäftssoldaten *und* kämpfenden Männern. Englands Schwäche liegt in seinen Geschäftssoldaten.

Nur wenn man die Absicht hat, etwas Verzweifeltes zu tun, kann man das obstruktive Temperament des Militärbeamtentums erkennen. Das ganze System wimmelt von „Warte mal“-Dornen; Und in solch seltenen Fällen, in denen es keine Schwierigkeiten gibt, wird mit Sicherheit irgendein Betrüger mit dem einzigen Ziel und der Absicht kommen, sie zu erfinden. Nun hatte der Brigadier einen einfachen und rationalen Plan vorgelegt – so einfach und rational, dass der Generalleutnant von De Aar bereitwillig zugestimmt hatte, denn dieser General war zumindest ein Mann, auf den seine Untergebenen blicken konnten und der sich seiner Unterstützung sicher sein konnte. Aber nach dem General tauchte eine Gruppe knurrender Junioren auf, deren einzige Energie darin zu stecken schien, die Pläne anderer zu vereiteln. Die Brigade hatte den Befehl, bei Nacht die sechs Meilen zu marschieren, die Hopetown von der Orange River Station trennen, aber lange bevor sie sich auf den Weg machte, machte sich bereits der Widerstandsgeist der Abteilung bemerkbar.

Als Erstes kam eine „Clear-the-Line"-Nachricht des Transportoffiziers, in der er dem Brigadier befahl, seinen Maultiertransporter einem anderen Kolonnenkommandeur zu übergeben. Zwar versprach er, ihn am Ziel seiner Eisenbahnreise wieder mit Maultiertransportmitteln auszurüsten; aber der Brigadier hatte Erfahrung mit den Versprechungen des Transportdirektors. Dies war ein Hindernis, das ignoriert werden konnte; aber es folgte ein weiterer, ernsterer. Die Zulieferer schienen durch die kurze Frist, die man ihnen gegeben hatte, verletzt worden zu sein und brachten eine Menge Schwierigkeiten mit sich. Der Höhepunkt wurde jedoch erreicht, als die Geheimdienstabteilung freiwillig mitteilte, dass es für die Brigade sinnlos sei, Karten anzufordern, da sie keine in Skandinavien hätten; aber sie fügten hinzu: „Als Ersatz schicken wir den besten lokalen Führer, den es gibt."

Der Brigadier war dem ersten dieser Hindernisse mit Gleichmut begegnet, aber die letzte Last brachte die Last des Kamels durcheinander. „Haben Sie jemals solche Kerle gesehen? Sie wollen mir jedes Mal einen Strich durch die Rechnung machen Karten verdienen, besteht darin, vor ein Kriegsgericht gestellt und auf der Stelle abgestempelt zu werden. Sie müssen das alles nicht telegrafieren, Herr Geheimdienst; aber Sie können eine Nachricht an den General in De Aar senden, um ihm mitzuteilen, dass ich, nachdem ich seine Befehle erhalten habe, dies tun werde Lassen Sie nichts unversucht, um den von ihm genehmigten Plan trotz örtlicher Hindernisse in die Tat umzusetzen. Das soll der Sinn der Botschaft sein, und sie sollte jeden weiteren Akt des Ungehorsams abdecken, den wir unternehmen. Geben Sie auf keine Antworten Wir werden heute Abend um neun Uhr zur Orange River Station marschieren, den Ort der Rationen plündern, die wir in die Finger bekommen können, und dann, Karten hin oder her, unsere Mützen zur Kapkolonie abnehmen für immer."

Es war nur gut, dass der Brigadier seine eigenen Vorkehrungen getroffen hatte, denn sowohl Plumer als auch Pilcher trafen sich in dieser Nacht am Orange River, und der Bahnhofsvorsteher informierte sie, mit der Gutmütigkeit, die er sich angeeignet hatte, weil er lange Zeit jeden enttäuscht hatte, mit dem er in Kontakt kam Jeder Kolonnenkommandeur teilte der Reihe nach mit, dass das Beste, was er ihnen versprechen könne, ausreichender Transport für eine Schwadron am nächsten Tag, vielleicht für zwei Schwadronen am zweiten Tag und die gesamte berittene Truppe, die mit der Bahn bestellt würde, sicherlich nicht vor einer Woche oder zehn Tagen sei. Wir bitten Sie lediglich, diese Situation kurz zu untersuchen. Die hier erzählte Episode war keine Farce – ganz im Gegenteil: Es handelte sich um einen ernsthaften Versuch der britischen Armee in Südafrika, einen bekannten Räuber namens De Wet gefangen zu nehmen oder zu vernichten. Die Möglichkeit, dieses gewünschte Ergebnis herbeizuführen, war durchaus in Sicht, und die britische Armee spannte alle Kräfte an, um diese einzigartige Gelegenheit zu nutzen. Für den bescheidenen Subalternen, der nur ein mikroskopisches Atom dieser riesigen britischen Armee war, hatte diese herkulische Anstrengung eher den Charakter einer Burleske als eines ernsthaften Krieges. Aber das hatte nichts mit der Burleske zu tun, die in Kürze auf dem Bahnsteig der Orange River Station aufgeführt werden sollte.

Als der Tag anbrach, konzentrierten sich andere Kolonnen auf die Bahnhofsgebäude, bis die unkünstlerische Umgebung des kleinen Zentrums schwarz vor Menschen und Tieren wurde. Vom Aussehen her könnte man es durchaus mit einem Bienenschwarm vergleichen, der vorübergehend einen Fensterrahmen besitzt. Unter den Truppen, die auf den rollenden Skandinavien warteten, befand sich eine wilde Schar von Übersee-Kolonialen – Männer mit unabhängigem Charakter und gutem Körperbau, die ihr Jahr auf dem Land bereits hinter sich hatten und denen der Anblick eines festen Weges und der Geruch einer Station entgegenkamen Der Hof weckte Erinnerungen an Häuser in einem fernen Land und Transporte, die auf der Tafelbucht hin- und herschaukelten, und an das Versprechen, das ihnen jemand gegeben hatte, dass sie nach Hause zurückkehren sollten, wenn sie das nächste Mal die Eisenbahn berührten. Ihr Vorstoß hinter De Wet war eher im Sinne eines Gefallens erfolgt. Und nun waren sie wieder in der Leitung, Gerüchten zufolge war ihr verspäteter Lastwagen angewiesen worden, sie zurück zur Oranje-Fluss-Kolonie zu befördern. Sie akzeptierten dieses Gerücht als einen Vertrauensbruch, und die Stimmung im Kontingent war so groß, dass sie den winzigen Pfeiler der Disziplin, den dreizehn Monate des Feldzugs in die Zusammensetzung des Korps eingebaut hatten, überlappte und überschwemmte. Der Höhepunkt wurde am Morgen der Konzentration an der Orange River Station erreicht. Der Oberst, der die Übersee-Kolonialtruppen kommandierte, unterhielt sich mit unserem Brigadier. Wir warteten darauf, dass das schäbige Bahnsteigbuffet seine gastfreundlichen Türen öffnete, als uns plötzlich bewusst wurde, dass die gesamte Kolonialtruppe in geordneten Reihen auf den Bahnsteig marschierte. Das Kommando hatte ein Vollgefreiter. Er erteilte seine Befehle klar und deutlich. „Halt!" – „Waffen stapeln!" – „Haltet euch frei!" – „Herausfallen!" Und dann rückte eine dreiköpfige Abordnung auf uns zu. Sie begrüßten ihren Oberst mit aller militärischen Pünktlichkeit und standen so steif stramm, wie es bei den Irregulären nur möglich ist.

Kolonialoberst. „Was bedeutet das, Männer?"

Sprecher. „Bitte, Sir, wir haben meutert" (*die unterstützende Deputation nickte ernst zustimmend*).

CC „Der Teufel, den Sie haben! – aber wissen Sie, was es bedeutet, wenn Sie im aktiven Dienst meutern?"

S. „Nun, sehen Sie, Sir, es ist vielleicht ziemlich streng ausgedrückt, zu sagen, dass wir meutert *haben* . Aber sehen Sie, Sir, unsere Zeit ist abgelaufen, und wir haben beschlossen, die Wanderung nicht mehr anzutreten." Unsere letzte Wanderung war ein Gefallen. Uns wurde versprochen, dass wir nach Hause geschickt werden, wenn wir das nächste Mal auf die Eisenbahn stoßen, und wir halten an diesem Versprechen fest."

CC „Männer, seid nicht dumm. Geh zurück in dein Lager. Du brauchst nicht zu glauben, dass dein Glaube mit dir gebrochen wird. Aber denk an das Beispiel, das du dem Rest der Truppen hier gibst! Denk darüber nach, was …" werden die Leute zu Hause sagen! Du weißt nicht, wozu du bei Meuterei haftst."

S. „Nun, Sir, wir meinen das nicht unbedingt als Meuterei. Das ist nur ein Protest dagegen, gegen unseren Willen und unsere Zustimmung hier draußen festgehalten zu werden. Sie werden es akzeptieren, Sir, in dem Sinne, in dem es gegeben wird – ein Protest , Herr!"

CC „Sehr gut. Gehen Sie zurück zu Ihren Zeilen!"

Die Deputation salutierte, kehrte zu dem abgefallenen Kontingent zurück, das feierlich seine Waffen ablegte und zu seinen Linien zurückmarschierte, unter leichtem, flüchtigem Jubel einiger Umstehender, die erkannten, was vor sich ging.

Der Brigadier wandte sich an den Kolonialoberst und sagte: „Nun, das ist die seltsamste Haltung, die ich je bei einer Gruppe von Männern gesehen habe. Werden Sie oft zu solchen Protesten eingeladen?"

CC „Manchmal. Sie sind in vielerlei Hinsicht Kinder. Ich kann Ihnen sagen, dass sie eine sanfte Behandlung brauchen. Sie haben protestiert und werden für eine Woche oder so ganz zufrieden sein. Ich glaube sogar, dass ich sie dazu bewegen kann." noch eine weitere Wanderung, wenn die Behörden darauf bestehen; aber es macht es uns teuflisch schwer, mit diesen Kerlen umzugehen, wenn der Glaube an sie so ständig gebrochen wird. Sie sind still wie Mäuse, wenn ich sie von der Eisenbahn wegbekomme. Aber sobald sie es sehen Metalle riechen sie nach Meerwasser, und das regt sie auf. Sie sind feine, aber urige Kerle!"

Der Brigadier stimmte zu. Er wäre genau der Mann gewesen, der diese Männer befehligt hätte. Und er hätte eine Situation wie die, die wir gerade erlebt hatten, verbessert. Dennoch kann man die Heikelheit dieser Situation nicht überbewerten. Ein taktloser Mann, voll der Macht, die lange Generationen militärischer Disziplin um die Heiligkeit eines Auftrags herum aufgebaut haben, hätte in wenigen kurzen Sätzen den Schauplatz beginnender Meuterei in eine offene, hartnäckige Rebellion verwandelt. So wie es war, wurde die Meuterei im gleichen Sinne aufgenommen und zur Zufriedenheit aller Beteiligten beendet. [39]

Die Neue Kavallerie-Brigade war in Hopetown fast vollständig, da der Brigadier sein letztes fehlendes Geschwader der 21. King's Dragoon Guards einsammeln konnte, das bisher mit einer anderen Kolonne an der De-Wet-Jagd teilgenommen hatte. Ein Teil der Mount Nelson Light Horse fehlte jedoch noch; aber der Brigadier machte sich darüber keine Sorgen und fühlte sich vollständig, als er vorsichtshalber den Befehl erließ, mit der Bahn zur Jagersfontein Road weiterzufahren. Aber wie die Erzählung der nächsten 48 Stunden zeigen soll, war das in Südafrika vorherrschende Militärsystem so beschaffen, dass selbst die klugsten Anführer nur durch ein Wunder in der Lage waren, durch Strategie außergewöhnliche Ergebnisse zu erzielen. Der Brigadier hatte geplant, ein Ergebnis herbeizuführen, das nur durch strengstes Verheimlichen von Plan und Richtung erreicht werden konnte.

Es muss berücksichtigt werden, dass die Buren zu dieser Zeit des Feldzugs über das vollkommenste Geheimdienstsystem verfügten. Es gab keinen Bezirk in der Transvaal- oder Oranje-Fluss-Kolonie, der nicht unter dem Kommando eines örtlichen Kommandanten stand, der mit einer Gefolgschaft von fünfzig bis hundert Mann ein System von Beobachtungsposten über die gesamte Länge und Breite seines Bezirks unterhielt der offenbar über die Mittel verfügte, einer zentralen Organisation frühe Informationen über die Bewegung jeder britischen Kolonne zu übermitteln. Für den zufälligen Beobachter mag dies wie ein gewaltiges Unterfangen erscheinen, aber in Wirklichkeit war es nichts dergleichen. Für die Sache der Buren war es absolut notwendig, dass ein beträchtlicher Teil ihres weniger wertvollen Kampfmaterials über die gesamte Länge und Breite des Guerillagebiets verteilt wurde. Aufgrund der großen Entfernungen, die in Südafrika zurückgelegt werden mussten, verfügte jeder Niederländer über Ortskenntnisse seines eigenen Bezirks, die in einem Land mit schneller

Kommunikation wie England niemals erworben werden konnten. Den einheimischen Männern wurde das Netzwerk von Aussichtshügeln zugeteilt, an denen das Land reich ist. Sie lebten den ganzen Tag auf den Hügelkuppen und kehrten nachts entweder zu Bauernhöfen oder an andere sichere Orte zurück. Ihre Art der gegenseitigen Kommunikation erfolgte entweder durch Kaffern oder berittene Boten, und auf diese Weise konnten Nachrichten per Relais genauso einfach und schnell verbreitet werden, wie sie durch ein ähnliches System unter den Ureinwohnern Indiens verbreitet werden. Jeder Kaffer wird in zwei Stunden zehn Meilen zurücklegen; Folglich könnten Buren-Informationen ohne großen Aufwand in vierundzwanzig Stunden hundertzwanzig Meilen zurücklegen. Hinzu kam, dass jede auf einer Farm verbliebene Frau von Natur aus eine Geheimdienstagentin war, und nachdem die Frauen größtenteils in Konzentrationslager deportiert worden waren, dienten die meisten Kaffir-Krals demselben Zweck. Es waren diese Informationsmittel, die den Widerstand der Buren ermöglichten: Diesem Spionagesystem verdankte De Wet den Erfolg seiner kometenhaften Karriere.

Da das Geheimdienstzentrum in De Aar nicht in der Lage war, die erforderlichen Karten bereitzustellen, übernahm es die Aufgabe, „den besten örtlichen Reiseführer zu liefern, den man finden konnte". Es ist vor allem den Diensten dieses örtlichen Reiseführers zu verdanken, dass De Wet seine Flucht aus diesem besonderen Anlass verdankt. Der Brigadier war sich der Existenz der lokalen Spionagetätigkeit der Buren völlig bewusst; Aber man muss mit der Wahrheit sagen, dass ihm nicht bewusst war, inwieweit zu De Wets *Klientel* die Männer gehörten, die das Vertrauen des De-Wet-Experten und der Geheimdienstfakultät von De Aar besaßen. Hätte er das erkannt, wäre er damit zufrieden gewesen, seinen Lauf zu machen und sich dabei auf den fast übernatürlichen Instinkt des Tigers zu verlassen. Zum allgemeinen Bedauern durfte der Tiger jedoch seine Verbindung zur Kolonne abbrechen und durch einen der vielen „Zaunsitzer" ersetzt werden, die monatelang zur Verlängerung des Krieges beigetragen haben.

Die neuesten Informationen über die Bewegungen von De Wet waren von Haig übermittelt worden, der offenbar der Ansicht war, dass er die Erzguerilla in unmittelbarer Nähe der Colesberg-Wagenbrücke gegen die unerschwingliche Flut des Oranjeflusses eingedämmt hatte . Nun glaubte der Brigadier, wie bereits gezeigt wurde, nicht an die Unbewegbarkeit von Flüssen. Darüber hinaus fiel der Oranje-Fluss vor uns, und weitere Informationen, die wir über einen ziemlich eigenartigen Kanal erhalten hatten, lieferten uns die Einzelheiten eines Anweisungsschreibens, das De Wet in Strydenburg an Field geschickt hatte. Kornett Botmann, der damals das örtliche Kommando im Bezirk Fauresmith befehligte, wies ihn an, so viele Pferde und Kapkarren wie möglich einzusammeln und sie in Philippolis bereitzuhalten, um seine (De Wets) Reise nach Norden zu beschleunigen. Der Brigadier stützte seine Pläne auf diese Informationen und beschloss, sich genau in dem Moment auf die Linie Jagersfontein-Fauresmith zu begeben, als De Wet in Philippolis anhielt, um zu Atem zu kommen. Dann würde er die Hälfte seiner Streitkräfte abtrennen, um seine rechte Seite nach Süden zu decken, und es Plumer oder anderen von der Eisenbahn an der Jagersfontein Road entsandten Truppen überlassen, seine linke Flanke zu decken und zu schließen. Um die Wachsamkeit von Botmanns Beobachtungsposten zu gefährden, war es die Absicht des Brigadiers, Fauresmith durch Gewaltmärsche zu erreichen. Es musste berücksichtigt werden, dass es nur einen kleinen Spielraum gab, in dem es möglich wäre, mit Vorteil nach Fauresmith zu gelangen. Ein zu frühes Eintreffen hätte De Wet gewarnt und angeführt, bevor die Flankenkolonne in der Lage gewesen wäre, effektiv zu kooperieren. während das Tändelei auf der Marschlinie ihn gänzlich vermisst hätte. Es war ein Manöver, das ohne etwas Glück nicht hätte gelingen können, das aber durch die Mitarbeit des örtlichen Führers noch schwieriger werden sollte.

So wie es war, wurde der Mann erst ins Vertrauen des Brigadiers gezogen, als er seiner Truppe seinen Marschbefehl erteilte, knapp zwei Stunden bevor die Kolonne aufbrechen sollte. Der Führer hatte sich dem Kommando mit all dem Pomp und der Würde angeschlossen, die einer Gefolgschaft aus fünf berittenen einheimischen Gefolgsleuten eigen waren. Er war ein Afrikaner vom ausgeprägtesten Typus und eröffnete seine Verbindung zum Geheimdienstoffizier mit der Information, dass er kein gewöhnlicher Führer sei, dass er seine Anweisungen nur vom Offizier erhielt, der die Kolonne befehligte, und dass er ihm allein Bericht erstattete. Der Brigadier lächelte über seine Pedanterie und bemerkte, wenn er seine Arbeit erledigte, sei es egal, wem und von wem er seine Berichte erstattete.

Um die frühe Bewegung der Brigade zu erleichtern, war sie über die heute historische Eisenbahnbrücke am Orange River gezogen und hatte im Herbert-Distrikt ihr Lager aufgeschlagen, mit der Meldung, dass Kimberley ihr Ziel sei. Aus Vorsichtsgründen hatte der Brigadier einen starken Vorposten in das hügelige Land verlegt, der die Straße nach Rama verdeckte. Kurz nach Mitternacht wurde der Geheimdienstoffizier mit den letzten Anweisungen zu diesem Außenposten geschickt. Als er zwischen den Felsen stolperte, sah er im schwachen Licht, das der junge Mond verbreitete, einen berittenen Eingeborenen, der sich auf einer Spur unter ihm bewegte. Der Eingeborene wäre aufgrund der beträchtlichen Entfernung unerkannt geblieben, wenn sein Pferd nicht ein Scheck mit eigentümlicher Zeichnung gewesen wäre. Der berittene Eingeborene „hatte die Beine" des Geheimdienstoffiziers; Doch als er in den Schatten der Nacht verschwand, wurden die Befürchtungen des Geheimdienstoffiziers zerstreut, als er hörte, wie der Mann von einem Streikposten vom Außenposten heraus herausgefordert wurde. Nach fünf Minuten erreichte der Geheimdienstoffizier den Streikposten und stellte fest, dass der Eingeborene verschwunden war, und der verantwortliche Unteroffizier erklärte, der Mann habe einen vom Geheimdienstoffizier der Orange River Station unterzeichneten Pass gezeigt. Dies schien kaum zufriedenstellend zu sein; Aber der Korporal hatte, wie so viele junge britische Unteroffiziere, keine Anweisungen zu einheimischen Pfadfindern und Pässen gehabt, und da er nicht darauf trainiert war, vorsorgliche Verantwortung zu übernehmen, war er durch das Gekritzel einer Hieroglyphe auf einem Überreste gebührend eingeschüchtert und gezwungen worden aus blauem Papier.

Gefolge des neuen Führers und beäugte seine „Jungen" und Tiere. Einer der fünf „Jungen" fehlte, außerdem ein geschecktes Pony, das ihm früher am Tag aufgefallen war. Der Geheimdienstoffizier schwieg, war aber mit dieser Information bewaffnet, entschlossen, die künftigen Entwicklungen im Auge zu behalten, und warf sich an den Straßenrand, um eine halbe Stunde Schlaf zu ergattern, bevor der Vormarsch beginnen sollte.

Es war die Absicht des Brigadiers, Luckhoff – einen kleinen Weiler auf halber Strecke zwischen Orange River und Fauresmith – an diesem Morgen durch einen *Staatsstreich zu erobern* . Um dies zu erreichen, detachierte er unter dem Kommando des Obersten vom 21. die Hälfte seiner Streitmacht ohne Gepäck ab, um so schnell vorzurücken, wie es die Umstände zuließen, und die Stadt zu besetzen und zu halten, bis er später am Tag selbst mit der Haupttruppe eintraf. Der neu erworbene Leitfaden wurde detailliert beschrieben, um die Vorabkolumne zu begleiten. Um neun Uhr morgens war diese vorgeschobene Kolonne in der Lage, die kleine Präriegemeinde anzugreifen. Der Oberst des 21. Regiments, der mit den Taktiken bestens vertraut war, die am besten geeignet waren, ein Dorf auf offener Ebene zu überraschen, baute ein Geschwader zu einer hornartigen Formation auf und galoppierte, wie er es sich vorgestellt hatte, zur Überraschung der Einwohner. Die Fortsetzung war ganz anders als erwartet. Bis auf die Frauen war das Dorf verlassen, während von der Anhöhe und den Hügeln im Nordosten aus eine gut vorbereitete Truppe von Botmanns Kommando ein schweres Gewehrfeuer auf die Kavalleristen eröffnete, die abkommandiert worden waren, um die weiter entfernten Zugänge zu besetzen. Unser Geheimdienstführer, der im Laufe des späteren Vormarsches irgendwie verschwunden war, war sofort sichtbar, als wir die Stadt betraten. Er fuhr schnurstracks zu einem kleinen Laden, der die Hauptstraße schmückte. Letztendlich stellte sich heraus, dass er der Besitzer dieses Ladens war.

Der erste Kommentar des intelligenten Lesers wird sein, dass die Handlung des Leitfadens sowohl in der Gestaltung als auch in der Ausführung ungeschickt war und dass eine auf diese Weise getäuschte Kolumne einen schlechten Erfolg verdient. Das Vorgehen des Führers war zweifellos ungeschickt, aber man muss bedenken, dass er lange Erfahrung mit den Briten hatte: Er wusste genauso gut wie jeder andere Mann von ähnlichem Kaliber in Südafrika, wie weit er es sich leisten konnte, mit ihrer Nachsicht zu spielen. Für den Stab der Neuen Kavallerie-Brigade war die Möglichkeit, seine weiteren Machenschaften zu kontrollieren, außer Reichweite, sobald der Führer das Vertrauen des Generals gewonnen hatte. Der Fehler lag bei denen, die ihm seine Referenzen verliehen hatten. Dennoch gab es keinen Beweis gegen den Mann: Er gab zu, dass der Laden ihm gehörte, er gab zu, dass er einen seiner Eingeborenen der Kolonne vorausgeschickt hatte, und behauptete, er habe die Erlaubnis gehabt, den Eingeborenen auf diese Weise zu benutzen, der, wie er uns versicherte , war einer der vertrauenswürdigsten und treuesten Späher, die die Briten hatten. Aus welchem Grund hatte er ihn geschickt? Die Antwort war einfach genug. Er hatte ihn lediglich mit einer Nachricht an den Mann geschickt, der sich um seinen Laden kümmerte, mit der Anweisung, ihn nach Tagesanbruch nicht zu öffnen, damit er nicht von Freunden und Feinden geplündert würde. Wie sich später herausstellte, war es schade, dass es uns nicht gelungen ist, ihn dazu zu bringen, diesen treuen Jungen zur Welt zu bringen.

Die einzige Bemerkung des Brigadiers lautete: „Man lernt nur durch Erfahrung." Er weigerte sich, und zweifellos zu Recht, den Wünschen anderer in seinem Stab nachzugeben, dass der Mann ohne weiteres hingerichtet werden sollte. Er versprach, ihn nach Kapkolonie zurückzuschicken, wo er zweifellos eine zufriedenstellende Erklärung abgeben und wieder in eine Vertrauens- und Ehrenposition im britischen Dienst zurückkehren würde.

Die Menschen in England und diejenigen, die diesen außergewöhnlichen Feldzug erlebt haben, werden nie begreifen, wie sehr die britische Armee in Südafrika auf Schurken und Schurken vertraut hat. Auf einen Mann, der vielleicht erschossen oder gehängt wurde, wird es hundert gegeben haben, die das Vertrauen der Briten gewonnen haben, um es entweder zu ihrem eigenen Nutzen oder dem des Feindes zu verraten. Niemand könnte jemals das Ausmaß der Schurkerei kennen oder einschätzen, die in diesem langwierigen Krieg entstanden ist, gedeiht und sich ausgebreitet hat. Und was für ein Feld für Scharfschützen und Schurken! Lag die Kontrolle über das ganze Land nicht in den Händen geradliniger und fair denkender englischer Offiziere – Männer, deren Wort ihr Band war und die nie daran dachten, ihren Mitmenschen zu misstrauen, bis ihre Mitmenschen ihnen ihre unverhüllten Missetaten auferlegten . Glauben Sie mir, dass es unter dem Kreuz des Südens nicht die Niederländer sind, die abscheulich sind.

Obwohl wir jetzt nicht hoffen konnten, den Erzguerilla mit der ganzen Wucht der ersten Überraschung anzugreifen, waren ihm aufgrund der

Situation, in der er sich in den letzten drei Wochen befunden hatte, zwangsläufig Grenzen gesetzt. Die Situation bot jedoch noch Möglichkeiten, und der Brigadier beschloss, länger in Luckhoff zu bleiben, als er ursprünglich beabsichtigt hatte, und schickte eine Patrouille zur Erkundung des Oranjeflusses. Diese Patrouille hatte einigen Erfolg. Es wurde von demselben pessimistischen Subaltern kommandiert, der die Vorhut von Richmond Road aus kommandiert hatte. Wieder hatte er das Glück, den Geheimdienstoffizier bei seiner Informationssuche zu begleiten. Die Fahrt bis zum nächsten Teil des Flusses dauerte fünfzehn Meilen, daher war es später Nachmittag, als die Patrouille die hügeligen Landstriche betrat, die die unmittelbaren Zugänge zum gelben Bach abdeckten. Als die Vorhut der Gruppe einen kleinen Nek erreichte, ritten sie in eine Gruppe von fünf Bürgern. Die britischen Dragoner waren im Vorteil, da die Bürger gerade erst den Fluss verlassen hatten, den sie mit Hilfe von Flößen aus Treibholz und Binsen überquert hatten. Kein einziger Schuss wurde abgefeuert, und die Männer übergaben freudig die beiden einzigen Gewehre, die ihnen noch verblieben waren.

Einer der merkwürdigsten Züge des bürgerlichen Charakters zeigte sich in der Art seiner Kapitulation. Er wird Ihnen immer sagen, dass es ihm Freude macht, sich zu ergeben, dass es ein Ende ist, nach dem er sich seit Monaten sehnt und betet, und doch wird er bis zu dem Moment, der die Kapitulation erfordert, alle Nerven anstrengen, um einer Gefangennahme zu entgehen, wird er alle Entbehrungen ertragen und Not; Er muss Hunger, Durst und Krankheit ertragen, anstatt die wenigen Meilen zu Fuß zurückzulegen, die ihn von den britischen Außenposten trennen. Nehmen wir den Fall dieser Männer, die gerade gefangen genommen wurden: Nach einem äußerst belästigenden Feldzug hatten sie das Risiko und die Schmerzen auf sich genommen, einen reißenden Fluss bei voller Flut zu überqueren; Nachdem sie die Grenze unter unendlicher Gefahr überquert hatten, begrüßten sie das Auftauchen der feindlichen Patrouille, die sie ihrer Freiheit beraubte, und nutzten, statt ihren Unmut zum Ausdruck zu bringen, die Gelegenheit, sich zu ergeben, in einer Haltung, die ihren Eifer kaum verbarg.

Außerdem waren sie redselig. Sie hatten die Eisenbahn bei Paauwpan mit den Überresten von De Wets flüchtigem Kommando überquert. In der Nähe von Philipstown hatte der Guerilla eine allgemeine Auflösung seines gesamten verbliebenen Kommandos angeordnet. An bestimmten Stellen entlang des Oranje sollen Boote versteckt gewesen sein, um eine Überfahrt zu ermöglichen. Aber da diese besondere Gruppe keines dieser Boote finden konnte und von verschiedenen Patrouillen aus Verfolgerkolonnen beschossen wurde, gelang es ihnen, den Fluss auf ihre eigene Art und Weise zu überqueren, ohne jedoch in unsere Hände zu fallen. Was De Wet und Präsident Steyn betraf, gaben diese Männer vor, mit Autorität sprechen zu können. Sie waren auf einen einzigen Kapkarren reduziert und hatten beschlossen, bei Botha's Drift zu überqueren. Ihre Überfahrt sollte von einem von Botmann in Philippolis zusammengestellten Kommando gedeckt werden, und sie selbst hatten wie alle verstreuten Bürger den Befehl, sich innerhalb von vier Tagen in Philippolis zu konzentrieren, wo Vorräte, Pferde und Munition auf sie warteten. Dies alles war, da es mit den bisherigen Erkenntnissen übereinstimmte, eine wertvolle Information, und die Streife beeilte sich, die Rückreise nach Luckhoff anzutreten.

<hr>

FUSSNOTEN:

[35] Aus dem Niederländischen entlehnte scherzhafte Bezeichnung für kleine britische Kolumnen.

[36] Holländisches Dorf.

[37] Es ist interessant festzustellen, dass diese Argumentation schließlich auch bei der Leitung der Operationen in Südafrika zum Tragen kam. Nach praktisch einem Jahr des unbefriedigenden Herumtastens, auf das im Text Bezug genommen wird, ermöglichte die Konzeption des Blockhaussystems berittenen Truppen, weit in das lebenswichtige Landesinnere vorzudringen, ohne zur Eisenbahn zurückkehren zu müssen. Man muss sich darüber im Klaren sein, dass der Hauptzweck der Blockhauslinie nicht darin bestand, unpassierbare *Chevaux-de-frise* von Punkt zu Punkt zu strecken, sondern darin, eine Reihe von Posten einzurichten, die die Sicherheit der Konvois gewährleisteten, die ihrem Kurs folgten. Dadurch war es möglich, die Kolonnen im Inneren mit Nahrung und Futter versorgt zu halten. So sehr, dass viele Kolonnen gegen Ende wochenlang nicht in der Nähe einer Stadt oder Eisenbahn waren. Die Konzeption der „Antriebe", die letztendlich die Friedensbewegung auf den Höhepunkt brachten, war ein nachträglicher Einfall, der in Südafrika allgemein der Scharfsinnigkeit des unerschrockenen und vielseitigen jungen Kavallerieführers Colonel Mike Rimington zugeschrieben wird.

[38] Niederländische berittene Säulen.

[39] Dieses Kontingent leistete nach der oben erzählten kleinen Episode noch eine ganze Weile lang seinen hervorragenden Dienst.

XI.
VOLLSTÄNDIG SCHREIEN.

Unter normalen Umständen unterscheidet sich Luckhoff kaum von den vielen ländlichen Dörfern, die über die südafrikanische Steppe verstreut sind. Wenn überhaupt, ist es noch schmutziger als die üblichen viertklassigen Dörfer. Aber als die Neue Kavallerie-Brigade dort einquartierte, war es mehr oder weniger ein verlassenes und geplündertes Dorf. Die Einwohnerzahl dürfte insgesamt hundert Seelen betragen haben, die große Mehrheit davon waren Frauen und Kinder; und wir hätten diese nicht im Besitz vorgefunden, wenn unser Geheimdienstführer in der Lage gewesen wäre, unser Kommen früher anzukündigen. Wie in allen diesen Dörfern befanden sich die Bewohner, die den Fängen der „Aufräumkolonnen" entkommen waren, in Verstecken *in* der Nachbarschaft, wo sie sich versteckten, sobald die Staubwolken am Horizont sie warnten der nahen Annäherung einer britischen Kolonne. Viele Kolonnen hatten Luckhoff bereits „durchgemacht", von Clements in den frühen Tagen bis zu Settle, der im vorangegangenen Frühjahr in stattlicher Pracht mit Tausenden von Rindern und Hunderten von Frauen zog. Jeder Plünderer hatte nacheinander gewisse Spuren hinterlassen, aber keiner hatte ein so nacktes Skelett hinterlassen oder den Eindruck eines schrecklichen Krieges so deutlich hinterlassen wie eine Kolonne von Buschmännern. Der Brigadier hatte seinen kleinen roten Wimpel vor der Villa des geflüchteten Predikant aufgestellt. Es war das einzige Haus im Ort, das den Anspruch auf dekorative Ausstattung hatte. Aber als das Personal Besitz ergriff, war es ein trauriger Schweinestall. In seinen glücklichen Tagen war ein Teil des Hauses offenbar im Besitz einer jungen Mutter gewesen, denn zwei der Wohnungen lagen knietief in einem ungeordneten Haufen weiblicher Kleidung, vermischt mit den winzigen Kleidungsstücken, die Mütter aufbewahren – kleine Socken usw mit Rosa und Blau gebundene Hauben. Die rücksichtslose Hand des Mannes hatte jede Schublade und jeden Spalt durchwühlt, und alles, was die heilige Fürsorge der Frauen erfordert, lag hin und her im Schmutz des Bodens und der Gänge. Für diejenigen, die Zeit zum Nachdenken hatten, ein trauriger, herzzerreißender Anblick, ein erbärmlicher Beweis für den entwürdigenden Einfluss des Krieges. Im ersten Jahr des Kampfes gab es keinen Mann in der britischen Armee, der eine Frau beiseite gedrängt hätte, um die heiligen Ecken ihrer Kammer zu durchsuchen. Doch der brutale Einfluss des Krieges stumpfte mit der Zeit die feineren Instinkte ab. Wie könnte es anders sein? Je länger sich ein Kampf hinzieht, desto erbitterter und bestialischer wird er, bis schließlich die Vertrautheit mit der endgültigen Schlichtung des Tieres die besseren Einflüsse der menschlichen Vernunft abtötet. Als man überall die

Ruinen dieser Häuser sah – von denen viele Zeugnisse einer aus Reichtum und Bildung erwachsenden Vornehmheit abwiesen – empfand man Mitleid mit dem Ganzen und verfluchte die Anführer, die in ihrem Geiste des Blechpatriotismus einen Kampf vorangetrieben hatten , bereits hoffnungslos, zu seinem barbarischsten Problem.

Plünderungen waren nicht erlaubt. Das stimmt, aber wie sollte es verhindert werden? – Wo lässt sich die Grenze zwischen legitimer Requirierung im Krieg und brutaler Plünderung ziehen? Kannst du die Männer bestrafen, die dir am Morgen gefolgt sind, ohne angesichts des Todes mit der Wimper zu zucken, weil du sie abends in einem verlassenen Haus auf der Suche nach einem Kopftuch, einem Hosenbund oder einer Babysocke findest, die du als Andenken an sie schicken kannst? Mutter oder Schatz, die geduldig zu Hause warten? Gibt es nicht eine Art Milderung für den Mann, dessen „Kumpel" überfallen und abgeschlachtet wurde, wenn er voller Freude ein Streichholz an den Stall oder die Wohnung des Mörders legt? Versetzen Sie sich in die Lage des Kämpfers, bevor Sie über Handlungen nachdenken, die untrennbar mit dem Partisanenkrieg verbunden sind, und bedenken Sie, dass dies nicht der Fall gewesen wäre, wenn die Anführer des Feindes kapituliert hätten, als es zum ersten Mal offensichtlich war, dass sie ein geschlagenes Volk waren ein Zehntel der Brutalität und des Leids, die die letzten Phasen des Kampfes kennzeichneten. Die Geschichte des Predikant war seltsam. Er war selbst ein äußerst gefährlicher Hitzkopf und hatte mit der ganzen Kraft seiner kirchlichen Rhetorik einen antibritischen *Dschihad gepredigt*. Doch seine drei Söhne waren aus anderem Lehm. Einer, ein überzeugter Soldat von Thorneycroft, war auf dem von Granaten übersäten Gipfel des Spion Kop den Soldatentod gestorben; ein anderer, ein Sportler von nicht geringem Rang, hatte in Lord Roberts Leibwache gedient; während der Dritte noch als Offizier in einem anderen britischen Korps gegen seinesgleichen kämpfte. Die beiden Töchter, beide mit *Veldt Kornets verheiratet* , waren möglicherweise bereits Witwen, denn die Ironie des Schicksals ist grenzenlos, und zwar durch die Gewehre ihrer Brüder.

Wir haben in Luckhoff einen Briten gefunden, und er war ein Schotte. Seine Geschichte war plausibel; Aber obwohl es andere Kolonnenkommandeure zufrieden gestellt hatte, fand es bei unserem Brigadier nicht die gleiche Glaubwürdigkeit. Nach Aussage des Mannes war er neutral. War seit Kriegsausbruch neutral. Er war Ingenieur in den Koffyfontein-Minen, und seit diese geschlossen waren, war er nach Luckhoff gekommen und verdiente seinen Lebensunterhalt mit Gemüseanbau. Zwei Umstände verhinderten die weitere Freiheit dieses sogenannten Schotten. Das erste war die Tatsache, dass er unseren Geheimdienstführer als Referenz für sein gutes Verhalten zitierte; Zweitens, wir hätten in der Nähe eine Dampfmühle in Betrieb gefunden, und Indizien deuteten darauf hin, dass unser Gärtner der verantwortliche *Mechaniker sei*. Da dies als der wahre Grund für seine Anwesenheit im Weiler angegeben wurde, war es nicht nötig, seinen Aufenthalt fortzusetzen, da wir das Sicherheitsventil geschlossen hatten, bis der Kessel platzte und der Mechanismus des Motors zerstört wurde. Getreidemühlen können einem hungernden Feind von Nutzen sein, selbst wenn sie von Gärtnern mit zweifelhafter Neutralität betrieben werden.

Der Brigadier beschloss, in Luckhoff einen kurzen Halt einzulegen, um sich nach Möglichkeit genauere Informationen zu verschaffen. Gegen Mittag kamen diese Informationen, sowohl von gewöhnlichen als auch von außergewöhnlichen Kanälen. Während das Hauptquartier beim Mittagessen saß, traf ein berittener Bote vom Orange River ein – ein kleiner Ersatz-Hottentotte oder Griqua, der etwa fünf Kilo wog, und der auf ein Pferd gesetzt worden war und dem gesagt wurde, er solle fünfzehn Meilen pro Stunde zurücklegen, bis er uns fand. Die Nachricht, die er überbrachte, war in Wirklichkeit eine Bestätigung der Informationen, die wir bereits am Vorabend von unseren Gefangenen erhalten hatten. „De Wet und mit ihm der Präsident", hieß es in der Nachricht, „überquerten heute (gestern) um drei Uhr den Orange River bei Botha's Drift. Aus Versehen ließ ihn eine Lücke im Kreis durch. Überquert ohne Transportmittel und mit kleinstem Transportmittel." folgende. Vermutlich wird er nach Norden gehen. Plumer kann Springfontein erst übermorgen (morgen) verlassen. Er muss Ihnen überlassen, genau so zu handeln, wie Sie es für richtig halten. Arbeiten Sie, wenn möglich, mit Plumer zusammen!"

Brigadegeneral. „Wird vermutlich nach Norden gehen! Nun, das ist die naivste Meinungsäußerung, die ich je gehört habe. Ein Mann überquert vom Südufer einen Fluss nach Norden, und mit äußerster Anstrengung sind unsere Freunde vom Geheimdienst in der Lage, Vermutungen anzustellen dass er nach Norden gehen wird. Das nördliche Feld steht ihm auf jeden Fall offen. Es ist der Informationszettel würdig, die unser Freund, die DAAG für Geheimdienste in Bloemfontein, zur Führung der Kolonnen in seinen Bezirken herausgegeben hat: „Alles in diesem Schaufenster Sixpence." Halfpenny; treffen Sie jedes Mal Ihre Wahl.' Wie immer müssen wir unsere eigene Rettung finden. Herr Geheimdienst, die Karte!"

Die Karte wurde ordnungsgemäß auf dem Mahagonibrett des Reverend Predikant ausgebreitet und mit Hilfe eines Zettels wurden die Entfernungen abgemessen. Der Brigadier lehnte sich in seinem Stuhl zurück und zog nachdenklich am gebogenen Stiel seiner Burenpfeife. Als die Messung beendet war, schwieg er einen Moment und äußerte dann seine Meinung zur Situation.

Brigadegeneral. „Sie haben offensichtlich niemanden, der von Bloemfontein aus operiert, sonst würden sie Plumer nicht zitieren. Es ist genauso offensichtlich, dass De Wet an einer Stelle über den Fluss geschlüpft ist, wo es für keinen unserer Kolonieräuber gerade bequem ist, ihn zu verfolgen. Das Das heißt, wir sind ihre einzige Hoffnung und die einzigen mobilen Menschen in Reichweite. De Wet überquerte gestern Nachmittag den Orange River, daher hätte er nach unseren Informationen letzte Nacht in Philippolis schlafen sollen. In der Regel schläft De Wet nie darin fand an zwei aufeinanderfolgenden Abenden statt. Aber seine Ankunft in Philippolis erfolgte unter ziemlich besonderen Umständen. Er kam nicht als erfolgreicher Draufgänger an, der seinen Hut zog und alle seine Pläne geschmiedet hatte, sondern als ausgelaugter Flüchtling, der alle seine Pläne schmiedete. Daher die Chancen sind, dass er heute Abend auf dem Weg von Philippolis nicht weit gekommen sein wird. Wahrscheinlich wird er erst morgen früh aufbrechen. Er weiß, dass sein Recht klar ist. Das wusste er gestern Abend oder heute früh wir waren in Luckhoff angekommen. Dadurch erhält er die Information, dass wir heute Morgen angehalten haben und dass der Fluss Riet überschwemmt ist. Daher ist es klar, dass er, wenn er uns als einen durchschnittlichen britischen Kommandosoldaten betrachtet, Philippolis morgen bei Tagesanbruch verlassen, den Riet überqueren und die Kalabas-Brücke hinter sich zerstören kann, ohne dass uns Unannehmlichkeiten entstehen. Zumindest ist das die Kartenlesung dieses Picknicks. Von Philippolis nach Fauresmith sind es nur knappe fünfzig Meilen; Wir sind dreißig Meilen von Fauresmith entfernt. Ein heute angehaltenes britisches Kommando würde Fauresmith erst morgen Abend erreichen; Ein Boer- *Paarde-Kommando* wird seine fünfzig Meilen zurückgelegt haben, wenn einer unserer „Crawler" zum Frühstück aufbricht. Und jetzt, alter Mann Baker, gebt die Befehle raus. Zur Orientierung der Öffentlichkeit marschieren wir um vier Uhr nach Koffyfontein und Kimberley, wobei wir sehr langsam vorgehen; Zur privaten Information: Sobald es dunkel ist, werden wir die Richtung ändern und Fauresmith so schnell wie möglich nach Tagesanbruch in Besitz nehmen. Wer im Besitz von Fauresmith ist, wird auch im Besitz der Brücke über den Riet River sein. Herr Geheimdienst, es wird Ihre Aufgabe sein, in dieser Metropole ausreichend bekannt zu machen, dass unser Ziel Koffyfontein für Kimberley ist. Machen Sie sie nicht misstrauisch, indem Sie zu nachdrücklich vorgehen."

Brigademajor. „Sehr gut, Sir; aber wir müssen mindestens vierzig Meilen zurücklegen!"

B. „Das stimmt für Sie; wie stehen die Chancen?"

B.-M. „Nur der Ochsentransporter. Er kann Fauresmith nicht bei Tagesanbruch und Nachtmarsch erreichen. Es gibt keinen Mond — tatsächlich wird es teuflisch dunkel sein mit all diesen Wolken."

B. „Stimmt wieder: Aber wir werden all dem ausweichen. Sobald wir die Richtung auf unsere wahre Linie geändert haben, werden wir den Transport verlassen, um mitzukommen, so gut es geht: Er kann uns nach Fauresmith folgen."

B.-M. „Welche Eskorte soll ich ihm geben?"

B. „Wie viele abgesessene Männer gibt es? Es kann genauso viele Krüppel haben, wie wir besitzen. Ich werde mir keine Sorgen um den Transport machen. Wenn ich mit meinen Berechnungen falsch liege und De Wet versucht, hinter mir zu überqueren, möchte ich diesen Transport." um ihn zu täuschen. Er würde nie im Traum daran denken, dass es ungeschützt wäre. Er kann nicht in irgendeiner Stärke sein; außerdem werde ich jeden berittenen Mann, den ich habe, für meinen Plan benötigen. Der Transport, Ochse und Maultier, muss seine Chance nutzen. Aber sehen Sie das es schwankt nicht. Das Maultier kann so lange wie möglich mit uns mithalten, aber es muss zusammenhalten. Ebenso muss der Ochsentransport, der seine eigene Zeit in Anspruch nimmt, geschlossen bleiben. Ich versichere Ihnen, das einzige Ziel dieser Leute auf Diese Reise wird dazu dienen, wegzukommen. Zwei Blöcke fahrender Waggons werden sie verwirren, nicht anlocken. Sofort – kein Wort über den Richtungswechsel bis nach Einbruch der Dunkelheit – nicht einmal zu den COs. Erzählen Sie ihnen eine Geschichte, die Ihnen gefällt. "

Der Geheimdienstoffizier war kaum draußen, als ein großer und sogar gutaussehender Eingeborener seine Aufmerksamkeit auf sich zog, indem er seinen abgenutzten Hut hob und „Ko" murmelte. Der Mann, ein prächtiges Exemplar des Basuto-Wilden, zitterte vor Emotionen und zeigte auf eine große grauweiße Striemen, die sich über seinen Hals und seine offene Brust erstreckte.

Geheimdienstoffizier. „Sjambok?"

Basuto. „Ja, Boss!"

IO „Wie bist du darauf gekommen?"

Der Eingeborene, der überdurchschnittlich intelligent war, erzählte dann die folgende erstaunliche Geschichte. Er war einer der fünf einheimischen Pfadfinder, die beim neuen Geheimdienstführer angestellt waren. Am Morgen, als die New Cavalry Brigade die Orange River Station verlassen hatte, war er von unserem Freund mit einem Brief an Kommandant Botmann nach vorne geschickt worden, und als er feststellte, dass er nicht in Luckhoff war, hatte der Basuto den amtierenden Landrost [40] davor gewarnt die Annäherung der Briten und war dann weiter nach Philippolis geritten und war dort, als De Wet und Steyn ankamen; und in der wirklich ausdrucksstarken Sprache der Eingeborenen erzählte er von ihrer

Niedergeschlagenheit und dem entmutigenden Charakter der Rede, die der ehemalige Präsident vor den versammelten Bürgern gehalten hatte. Er lieferte auch die wertvolle Information, dass De Wet die Anweisung gegeben hatte, dass alle verirrten Bürger und die Kommandos von Brand, Wessel, Akermann und Kolbe sich bei ihm in Petrusberg konzentrieren sollten, wohin er am nächsten Tag mit seinem persönlichen Leibwächter unter Theron aufbrach. Wie der Brigadier erwartet hatte, legte De Wet einen Tag Pause ein, damit sich seine Nachzügler konzentrieren konnten. Insgesamt verfügte er über etwa 300 Mann und vierzig Kapkarren. Aber am Petrusberg würden sie sich auf etwa 1200 oder 1500 konzentrieren. Der Basuto war in dieser Nacht von Philippolis aus durchgeritten und erst vor einer halben Stunde wieder in Luckhoff angekommen. Der Schlag, der für die Enthüllung der Treulosigkeit seines Herrn und der Pläne der Buren verantwortlich war, erfolgte durch ein Lieblingspferd. Um die sichere Übermittlung seiner Nachricht zu gewährleisten und nicht davon zu träumen, dass sie bis nach Philippolis gelangen würde, hatte der Geheimdienstführer den Basuto auf sein bestes Pferd gesetzt. Dieses beste Pferd hatte die Aufmerksamkeit eines Winburger Bürgers in Philippolis erregt, und er hatte den Basuto davon abgelöst und ihn auf irgendeine Vogelscheuche zurückbringen lassen. *Hinc illæ lacrymae* .

Der Geheimdienstoffizier besänftigte die Missgunst des Basuto mit fairen Versprechungen und machte ihm klar, dass er reichlich belohnt werden würde, wenn er zu seinem Herrn zurückkehren und noch eine kurze Zeit lang schweigend leiden würde. Aber, sagte der würdevolle Wilde, „er ist ein böser Mann – immer ein böser Mann, der es den d--d-Holländern immer erzählt. Boss, gib mir die Waffe, sag es den Holländern nicht mehr!" Der Geheimdienstoffizier beruhigte den Mann, indem er ihm eine baldige Hinrichtung versprach, und ging dann zum Brigadier mit der Information und einer ernsthaften Verschwörung gegen das Leben des Führers. Allerdings waren die Beweise für den Brigadier nicht schlüssig genug. „Welchen Beweis haben Sie dafür, dass es sich bei Ihrem Freund, Mr. Intelligence, nicht nur um eine Lüge handelt? Außerdem würde ich niemals einen Weißen aufgrund der Beweise eines Schwarzen hängen lassen. Aber ich sage Ihnen, was ich tun werde. Ich möchte nichts mehr von diesem Führer. Sagen Sie ihm, dass wir nach Kimberley fahren und dass er sofort nach Orange River zurückkehren kann. Schreiben Sie einen Brief an die De Aar Geheimdienstbuchten, und sagen Sie ihnen, dass wir nach Kimberley unterwegs sind, versiegeln Sie es stark mit Siegellack, und wenn Ihr „Kumpel" dann der Bandit ist, für den Sie ihn halten, wird er es lesen und es heute Abend an De Wet schicken . Wenn er kein Schurke ist, wird er es morgen Abend überbringen, wenn wir nicht mehr im Blickfeld der De Aar-Leute sind und die Lüge keine Rolle mehr spielen wird." Und so wurde es arrangiert...

Es wurde bereits früher in dieser Erzählung darauf hingewiesen, wie oft De Wet seine Freiheit und ganz nebenbei auch sein Leben der Neigung des Gesetzes des Zufalls zu seinen Gunsten verdankte. Unzählige Male hat sich eine Reihe außergewöhnlicher Umstände verschworen, um die besten Pläne, die man gemacht hatte, um ihn in die Falle zu locken, zunichte zu machen. Es soll nicht geleugnet werden, dass der Mann über ein besonderes Genie verfügte, das ihn stets von selbst aus den Gefahren befreite, denen er ausgesetzt war. Aber darüber hinaus gab es Fälle, die nicht so selten waren, wie die Welt glauben würde, in denen sein Genie ihn im Stich ließ, und bei diesen Gelegenheiten griff die Vorsehung ein und sorgte für ein Gleichgewicht, gegen das sich menschliche Bemühungen nicht durchsetzen konnten. Es wird niemals behauptet, dass der Brigadier im vorliegenden Fall einen unfehlbaren Plan erraten hatte. Aber wie man sehen wird, stimmten die Umstände so sehr mit der Einschätzung der Situation durch den Brigadier überein, dass zwar keine sichere Gelegenheit vorhergesehen wurde, den Erzguerilla in seinem Bett zu fangen, es aber durchaus die Versprechung gab, dass er gezwungen werden würde, eine Rolle zu spielen Hand mit den Karten gegen ihn – ein Umstand, den kein Bure – nicht einmal De Wet – mochte oder verstand. Eine solche Chance hatte sich bereits zuvor geboten, als ein hochrangiger Mann eingriff und verhinderte, dass die Neue Kavallerie-Brigade über Strydenburg herfiel. Im vorliegenden Fall sollte die Intervention von den Elementen durchgeführt werden, und selbst dann brachten die Energie und der Witz des fähigen Soldaten, der das Kommando hatte, die Brigade nur knapp an einen Erfolg heran, der alle Beteiligten in der Geschichte dieses Geschehens berühmt gemacht hätte Krieg.

Um vier Uhr rückte die Vorhut in der Ebene nördlich von Luckhoff vor und richtete das Feuer auf den Beobachtungsposten auf den Hügeln, durch die der Weg nach Koffyfontein führt. Es hätte keine Notwendigkeit gegeben, die Vorhut zur Langsamkeit zu ermahnen; und die Haupttruppe schlenderte einfach weiter, während die kommandierenden Offiziere sich fragten, ob der Brigadier verrückt oder betrunken war, sich auf einen Nachtmarsch dieser Art zu stürzen, obwohl sein Ziel nur darin bestand, nach Kimberley zu gelangen. Die guten Damen von Luckhoff sahen zu, wie der letzte Transporter über dem Nek in der Dunkelheit der hereinbrechenden Nacht verschwand, und schickten dann ihre achtjährigen Söhne oder Kaffern, um diejenigen ihrer Männer zurückzurufen, die in den benachbarten Verstecken versteckt *lagen* . während der Beobachtungsposten einen Galopp zum nächsten Punkt schickte, um die Nachricht zu verbreiten, dass die Kolonne die Kimberley-Straße genommen hatte. Bei Sonnenuntergang hatte die Spitze der Kolonne etwa sechs Meilen zurückgelegt, und es wurde ein Halt einberufen, damit das Gepäck aufschließen konnte. Sobald es dunkel genug war, wurde die Richtung geändert, und die Spitze der Kolonne verließ die Straße und stürzte in die weglose Steppe, wobei man schätzte, dass ein

Kompass, der genau nach Osten ausgerichtet war, sie bei Tagesanbruch in leichte Reichweite des Parallelogramms bringen würde von Hügeln, in denen Fauresmith und Jagersfontein liegen. Aber die Gunst der Vorsehung wurde zurückgezogen: Die Nacht, die in erdrückender Hitze geboren worden war, verwandelte sich plötzlich in durchdringende Kälte, und große Zickzacklinien weißer Blitze, die sich wie die Klauen eines riesigen Drachen am Himmel festklammerten, kündigten einen Sturm ungewohnter Wut an . Und bald darauf ging ihm ein blendender Sandsturm voraus, der verriet, wie sehr sich die verbrannte Oberfläche der Prärie nach Feuchtigkeit sehnte. In dieser Nacht saugte es sich satt, denn als die Schleusentore auseinanderbrachen, ergoss sich eine gewaltige Sintflut über die Erde. Der große Sturm entleerte seine Last in so großen Wasserströmen, dass jeder Mann der Truppe trotz wasserdichter und öliger Kleidung im Nu so durchnässt war, als wäre er in einen Bach gestürzt. Es war auch kein vorübergehender Untergang von vorübergehender Dauer. Fast eine Stunde lang ergoss es sich in ununterbrochenem Strom. Automatisch kam die ganze Truppe zum Stillstand: gebremst, heruntergekommen und elend hielt sie stand. Vorzurücken war unmöglich; Jede Senke in der Steppe war eine Wasserfläche, die an manchen Stellen nur wenige Zentimeter tief war. Die gesamte Erdkruste war zu einem klebrigen, durchnässten Morast geworden, und in diesem Sumpf lag die Säule festgefahren und hilflos. Kanonen und Wagen sanken bis zur Achse, und ihre betrunkene Ausrichtung bewies, dass sie vorerst unbeweglich waren. Pferde, Maultiere und Ochsen kämpften und zappelten um Halt und sanken unter entsetztem Schluchzen und schmerzlichem Stöhnen zusammen, bis ihre Bäuche auf gleicher Höhe mit dem Schneematsch waren. Eine schreckliche Szene!

Der Mensch konnte nichts tun: Bis die natürliche Entwässerung der Ebene und der ausgetrocknete Untergrund die überschüssige Feuchtigkeit absorbierten, war die Brigade so hilflos wie ein Dampfer mit kaputter Schraubenwelle. Zum Glück für das Personal hatte die Katastrophe die Brigade nur eine Meile von einer mittelgroßen Farm entfernt heimgesucht; und schließlich, nach langer Arbeit im Sumpf, konnten der Brigadier und seine unmittelbaren Gefolgsleute seine Gastfreundschaft in Anspruch nehmen. Zum Glück war es besetzt. Eine lächelnde, gutmütige *Frau* , etwa unter dreißig, mit einer Schar von Mädchen zwischen zwei und zwölf, bemühte sich, mit einer Flut durchnässter Soldaten der Vorhut fertig zu werden. Es war eine schöne Farm, und zu unserem Erstaunen erwies sich Madam Embonpoint als englische Afrikanerin. Ihr Mann war in St. Helena und seit Kriegsausbruch hatte sie den Besitz ihres Mannes allein bewirtschaftet. Madam war alles andere als feindselig; aber sie betete, dass wir nicht in ihren dürftigen Proviantvorrat einbrechen würden, da sie zehn Münder zu ernähren hatte und der Krieg unmittelbar bevorstand. Ansonsten waren wir zu der Gastfreundschaft willkommen, die uns ihr Dach bieten konnte, und sie war bereit, für uns alles zu kochen und zuzubereiten, was wir bei uns hatten. Es war der Zufall, dass der Offizier der Vorhut ein Kapitän der Mount Nelson Light Horse war. Er war einer der wenigen in diesem Korps, die einen positiven Eindruck auf den Brigadier gemacht hatten, weshalb der Chef nicht in beleidigende Satire ausbrach, als er diesen Offizier dabei erwischte, wie er in der Bauernküche einen Truthahn kochte. Trotz der Nässe und der Enttäuschung hatte der Brigadier nichts von seiner gewohnten Fröhlichkeit verloren. Bei den besten Soldaten ist es oft der Fall: Je widriger die Umstände, desto leichter ist ihre Stimmung.

Brigadier (begann, sich vor dem Feuer seiner nassen Kleidung zu entledigen und zeigte auf den Truthahn): „Ehrlich gesagt, sind Sie vorbeigekommen?"

Kapitän (schließt den Deckel des Topfes mit einem Knall): „Ja, Sir; das letzte unserer Konserven, Sir!"

B. „Heute habe ich die Dose zum ersten Mal gesehen, sollte ich denken. Aber was machst du damit? Du musst deine Räuber hier rausholen. Das ist meine Hütte für heute Nacht!"

C. „Das wurde mir klar, Sir, und ich sagte zu meinem Subalternen, dass wir, da es eine kalte Nacht war, einfach unsere letzte Dose öffnen und sie dem General als Zeichen der Zuneigung anbieten würden, mit dem Argument, dass er sie im Geiste annehmen würde in dem es gegeben wurde, würde er uns beide zum Abendessen einladen.

B. (jetzt im Hemd): „Herzliche Kerle, beide. Kein Mann, der von einer Frau geboren wurde, hätte lieber einen gekochten Truthahn zum Abendessen als ich, obwohl er erst vor einer Stunde von einem Kapitän getötet wurde, der es hätte tun sollen." Ich weiß es besser. Sie werden beide zum Abendessen eingeladen. Meine Dame, sollten Sie sich nicht besser zurückziehen?" (*Dies an die Dame des Hauses, die gerade eingetreten war.*)

Die Szene war in der Tat seltsam. Eine raue Burenküche, beleuchtet von einem schmuddeligen Bad. Das Licht der gelben Flamme wurde durch einen an den Sparren hängenden „Lastwagen" behindert – eine Seite Hammelfleisch, etwas *Biltong* , Zwiebelschnüre und Rote Bete. In der Ecke ein mehr oder weniger moderner Schießplatz, vor dem eine Gruppe von Offizieren stand, bestehend aus dem Brigadier, seinem Stab und den beiden Offizieren der Vorhut, alle in verschiedenen Stadien der Déshabille, von denen einige versuchten, sich *zu* befreien warm, einige zum Trocknen ihrer auswringenden Kleidung und andere, um das Feuer zu schüren und einen Topf zum Kochen zu bringen. Dazu kamen noch die rundliche Gastgeberin und ihr Stamm aus Töchtern jeden Alters, die keine Zurschaustellung männlicher Gliedmaßen und Unterkleidung zu erschrecken schien. Es sah nicht danach aus, De Wet zu fangen – aber zwischen Mitternacht und Tagesanbruch könnte noch viel passieren.

Ein Kapitel könnte mit dem Elend gefüllt werden, das die Truppen in dieser Nacht erlitten, und in diesem Fall wäre es unhöflich, sich auf die üppige Natur des Festes im Bauernhaus einzulassen. Es genügt, dass der Brigadier während der Diskussion einen Überblick über die Situation gab und mit dem Kaffee, den Madam Embonpoint zur Unterhaltung beisteuerte, bereit war, seinen Plan vorzustellen, das Chaos zu ändern, das die Elemente in sein ursprüngliches Unternehmen gebracht hatten.

Brigadier (rührt nachdenklich in seiner Tasse, bis die Gastgeberin den Raum verlassen hat). „Herr Geheimdienst, wie groß ist Ihrer Meinung nach die Entfernung zwischen diesem und dem Pass auf dieser Seite von Fauresmith?"

Geheimdienstoffizier. „Drei bis fünfundzwanzig Meilen, Sir."

B. „Haben Sie jemanden, der den Weg kennt?"

IO „Ja, Sir, es gibt einen Mann in der Light Horse, der einige Transportfahrten im südlichen Freistaat gemacht hat und sagt, er weiß etwas darüber."

B. „Immer besser" (*wendet sich an den Hauptmann der Vorhut*). Jetzt werde ich Ihnen eine ganz große Sache in den Weg stellen. Sie sind der Oberhauptmann Ihres Korps, nicht wahr?"

Kapitän. „Ja, Sir, Oberhauptmann, Adjutant und Stellvertreter; wir haben keine Majors!"

B. „Dann ist das in Ordnung. Nun, ich möchte, dass Sie sofort mit zwei Staffeln beginnen und nach Fauresmith vordringen. Ich vermute, dass Sie feststellen werden, dass es jetzt etwas trockener ist, und wie es bei Stürmen üblich ist." Es ist durchaus möglich, dass Sie mit der Zeit besser zurechtkommen. Wenn Sie in die hügelige Gegend um Fauresmith kommen, seien Sie schlau und versuchen Sie, so nah wie möglich heranzukommen, ohne gesehen zu werden, und finden Sie eine Position, von der aus Sie es erreichen können Halten Sie die Straße, die von Fauresmith zum Riet River führt. Kommen Sie hierher und sehen Sie sich die Karte an. Wenn Sie nun bis Mitternacht losfahren, sollten Sie bis zum Tagesanbruch zwei Meilen pro Stunde zurücklegen. Das sind zwölf Meilen, die restlichen zehn schaffen Sie Tun Sie dies innerhalb von zwei Stunden. Wenn Sie beschossen werden, drängen Sie weiter; aber wenn Sie sich mit Gewalt wehren, geben Sie Ihr Bestes, lassen Sie es mich nur wissen. Nun, das sind meine Pläne (zeigt auf die Karte) . Siehst du das Parallelogramm? Nun, du gehst Ich werde so schnell wie möglich mit dem Boden in diesem Zustand kommen. Wenn Sie mit dem Feind in Berührung kommen, werde ich zwei Schwadronen und zwei Geschütze direkt zur Brücke über den Riet nach Norden schicken des Parallelogramms und zwei Staffeln und zwei Geschütze südlich des Parallelogramms, während ich mit dem Rest in Ihre Richtung weiterkomme. Nun besteht Ihre Aufgabe erstens darin, sich nicht sehen zu lassen; Zweitens, damit Sie sich darauf einstellen können, dass Sie, falls De Wet und seine Leute Fauresmith erreichen, bevor wir oben sind, ihn dort manövrieren und festhalten können, bis wir ankommen. Es ist eine schwierige Aufgabe, das gebe ich zu; Aber ich weiß, dass Sie der Mann sind, der das Beste daraus macht. Machen Sie Ihren Männern klar, dass sie jetzt die Möglichkeit haben, sich einen Namen zu machen. Der Brigademajor wird Ihnen das alles schriftlich mitteilen. Sie können Ihre Staffeln auswählen. Jetzt komm zurecht und verschwende keine Zeit!"

Während die beiden Staffeln der Mount Nelson Light Horse in dieser Nacht das Lager verließen und der Rest der Brigade sich in sein elendes Biwak begab, „schlief" der Stab im Salon des Bauernhauses. Bei einer so großen Mädchenfamilie konnte die gute Madam Embonpoint nur ein Gästezimmer einrichten, und das war dem Brigadier vorbehalten; aber der Rest schleppte seine durchnässten Koffer in den Salon und vertraute darauf, fünf Stunden Schlaf zu bekommen, bevor es hell wurde ...

Um den Kummer der Brigade noch zu vergrößern und die einzigartige Vorsehung zu demonstrieren, die De Wet bis zur elften Stunde bei seinen Bewegungen zu begleiten schien, stellte sich heraus, dass die Truppe am Rande des Sturms biwakiert hatte. Wie so oft bei diesen südafrikanischen Stürmen war die Schwere des Untergangs lokaler Natur, und obwohl die Brigade so schwer getroffen worden war, dass es den Teams praktisch unmöglich war, die Geschütze ohne die Hilfe von Schleppseilen zu bewegen, halb Eine Meile entfernt war die Oberfläche der Steppe unberührt und alles in Ordnung. Diese Entdeckung ließ den Tag mit besseren Aussichten anbrechen, und sobald die durchnässte Kolonne, befreit von ihrem Antrieb, den festeren Boden spürte, schüttelte sie sich wie ein Retriever nach dem Schwimmen und begab sich in einen schwingenden Trockentrab. Der Brigadier hatte Theorien über die Methoden, die bei dem Kriegsspiel, mit dem er konfrontiert wurde, anzuwenden waren; und er beschloss, wenn möglich, vor den Streikposten und Beobachtungsposten der Buren zu stehen, da er erkannte, dass zwei Umstände zu seinen Gunsten waren. Die für Philippolis angeordnete Konzentration hätte die Stärke der Burenwächter verringern sollen, und der Regen der vorangegangenen Nacht hatte, während er die Wachposten weniger geneigt machte, für die bittere Nachtwache am frühen Morgen zu sorgen, den verräterischen Staub gelegt, der in der Regel ist das größte Hindernis für die Geheimbewegung. Er schickte einen Trupp los, der auf beiden Flanken sehr weit vorrückte, um dem doppelten Zweck zu dienen, etwaige sich scheuende Burenposten zu fangen, die durch das spätere Eintreffen der Transportkolonne alarmiert werden könnten, und sich vor dem vorbeischlüpfenden De Wet-Kommando zu schützen über den Hinterweg. Als das Tageslicht stärker wurde und sich die Fahrt besserte, deutete alles auf einen erfolgreichen Ritt der beiden in der Nacht vorgeschobenen Schwadronen hin. Um sieben Uhr begannen die Männer zu trocknen, und als das Ziel der Jagd bekannt wurde, war eine allgemeine Verbesserung in der Stimmung der Truppe erkennbar.

Die ersten Informationen, die im Hauptquartier eingingen, als die gesamte Truppe schnell vorrückte, kamen vom Basuto-Späher, den der Geheimdienstoffizier von seinen Verpflichtungen gegenüber dem Geheimdienstführer entbunden hatte, sobald dieser entlassen worden war. Seine Information war seriös: Er berichtete, dass eine Gruppe von fünfundzwanzig Buren gegen acht Uhr unsere Spur gekreuzt und sich in schneller Fahrt in nordöstlicher Richtung bewegt habe. Der Brigadier verhörte den Mann eingehend und schien von der Wahrheit seiner Geschichte überzeugt zu sein.

Brigadier (dreht sich zu seinem Stab um) „Wenn wir Glück haben, kommen wir gut zurecht. Ich glaube nicht, dass diese Kerle, die hinter uns vorbeigekommen sind, De Wets tatsächliche Vorhut sind. Sie sind wahrscheinlich eine Patrouille, die er hat." hinausgeworfen, um sich um seine entblößte Flanke zu kümmern. Er weiß, dass wir in Luckhoff waren, und er hätte sich nicht bewegt, ohne jemandem zu sagen, er solle auf uns aufpassen. Nun, diese Leute haben uns gesehen und sind hinter uns vorbeigegangen; aber wie wir glücklicherweise getroffen haben und die Spur der Vormarschstaffeln verwischt haben, wissen sie nicht, dass wir sechs Stunden vor uns eine Streitmacht haben. Wahrscheinlich haben sie zu De Wet zurückgeschickt, der ein bis zwei Stunden [41] von ihnen entfernt sein wird . um ihm mitzuteilen, dass er, wenn er einen Spurt macht, die Fauresmith-Pässe vor uns durchqueren kann. Wenn ihn nur die Mount Nelsons aufhalten können, werden wir es schon mit ihm aufnehmen.

Um neun Uhr begannen die Fauresmith-Hügel über dem toten Niveau der Steppe aufzuragen, und da die Spur der Vorgeschwader immer noch fest war und wir keine Nachricht von ihnen hatten, gab es allen Grund, zufrieden zu sein, dass sie erfolgreich waren haben ihr Ziel erreicht. Die Situation steigerte zumindest das Interesse. Kurz nach zehn hatte die Kolonne den Fuß der Fauresmith-Hügel erreicht, und der Brigadier ließ klugerweise Halt machen, da er beschloss, seine Truppen nicht in die hügeligen Gebiete zu schicken, bis er etwas von seinen Vormarschgeschwadern gehört hatte.

Aber die nächste Nachricht über den Feind sollte nicht von der Vorhut kommen. Die Kolonne war gerade vom Sattel abgesprungen, als ein zerzauster Soldat mit bleichem Gesicht zu der winzigen Baumgruppe galoppierte, unter der der Brigadier und sein Stab abgestiegen waren.

Brigadegeneral. „Hallo, hier ist ein Mann, der seinen eigenen Geist gesehen hat. Wir werden jetzt Neuigkeiten haben. Wer bist du?"

Soldat. „Bitte, Sir, ich gehöre zu Mr. Craufords Patrouille – sie wurde vernichtet!"

B. (*beruhigend*). „Jetzt steig ab und erzähl uns alles. Wozu gehörst du?"

T. (*absteigend*). „Mount Nelson Light Horse, Sir."

B. „Das dachte ich mir; jetzt erzählen wir die Geschichte."

T. „Nun, Sir, da waren Mr. Crauford und Sergeant Mullins und –"

B. „Kümmere dich nicht um ihre Namen. Wie viele Männer hatte Mr. Crauford bei sich?"

T. „Ungefähr sechs, Sir; und ich bin der Einzige, der noch am Leben ist und die Geschichte erzählen kann!"

B. „Wie wirklich schrecklich! Und wenn du nicht weitermachst, wird deine Geschichte auch uns alle überleben. (*Ungefähr*) Nun wirf sie raus – was ist passiert?"

T. „Nun, Sir, Sie sehen die Farm da drüben (die *auf einen niedrigen Saum grauer Hügel in etwa vier Meilen Entfernung an unserer linken Flanke zeigt, an dessen Fuß sich ein Gehöft befand*), wir ritten ruhig darauf zu, Als plötzlich, als wir an einem Kraal vorbeikamen, etwa fünfzig Buren aufsprangen und uns zu „ands up" riefen. Wir wollten nicht „und hoch", und sie haben uns zu einem Mann heruntergeschossen, und ——!"

B. „Moment – wie sind Sie der allgemeinen Schlägerei entkommen?"

T. „Ich weiß es nicht genau, Sir; ich galoppierte sozusagen mit aller Macht, und die Kugeln summten so dick und schrecklich, dass ich mich den ganzen Weg nach Hause immer wieder fragte: ‚Wie war ich es?'" geschafft zu fliehen!"

B. „Du kannst gehen. Stopp! Wo ist dein Gewehr?"

T. (*er merkte zum ersten Mal, dass er kein Gewehr hatte*). „Ich muss es im Gedränge fallen lassen, Sir – es war schrecklich, Sir!"

B. (*brutal*). „Los, gehen Sie , Sie sollten sich schämen, mit ehrlichen Männern zu reden . "Panik hatte sein Gewehr weggeworfen, doch etwas ist passiert, und entweder haben sich unsere Männer auf der linken Seite der Gruppe Buren angeschlossen, die heute Morgen unsere Spur kreuzte, oder wir haben die ganze „Trickkiste" und De Wet verraten ist durch uns. Nehmen Sie einfach ein anderes Geschwader der Mount Nelsons und sehen Sie, was auf der linken Seite passiert ist. Sie können auch den Pompon nehmen. Wenn der Feind nicht stark genug ist, bleiben Sie nicht lange draußen, da ich mich wahrscheinlich bewegen werde Bevor du zurück bist. Ich werde auf jeden Fall eine Signalstation auf dem Hügel über uns hinterlassen!"

Brigademajor. "Sehr gut, Herr."

B. „Warten Sie einen Moment. Da der Regensturm meine ursprünglichen Pläne durchkreuzt hat, werde ich wahrscheinlich, sobald ich von Fauresmith höre, die Hälfte meiner Streitkräfte direkt zur Kalabas-Brücke schicken und den Rest zur Unterstützung der Mount-Nelson-Staffeln übernehmen." . Aber ich kann keine definitive Aussage machen, bis ich eine Vorstellung von der Streitmacht von De Wet habe. Gott! Ich wünschte, ich wüsste, wo Plumer in diesem Moment sein könnte oder ob sich jemand hinter De Wet befindet. Ohne Informationen oder Karten ist dies ein hartes Spiel!"...

In einer halben Stunde befand sich das kleine Kommando des Brigademajors nur noch tausend Meter von der Liebenbergspan-Farm entfernt. Hier trafen sie auf fünf elende Männer, die müde auf sie zustapften. Sie waren Craufords Patrouille, hatten den größten Teil ihrer Kleidung ausgezogen und wurden von den Buren aufgefordert, mit allen Komplimenten der Saison zu ihrer Kolonne zurückzukehren. Der Subalterne war sehr niedergeschlagen, denn er war ein Junge mit dem richtigen Geist; und es stellt eine Belastung für die Würde eines Offiziers dar, auf der Steppe losgelassen zu werden, nur mit einem Flanellhemd als Kleid und einem Paar Spachtelmasse, die anstelle der Stiefel um die Füße gebunden sind. Es war nicht seine Schuld: Er hatte einen Mann geschickt, um die Farm zu erkunden. Dieser Mann war unser Freund, der am Morgen hereingekommen war. Da es ihm nicht gelang, den Kraal zu durchsuchen, hatten die Buren ihn passieren lassen und auf den Hauptteil der Patrouille gewartet, den sie auf kurze Distanz „aufgehalten" hatten. Der Späher, der durch sie hindurchgegangen war, hörte die Rufe „Hände hoch!" und im Galopp um sein Leben war es ihm gelungen, sich zu befreien und dem Brigadier seine von Schrecken erzeugte Fabel vorzuwerfen. Abgesehen von der Mitnahme ihrer Kleidung hatten die Buren die Gefangenen gut behandelt. Es handelte sich um eine Gruppe von fünfzehn Männern, sehr schlecht gekleidet, aber gut beritten, unter einem Kommandanten namens Theron. Crauford, ein junger englischer Afrikaner, hatte seine Zeit als Gefangener gut genutzt. Seine Entführer wussten nicht, dass er Niederländisch verstand, und er hatte aus ihrer Unterhaltung herausgefunden, dass sie, wie der Brigadier erwartet hatte, Teil von De Wets Bildschirm waren. Sie waren sehr verärgert über die Größe der britischen Kolonne und waren nicht auf deren Anwesenheit so nahe an der Vormarschlinie von De Wet vorbereitet. Aber als sie darüber diskutierten, kamen sie zu dem Schluss, dass De Wet an der Spitze der Kolonne stehen würde, was bewies, dass sie keine Kenntnis von den beiden Staffeln hatten, die während der Nacht abgelöst wurden. All dies waren so wertvolle Informationen, dass Baker von einem Mann abstieg und Crauford so schnell er konnte zum Brigadier zurückschickte. Er selbst machte weiter, da Therons Gruppe immer noch die Farm besetzte.

Die Farm lag am Fuße eines niedrigen Hügels. Es handelte sich nur um eine Anhöhe, und da die Buren offenbar keine Notiz von unserer Annäherung nahmen und sich nicht einmal die Mühe machten, ihre Anwesenheit zu verdrängen, beschloss der Brigademajor, unter dem Deckmantel seines Bommels darüber zu galoppieren. Rechts eine halbe Staffel, links eine halbe Staffel. Er rief den Kommandanten des Geschwaders an und gab ihm seine Anweisungen. Der Mann machte sofort Schwierigkeiten und schlug eine andere Art des Angriffs vor.

Brigademajor (*streng*). „Ich habe Ihnen gesagt, was Sie tun sollen. Bitte gehen Sie und unterweisen Sie Ihre Truppenführer. Sobald Sie ausgestreckt sind, galoppieren Sie und erhöhen Sie Ihr Tempo, wenn Sie ausreichend nah dran sind. Der Hügel auf der rechten Seite und die Anhöhe auf der anderen Seite Sie haben beide das Kommando über die Farm gelassen, und Sie werden feststellen, dass der Feind nicht standhalten wird. Mein Himmel! Mann (*wie der Kapitän wieder zu widersprechen begann*), es sind nur etwa zwanzig von ihnen; Sie haben doch bestimmt keine Angst!“

Der Mann wollte nicht gehen, und sein Geschwader auch nicht. Sie zögerten beim Ausdehnen, und es dauerte eine ganze Viertelstunde, bis sie mit dem Vorwärtsgehen begannen. Der Brigademajor stürmte an die Spitze der rechten Halbstaffel und versuchte, sie ein wenig zu begeistern. Aber nein; Es war das schlechteste Geschwader der Mount Nelsons, und als der Brigademajor zu galoppieren begann, stellte er fest, dass ihm nur vier Männer folgten. Aber selbst dies und ein halber Gürtel vom Bommel reichten für die Buren aus: Sie rannten zu ihren Pferden, die am Kraal grasten, bestiegen ihre Pferde und galoppierten über die Anhöhe, ohne einen Schuss abzufeuern. Wie Geier auf Aas herabstürzen, so stürmten die Mount Nelsons, sobald sich herausstellte, dass der Hügel frei vom Feind war, herab, um die Farm zu plündern. Das Gesicht des Brigademajors war ein Musterbeispiel, als er und der Kapitän der Mount Nelsons sich auf der Veranda trafen. Alles, was er sagte, trug nicht zum künstlerischen Sinn dieser Erzählung bei; aber er schloss seine Bemerkungen mit den folgenden Worten: „Wenn ich einen Mann Ihres Regiments dabei erwische, wie er einen einzigen Gegenstand auf dieser Farm berührt, werde ich ihn selbst erschießen. Bringen Sie Ihre Männer zurück in ihre Positionen, Sir. Sie werden nicht kämpfen; ich werde.“ sei verdammt, wenn sie plündern!“

Im Krieg entwickeln sich die Situationen schnell, und der Brigademajor hatte seinen jetzt schmollenden Junior kaum entlassen, als ein silbernes Glitzern über dem Halteplatz der Brigade die lakonische Botschaft verkündete: „Kehrt sofort und ohne Verzögerung zurück." Genau im selben Moment stürzte ein Bote von der Anhöhe über der Farm herab und berichtete aufgeregt, dass eine lange Reihe Kapkarren schnell die linke Front überquerten. Der Brigademajor brachte das Geschwader wieder in Trab und blieb einige Augenblicke zurück, um die neue Entwicklung zu untersuchen. Es stimmte durchaus, sechs Kapkarren und etwa dreißig Männer überquerten seine Front in gutem Tempo von rechts nach links. Sie waren weit weg, und selbst wenn er nicht den zwingenden Befehl zur Rückkehr gehabt hätte, wäre es aussichtslos gewesen, zu versuchen, sie mit dem Material zu verfolgen, das er in der Hand hatte.

Brigademajor (*schnappt seine Brille zurück ins Etui*). „Sie können in Ihrem umfangreichen Tagebuch vermerken, Herr Geheimdienst, dass unsere Beute entkommen ist. Sie haben uns entwischt.

Aber wie sich später herausstellen sollte, hatte der Brigademajor ausnahmsweise einmal einen Fehler gemacht ...

Wir fanden den Brigadier, der uns ungeduldig erwartete, mit der Hälfte der Batterie angehängt und den 20. Dragonern, die zu ihren Pferden standen. Er wartete nicht auf Ruhe oder Erklärung; aber sobald wir mit dem Bommel hereingegaloppiert waren, gaben wir der Kolonne den Befehl zum Vormarsch. Der Maultierkonvoi war in unserer Abwesenheit eingetroffen und hatte den Befehl, uns so gut es ging zu folgen.

Brigadegeneral. „Seht her, ihr Leute; ich bin zum ersten Mal wirklich zuversichtlich, seit ich mich mit dieser Art von ‚Folgt eurem Anführer' beschäftige." Knapp eine halbe Stunde nachdem Sie gegangen waren, schickte unser Freund, der Truthahnexperte von gestern Abend, einen glühend heißen Mann mit der Nachricht, dass er den Hauptteil eines Burenkommandos in einem Pass westlich von Fauresmith angehalten habe. Das war er war nicht in der Lage, die Vorhut aufzuhalten, die mit etwa sechs Kapkarren durchrückte; aber er hatte seitdem die Burenposten auf dem Pass erobert und die Haupttruppe – bestehend aus etwa dreißig Kapkarren und 400 Bürgern – zurückgedrängt. und als er schrieb, wurden sie in Fauresmith angehalten.

Brigademajor. „Wir haben diese Vorhut gesehen. Aber gibt es keinen anderen Weg, auf dem der Feind zum Riet gelangen kann: indem er zum Beispiel zwischen Fauresmith und Jagersfontein herumschwenkt?"

B. „Wir können nicht hoffen, dass er bleibt und in Fauresmith auf uns wartet. Natürlich wird es einen Ausweg geben, aber er könnte zögern, er könnte versuchen, sich an dem Truthahnexperten vorbeizudrängen, und dann könnten wir." Seien Sie zuerst dort. Ich habe Goven mit der 21. und zwei Kanonen auf einmal losgeschickt, um direkt auf die Kalabas-Brücke zuzusteuern – um nichts zu rechnen, nur um dorthin zu gelangen. Aber wir haben weder Reiseführer noch Karten, die einem eine Vorstellung davon geben könnten die wahre Lüge des Landes. Ich konnte ihm nur die Richtung und die gewöhnliche ungenaue Blattkarte liefern.

B.-M. „Und was haben Sie selbst vor, Sir?"

B. „Wir werden mit aller Macht für die Position kämpfen, die der Truthahn-Experte innehat; und wenn er dann angegriffen wird und Wind und Gezeiten es zulassen, werden wir uns einfach auf den alten Mann De Wet stürzen." , ihn ersticken oder bei dem Versuch umkommen."

Die Hügel um Fauresmith unterscheiden sich in ihrer Beschaffenheit kaum von dem allgemeinen Charakter Südafrikas. Sie unterteilen die Steppe in eine Reihe grober Parallelogramme. Der Brigadier hatte geschätzt, dass wir nur etwa vier bis fünf Meilen von Fauresmith entfernt waren, während die ungenaue Karte zeigte, dass die 21. Dragonergarde, als sie losmarschierte, nur etwa acht Meilen zurücklegen musste, bevor sie die Kalabas-Brücke über den Riet erreichen würde. Daher war der Brigadier davon überzeugt, dass er mit der Kraft, die er in Händen hatte, damit fertig werden könnte, wenn es ihm gelingen würde, die Brücke mit dem 21. zu stoppen und vor Einbruch der Dunkelheit Kontakt mit De Wets Haupteinheit aufzunehmen. Aber es wäre absolut notwendig, in dieser Nacht Kontakt aufzunehmen und, wenn man ihn einmal gewonnen hat, sofort zu einem Abschluss zu kommen. Das Innere des ersten Parallelogramms ermöglichte es der Streitmacht, mit einer ausgedehnten Front voranzuschreiten, und sechs Meilen geschickten Trabens brachten sie nach Brandewijnskuil, wo die Fauresmith-Straße über einen Nebenfluss des Riet führt. Östlich dieser Drift, zwischen ihr und Fauresmith, erheben sich die glacisartigen Hänge des Groen Kloof – ein treffender Name, denn das ganze Land ist hier grün und die unmittelbare Nachbarschaft der Drift ist vielen ländlichen Gegenden nicht unähnlich Surrey. Mit Büschen wie mit einer Hecke versinkt die Straße in der Schneewehe und taucht auf der anderen Seite wieder auf. Sie bahnt sich ihren Weg zwischen rauen Rasenflächen, auf denen Gänse und Ziegen grasen. Auf der linken Seite steht ein weiß getünchtes Häuschen mit einem Pferch aus verkümmerten Sträuchern und ein oder zwei Bäumen. Daneben, in einem mit Schlingpflanzen bewachsenen Schuppen, stehen die Geräte eines Schmiedehandwerks – ja, für den Moment könnte es durchaus Surrey sein. Aber wir haben keine Zeit zum Verweilen und Bewundern oder für Selbstgespräche über die Landschaft. Vor uns liegt Männerarbeit. Ein berittener Bote rennt vor uns die Strecke hinunter, als wären hinter ihm die Hölle und tausend Teufel losgelassen worden. Er reicht dem Brigademajor ein Stück Papier und stürzt sich dann von seinem Pferd, das regungslos mit wogenden Seiten und tropfenden Flanken dasteht.

Brigadegeneral. „Lesen Sie es. Von wem ist es?"

Brigademajor. „Von dem Kommandanten der beiden Staffeln von Mount Nelsons. Er sagt: ‚Groen Kloof, 15.15 Uhr – etwa 200 Buren stark demonstrierten gegen mich, während der Konvoi einen Kreis außerhalb der Reichweite nach Nordosten machte. Ich konnte nicht um dies zu verhindern. Der Konvoi fährt so schnell er kann Richtung Norden. Sie könnten ihn abschneiden. Ich halte das, bis Sie Verstärkung erhalten. Keine Verluste; ich habe sechs Gefangene.'"

Brigadier (holt seine Uhr hervor). „Es ist jetzt 3,40. Goven ist um 1,30 gestartet; er sollte weit vor diesen Buchten an der Brücke sein. Wenn ja, haben wir sie. Hier, Baker, nimm den Rest dieses Gedränges direkt nach Norden." -östliche Ecke dieses Kartenblatts. Sobald Sie die Ecke erreicht haben, machen Sie einen rechten Winkel, steuern Sie nach Nordwesten, und Sie sollten direkt hinter Brother und seinen Cape-Karren herauskommen. Jetzt kann es losgehen ; melden Sie sich bei Colonel Washington, aber ich erwarte von Ihnen, dass Sie die Show am Laufen halten. Gott sei Dank! Das ist die Chance für den Feldzug, wenn das Riet immer noch überschwemmt ist!"

B.-M. „Sehr gut, Sir. Aber wo werden Sie sein?"

B. „Ich werde hier sein. Hier wird der Transport heute Nacht auslaufen. Ich werde den Truthahnexperten die ganze Nacht über auf dem Gipfel des Groen Kloof behalten, für den Fall, dass Bruder versucht, auf diese Weise zurückzubrechen! Aber wohin auch immer." Wenn du den Feind findest, gehst du kahlköpfig auf ihn los: Es ist die einzige Chance!"

B.-M. „Aber wenn ich feststelle, dass er den Fluss überquert hat? Wenn die andere Kolonne nicht in Position sein sollte?"

B. (absichtlich) „Wenn er den Riet überquert hat, kommen Sie sofort mit eingezogenem Schwanz zurück. Unter diesen Umständen wäre eine Verfolgung sinnlos. Aber lassen Sie Ihre eigene Diskretion walten, wenn es knapp wird. Sagen Sie es Freddy Ich habe meine Anweisungen zum Kämpfen; Sie und Freddy sollten in der Lage sein, Washington zu überzeugen, und Twine, sein Stellvertreter, kämpft gegen alles. Auf Wiedersehen und viel Glück für Sie; verschonen Sie weder Mensch noch Tier. (Als Brigade.) *-Major ritt davon, der Brigadier wandte sich an den Geheimdienstoffizier.*) Nun, Herr Geheimdienst, ich möchte, dass Sie sich auch nützlich machen. Ich möchte, dass Sie, wenn möglich, zu Goven gehen und ihn über die Situation informieren. Das ist von entscheidender Bedeutung Er sollte wissen, wie die Kraft hinter ihm verteilt ist. Selbst wenn sie ihn an der Brücke angreifen, tun Sie Ihr Möglichstes, um an ihn heranzukommen: Die besten Kräfte bieten Flanken, die für einzelne Männer möglich sind. Sagen Sie ihm einfach, dass Washington mit der Hälfte der Von Nordosten greift eine Kraft auf die Brücke ein; dass Groen Kloof von unseren eigenen Buchten gehalten wird; dass ich mit dem Gepäck und seiner Eskorte aus Kranken, Blinden, Lahmen und Lahmen hier bin; Wenn Washington ihnen in die Quere kommt, soll er gerade genug Männer zurücklassen, um die Brücke zu sichern, und seine Hopliten zur Hilfe Washingtons heranschleudern. Jetzt reiten Sie schlau; Möglicherweise haben Sie einen schwierigen Job. Ich sollte mich gut links halten. Auf Wiedersehen und viel Glück für Sie. Fahr schlau!"...

Der Geheimdienstoffizier ritt auf seiner einsamen Mission los. Glücklicherweise hatte er nach der Affäre bei Liebenbergspan sein Pferd gewechselt, und da er gut beritten war, fühlte er sich einigermaßen sicher. Er steuerte zunächst nach Nordwesten und hoffte, die *Spur* von Govens Kolonne abzuwehren. Aber als er es nach vier Meilen nicht mehr fand, glaubte er, dass er einen Umweg machte, der ihn, wenn er beharrlich daran festhielt, nicht bis zum Einbruch der Dunkelheit an sein Ziel bringen würde. Deshalb änderte er seine Richtung nach Norden und gab seinem Pferd die Sporen. Er arbeitete am inneren Rand eines großen Steppenbeckens und fühlte sich ein wenig unwohl, was die Richtung anging; und beunruhigt, dass er keine Spuren der Säule sah, stieg er in einem Klouf ab und kletterte auf den Rand des Beckens. Unter ihm verlief eine Spur, die sich weiß von der Steppe abhob. Es gab nur ein kurzes Stück Steppe, und dann wurde das Land sehr zerklüftet und hügelig. Etwa zweihundert Meter von dem Ort entfernt, den er für seine Erkundung gewählt hatte, stand ein kleines Bauernhaus. Aber es war nicht das Bauernhaus, das seine Aufmerksamkeit erregte; Es war eine Staubsäule, die nach Norden entlang der Strecke sichtbar war. Er holte seine Brille heraus. Daran bestand kein Zweifel – es handelte sich um eine Gruppe berittener Männer und ein Transportmittel, das sich von ihm entfernte. Sie waren nicht mehr als eine Meile entfernt; und wenn der Staub nicht gewesen wäre, hätte er die Kraft fast abschätzen können. „Es ist De Wet", dachte er innerlich; „Er geht direkt in Govens Arme; und damit die Buren all diesen Staub machen können, müssen sie schnell reisen." Er richtete seine Brille nach Süden; dort konnte er auf der Strecke keine Spur von Lebewesen finden. Er überlegte gerade in Gedanken, was der richtige Weg sei, als er eine Stimme hinter sich hörte: „Bitte um Verzeihung, Sir, aber das sind Buren; sie sind gerade alle hier vorbeigekommen!" Er drehte sich um und sah einen britischen Dragoner, der steif und stramm hinter ihm stand.

Geheimdienstoffizier. „Wer bist du? Und wo zum Teufel kommst du her?"

Soldat. „Bitte, Sir, wir gehören zu einer Patrouille, die von Captain Charles ausgesandt wurde, und wir haben uns verlaufen."

IO „Wo sind die anderen? Wo sind deine Pferde?"

T. „Ich habe die drei Pferde dort unten im Nullah. Der Korporal und der andere Mann sind unten auf der Farm, Sir; zumindest sind sie dorthin gegangen, bevor die Buren kamen."

IO „Auf dieser Farm? Die Buren werden sie erwischt haben; sie müssen ganz in der Nähe der Farm vorbeigekommen sein!"

T. „Das haben sie getan, Sir; aber ich habe sie nie ausgesät, um sie zu bekommen. Ich gehe davon aus, dass sie unter den Betten waren, als die Buren vorbeikamen."

IO „Hast du alle Buren vorbeiziehen sehen?"

T. „Ja, Herr, es waren ungefähr tausend, zwei Wagen und viele Karren. Einige ritten auf Pferden, andere fuhren in den Karren."

IO „Waren sie schnell?"

T. „Ja, Sir; so schnell sie konnten, schrien und fluchten und riefen sie sich gegenseitig zu. Sie schienen furchtbar unter Zeitdruck zu stehen!"

IO „Wir sollten besser sehen, ob deine anderen Kerle noch auf der Farm sind. Hast du dein Gewehr geladen?"

Der Geheimdienstoffizier und der Soldat gingen zu dem kleinen Gehöft hinunter, und als sie sich der Tür näherten, traten die beiden am meisten verängstigten und erstaunten Dragoner heraus, die Südafrika je gesehen hat. Sie wurden von einer Schar lächelnder Mädchen begleitet. Als sie ihren Kameraden wohlbehalten in Begleitung eines Offiziers sahen, waren sie völlig verblüfft. Aber der Geheimdienstoffizier hat die folgende Geschichte aus dem Korporal herausgefunden:

Korporal. „Nun, Sir, wir wurden als Patrouille auf die rechte Flanke geschickt, und irgendwie verloren wir zwischen den Kopjes den Kontakt, und vor etwa einer Stunde erreichten wir diesen Ort. Ich ließ die Pferde bei Smith in Deckung und nahm einen Mann mit und machten uns auf den Weg, um die Farm zu erkunden. Wir fanden drinnen diese nette alte Dame, die Englisch spricht; und sie erzählte uns, dass sie keine englischen Truppen gesehen hatte, sondern dass am Morgen eine kleine Gruppe Buren vorbeigekommen war, die angehalten hatten und Wir hatten Kaffee, aber er schien es eilig zu haben. Die gute Dame fragte uns, ob wir Kaffee trinken wollten. Nun, mein Herr, wir waren sehr durstig und hungrig, also setzten wir uns, und sie gaben uns Kaffee und Kuchen und so; und gerade als wir aßen, stürmte die alte Dame herein und sagte, die Buren würden kommen, und drängte uns in ein kleines Schlafzimmer. Nun, Sir, wir schauten durch das Fenster, wie Spionage, und da, tatsächlich , waren etwa zehn Buren auf Pferden, die am

Haus vorbeigaloppierten. Es waren größtenteils recht kleine Jungen, aber es waren auch einige Graubärte unter ihnen. Sie schienen es sehr eilig zu haben, denn nur einer blieb gerade am Haus stehen und blieb nur einen Moment. Dann zogen immer mehr vorbei, ritten in keiner Formation dahin und schienen alle in Eile zu sein. Nur ein oder zwei drehten sich zur Seite und unterhielten sich mit den Leuten im Haus, aber keiner von ihnen stieg von seinen Pferden. Dann kam ein Krankenwagen und eine ganze Reihe Kapkarren vorbei: Der letzte Karren hatte vier Pferde, gelenkt von einem Nigger, und er hielt etwa fünf Minuten vor der Farm. Hinten saßen zwei Männer, die den vorbeikommenden Buren immer wieder Befehle zuriefen –
"

Geheimdienstoffizier. "Wie waren sie?"

C. „Der eine war ein kräftiger Mann mit einem langen schwarzen Bart; der andere hatte einen grauen Bart und geschwollene Augen. Die Leute hier erzählen uns jetzt, dass es Steyn und De Wet waren."

IO „Warum zum Teufel hast du sie nicht erschossen?"

Soldat (kommt seinen Kameraden zu Hilfe). „Woher sollten wir wissen, Sir, dass sie Generäle waren? Sie sahen einfach aus wie zwei gemütliche alte Zivilisten. Außerdem hatten wir unsere Gewehre im Nebenzimmer stehen lassen!"

IO „Wie viele Buren sind Ihrer Meinung nach vorbeigekommen?"

C. „Ich würde sagen vier- oder fünfhundert, Sir; fast eine halbe Stunde lang zogen sie in Tropfen vorbei."

IO „Wer sind die Leute in diesem Haus? Ich kann ihre Einstellung nicht verstehen, Sie hier zu überprüfen. Sie haben die bemerkenswerteste Erfahrung gemacht. Was für eine Gelegenheit!"

C. „Die Dame, Sir, ist eine irische Dame, und sie ist ihren Landsleuten eine sehr gute Freundin!"

Der Geheimdienstoffizier befragte dann die Eigentümerin der Farm ins Kreuzverhör und sie bestätigte alles, was der Unteroffizier gesagt hatte. Sowohl De Wet als auch Steyn saßen im Vierspännerwagen. Sie fragten sie, ob sie in letzter Zeit irgendwelche Charkis gesehen habe; über den Zustand des Flusses Riet und die Entfernung zur Kalabas-Brücke; und bevor sie losfuhr, machte sie ihr klar, dass es notwendig sei, die Engländer von der Fährte abzubringen, die ihr folgen könnten. Als sie davonfuhren, rief De Wet zurück: „Sie sind dicht dahinter." Diese Information versetzte den Geheimdienstoffizier in große Aufregung, denn er war sich nun sicher, dass die Brigade auf der richtigen Fährte war. Er lauschte bereits auf das Geräusch von Govens Waffen. Er sammelte die drei Soldaten ein, die der Person von De Wet seit einiger Zeit näher waren als andere bewaffnete Briten, kehrte in das Steppenbecken zurück und stieß nach Norden vor. Die Sonne war mittlerweile fast untergegangen, aber das war noch nichts: Der Geheimdienstoffizier war von großer Aufregung beflügelt und hatte nur eine Idee, nämlich beim Tod dabei zu sein. Doch eine herbe Enttäuschung stand ihm bevor.

Korporal (*zeigt nach links hinten*). „Bitte, Sir, da ist die Säule."

Der Geheimdienstoffizier traute seinen Augen kaum – der Gedanke war zu entsetzlich, zu grässlich, um wahr zu sein. Es stimmte jedoch. Anstatt die Brücke zu erreichen, hatte die Kolonne die Richtung verloren und war ohne einen geeigneten Führer oder eine Karte in den Hügeln verwickelt. Verloren, ohne Futter und Nahrung, Tier und Mensch bis zum Ausdruck erschöpft, während De Wet den Riet über die Kalabas-Brücke überquerte, versuchte die Station, die dort hätte sein sollen, zum Lager zurückzukehren. Als der Geheimdienstoffizier die Wahrheit erkannte, traten ihm große Tränen in die Augen.

Es war Mitternacht, bevor die Messediener im Brandewijnskuil eine Mahlzeit für das Personal zubereiten konnten. Zwei traurige Kerzen verstärkten jedoch die Depression, die diese Stunde hervorrief, und die Enttäuschung, die in jedem Gemüt herrschte. Wir hatten unsere Chance gehabt und sind gescheitert. Der Brigadier allein war philosophisch: Seine natürliche Fröhlichkeit ließ keine Depression zu, sein männlicher Geist würde nicht gegen die Herrschaft der Gesetze des Zufalls zusammenbrechen.

Brigadegeneral. „Wacht auf, ihr Lieben, und kommt und isst etwas zu Abend. Wir haben den alten Mann De Wet verloren; aber das ist kein Grund für euch alle, euch so zu verhalten, als stünden wir vor einer Beerdigung. Dem Himmel sei Dank, dass ihr am Leben seid. Das würdet ihr Wahrscheinlich wären wir alle am Boden zerstört gewesen, wenn wir mit dem alten Mann aufgestanden wären. Er hätte gekämpft, bis er blau im Gesicht war!"

Brigademajor. „Ich habe die Befehle herausgegeben, Sir. Beginnen Sie um 3 Uhr morgens !"

Brigadegeneral. „Das ist in Ordnung, aber wir werden De Wet nicht mehr sehen. Wir waren heute zu heiß auf ihn. Wenn wir morgen bei Tagesanbruch den Riet überqueren, werden wir nur Spuren vorfinden, die in alle Richtungen führen . Sie wird sich mit Sicherheit auflösen. Aber obwohl wir gescheitert sind, hatten wir einen Kampf um unser Geld und belegten einen guten zweiten Platz. Aber keine Karten und kein Leitfaden sind große Dinge,

wenn es um Strafen geht, und alles in allem denke ich dass der „Schwarm"
teuflisch gut gelaufen ist. Was haben Ihre Gefangenen zu sagen, Herr
Geheimdienst?"

Aber Mr. Intelligence, der seine Suppe getrunken hatte, schlief tief und fest
in seinen Decken ...

FUSSNOTEN:

[40] Eine weitere merkwürdige Episode dieser seltsamen Kampagne kann
hier beobachtet werden. Wir befanden uns seit vielen Monaten im
nominellen Besitz des südlichen Freistaats, während einer beträchtlichen
Zeitspanne wurde die örtliche Verwaltung von britischen Agenten verwaltet.
Doch während dieser Zeit wurden auch burische Landstreitkräfte ernannt,
und wenn ein Kommando, das stark genug war, um die Autorität des Oranje-
Freistaats durchzusetzen, in der Nähe war, übernahmen sie sofort deren
Aufgaben. Es wird oft angenommen, dass dieselben Männer für beide
Kriegführenden gehandelt haben. Als Richter Hertzog unmittelbar vor
seinem Einmarsch in die Kolonie seine Reise durch den südwestlichen
Freistaat unternahm, führte er die Burenverwaltung in allen südlichen
Townships wieder ein.

[41] De Wet bewegte sich nie ohne eine Vor-, Flanken- und Nachhut, die
etwa sechs bis acht Meilen von ihm entfernt war. Durch diesen Schirm war
er immer rechtzeitig über etwaige britische Truppen in der Nähe informiert
und konnte so seine Richtung ändern und sein Vorgehen ruhig und überlegt
angehen. Diese Schirme bestanden immer aus ausgewählten Männern.

L'ENVOI.

Mit der Überquerung des Riet endet die Geschichte dieser De-Wet-Jagd, denn alles verlief genau so, wie der Brigadier es vorhergesehen hatte. Die Brigade traf vor Tagesanbruch an der Kalabas-Brücke ein und war bereit, den Angriff erneut aufzunehmen und die Linie bis zum Ende zu verfolgen, wenn sich noch ein greifbarer Feind vor ihnen befand, koste es, was es wolle. [42] Aber der weiche Boden auf der anderen Seite des Flusses ließ auf dreißig Pfade schließen. Das Kommando hatte sich in alle Winde zerstreut, und da De Wet und sein Gefolge mit kluger Voraussicht jede lebende Seele, ob Bure oder Kaffer, aus der Nähe der Brücke entfernt hatten, blieb kein Hinweis auf seine Anwesenheit zurück. Es wäre absurd gewesen, einen Flüchtigen in einem einsamen Kapkarren mit einer Brigade zu verfolgen, und als es fünf Meilen weiter bei Openbaar keine Anzeichen dafür gab, dass die einsamen Gleise wieder zusammenliefen, wurde die Verfolgung abgebrochen und die Brigade hielt an, um auf die Ankunft zu warten seines Maultier- und Ochsenkonvois. An diesem Abend überquerte Plumer, der an der Jagersfontein Road ausgestiegen war, die Kalabas-Brücke und meldete, dass Haig am Spitz Kopjes hinter ihm sei. Man sieht also, dass Plumer vierundzwanzig Stunden zu spät kam – allerdings ohne sein Verschulden, sondern einfach, weil er die Reise vom Bahnhof Orange River mit dem Zug angetreten hatte. Plumer folgte der vermuteten Spur von De Wet weiter, die er immer noch für heiß genug hielt, um ihr zu folgen. Er verlor es, wie der Brigadier vorhergesehen hatte, in der Nähe von Abrahams Kraal. Die neue Kavallerie-Brigade rückte langsamer über Petrusburg und das historische Feld von Driefontein in Bloemfontein vor.

In Bloemfontein kam es zu einigen Veränderungen im Personal und in der Zusammensetzung der Brigade, und der Autor dieser Erzählung brach zu seinem unendlichen Bedauern seine Verbindung zur Brigade ab. Er war in ein neues Bataillon befördert worden, das zu Hause aufgestellt wurde, und nach zwanzig Monaten war es an ihm, sich von der Steppe zu verabschieden. Als der Brigadier sich im Bloemfontein Club von ihm verabschiedete, klopfte er ihm gutmütig auf die Schulter und sagte: „Ich glaube, dass Ihre Geschichte über die Anweisung, mit dem ersten Transport nach Hause zu fahren, eine Fälschung ist. Ich glaube nicht." dass Sie jemals weiter südlich als diese Farm in der Richmond Road gelangen werden!"

FUSSNOTEN:

[42] Die in dieser Nacht an die Brigade erteilten Befehle waren sehr lehrreich und zeigten, was für ein echter Soldat der Brigadegeneral war. Wenn er der Ansicht war, dass die Umstände eine Anstrengung erforderten, war er bereit, jedes Risiko einzugehen und jedes Opfer zu bringen. In den Befehlen hieß es, dass der Konvoi im Falle einer notwendigen Verfolgung auf dem kürzesten Weg zur Eisenbahn zurückgeschickt würde, dass die berittenen Männer ohne Versorgung auf dem Land leben müssten und diejenigen Männer, deren Pferde nachgaben, zu Fuß gehen müssten Diese Linie würde sie nach 20 bis 25 Meilen nach Osten gegen den Lauf der Sonne zur Eisenbahn bringen, wo sie den ersten vorbeifahrenden Zug anhalten könnten.

DAS ENDE.